RAZÃO, JUSTIÇA E MODERNIDADE
A OBRA RECENTE DE JÜRGEN HABERMAS

Dados Internacionais de Catalogação na Publicação (CIP)
(Câmara Brasileira do Livro, SP, Brasil)

White, Stephen K.
Razão, justiça e modernidade: a obra recente de Jürgen Habermas/ Stephen K. White; tradução Márcio Pugliesi. — São Paulo: Ícone, 1995.

Título original: The recent work of Jürgen Habermas: reason, justice and modernity.
Bibliografia.
ISBN 85-274-0363-3

1. Escola de Frankfurt de Sociologia 2. Habermas, Jürgen, 1929- 3. Socioloia alemã I. Título.

95-3463   CDD-301.0943

Índices para catálogo sistemático:

1. Sociologia alemã   301.0943

STEPHEN K. WHITE

Departamento de Ciência Política
Instituto Politécnico e Universidade Estadual da Virgínia

RAZÃO, JUSTIÇA E MODERNIDADE
A OBRA RECENTE DE JÜRGEN HABERMAS

Tradução:
Márcio Pugliesi

da Faculdade de Direito
da Universidade de São Paulo

© Copyright 1995.
Press Syndicate of the University of Cambridge
Cambridge, UK
© Copyright, tradução para língua portuguesa
Ícone Editora Ltda, 1995

Coleção Elementos de Direito

Coordenação Técnica
Carlos E. Rodrigues
Márcio Pugliesi

Produção e Capa
Anizio de Oliveira

Diagramação
Rosicler Freitas Teodoro

Revisão
Rosa Maria Cury Cardoso

Proibida a reprodução total ou parcial desta obra, de qualquer forma ou meio eletrônico, mecânico, inclusive através de processos xerográficos, sem permissão expressa do editor
(Lei nº 5.988, 14/12/1973).

Todos os direitos reservados pela
ÍCONE EDITORA LTDA.
Rua das Palmeiras, 213 — Sta. Cecília
CEP 01226-010 — São Paulo — SP
Tels. (011)826-7074/826-9510

AGRADECIMENTOS

Uma parte da Parte III, capítulo 2, bem como a seção IV do capítulo 4, apareceram sob forma modificada em "Rumo a uma Ciência Política Crítica", em Terence Ball (org.) *Idioms of Inquiry: Critique and Renewal in Political Science* (Albany: State University of New York Press, 1987), reproduzido com permissão. Uma parte da seção II, capítulo 2 foi incluída numa forma ligeiramente diferente em "Pós-estruturalismo e Reflexão Política" — *Political Theory*. Versões mais antigas da seção IV, capítulo 3 e as seções I e II, capítulo 4 foram incluídas em "Ética Comunicativa de Habermas e o Desenvolvimento da Consciência Moral", *Philosophy and Social Criticism*, vol. 10, nº 2 (1984), pp. 25-47, reproduzido com permissão. Uma versão revisada da seção III, capítulo 6 apareceu em "Desafio de Foucault à Teoria Crítica", *The American Political Science Review*, vol. 80 (junho de 1986), pp. 419-432, reproduzido com permissão. O autor agradece pela permissão para reimprimir trechos de: Jürgen Habermas, "A Reply to my Critics", John B. Thompson e David Held (orgs.) *Habermas: Critical Debates* (MIT Press e Macmillan Press, 1982); Jürgen Habermas, *Reason and the Rationalization of Society*, vol. 1 de The Theory of Communicative Action, Introdução e tradução inglesa, copyright © 1984 de Beacon Press e Basil Blackwell; Jürgen Habermas, *Theorie des kommunikativen Handelns* (Suhrkamp, 1981); Lawrence Kohlberg, "From Is to Ought", *in* Theodore Mischel (org.), *Cognitive Development and Epistemology* (Academic Press, 1971).

Este livro teve um longo período de gestação. Durante tal período diversas pessoas me deram seu apoio através de suas idéias, opiniões e encorajamento, especialmente Peter Bachrach, Marshall Cohen, Fred Dallmayr e Dante Germino. Nos primeiros estágios do projeto recebi subvenções do American Council of Learned Societies, do National Endowment for the Humanities, da Virginia Tech Foundation e do Deutsche Akademische Austauschdienst. Este último sustentou-me durante o outono de 1982, na Universidade de Konstanz, na Alemanha Ocidental. Albrecht Wellmer, meu anfitrião, foi uma fonte de numerosos *insights* perspicazes sobre Habermas e ética comunicativa. O National Endowment for the Humanities com sua reiterada generosidade em 1984 permitiu-me participar do seminário de verão N.E.H. de William Connolly sobre "Genealogia e Interpretação" na Universidade de Massachusetts, em Amherst. Muitas das idéias do capítulo 6 defluíram das vívidas discussões lá ocorridas.

Aqueles que leram os originais na sua totalidade contribuíram com uma crítica profundamente perceptiva. Dirijo os meus agradecimentos mais sinceros ao meu colega Timothy W. Luke e a Thomas McCarthy e J. Donald Moon. Se não fosse por seus *insights*, este livro seria imensamente mais pobre. Meus agradecimentos também devem ser dirigidos a Jürgen Habermas por seu estímulo na fase inicial e sua contínua boa vontade em responder as minhas indagações. Tanto para ele como para Wellmer, a ética comunicativa é algo mais que uma matéria de interesse acadêmico. Infelizmente, o livro de Wellmer, *Ethik und Dialog: Elemente des moralischen Urteils bei Kant und in der Diskursethik*, não chegou às minhas mãos a tempo para que eu pudesse considerar seus argumentos a respeito de ética comunicativa.

Susan Allen-Mills e Margareth Deith da Cambridge University Press cuidaram da revisão e da editoração dos originais com uma habilidade profissional elogiável. Não me seria possível produzir o texto sem as habilidades em processamento das secretárias do Departamento de Ciência Política do Instituto Politécnico e Universidade Estadual da Virgínia. Sou particularmente grato a Sandra Howell, Debra Harmon, Terry Kingrea, Ann Rader, Maxine Riley e Pat White (não é minha parente). Desejo igualmente expressar minha gratidão a alguns competentes assistentes de pesquisa: Gerd Hagmayer-Gaverus, Pedro Assunção, Gunther Dettweiler, Ian Walden e Hiltrud Moor.

O meu maior débito é para com minha esposa Pat, que muito generosamente deu o máximo de sua habilidade editorial e de forma geral incentivou-me enquanto eu estava envolvido no projeto. Dedico o livro a ela.

Abreviações empregadas para indicar obras de Habermas

CES — *Communication and the Evolution of Society* (Comunicação e a Evolução da Sociedade), tradução para o inglês de T. McCarthy. Boston, Beacon Press, 1979.

KHI — *Knowledge and Human Interests* (Conhecimento e Interesses Humanos), tradução para o inglês de J. Shapiro. Boston, Beacon Press, 1971. Tradução brasileira: Conhecimento e Interesse, tradução de José N. Heck, Editora Guanabara, Rio de Janeiro, 1987. (NE).

KK — *Kultur und Kritik* (Cultura e Crítica). Frankfurt, Suhrkamp, 1973.

LC — *Legitimation Crisis* (Crise da Legitimação), tradução para o inglês de T. McCarthy. Boston, Beacon Press, 1975. Legitimationsprobleme in Spàt kapitalismos, Frankfurt, 1973, Ed. Brasileira: Crise de Legitimação do Capitalismo Cardio, Ed. Tempo Brasileiro, Rio de Janeiro, 1979. (NE.)

LSW — *Zur Logik der Sozialwissenschaften*. Frankfurt Suhrkamp, 1970.

MKH — *Moralbewusstsein und kommunikatives Handeln*. Frankfurt, Suhrkamp, 1983.

PDM — *Der Philosophische Diskurs der Moderne Zwölf Vorlesungen*. Frankfurt, Suhrkamp, 1985.

QCQ — Questions and Counterquestions (Questões e Contraquestões). *Praxis International* 4 (1984), 229-49.

REPLY — Reply to my Critics (Resposta aos meus Críticos). J. Thompson e D. Held (orgs.). *Habermas: Critical Debates* (Habermas: Debates Críticos), pp. 219-83. Cambridge, Massachusetts, MIT Press, 1982.

RHM — *Zur Rekonstruktion des Historichen Materialismus* (Sobre a Reconstrução do Materialismo Histórico). Frankfurt, Suhrkamp, 1976. Tradução brasileira: *Para a Reconstrução do Materialismo Histórico*, tradução: Carlos Nelson Coutinho, Ed. Brasiliense, São Paulo, 1983, (com exclusão de alguns trechos). (NE).

TCA — *The Theory of Communicative Action* (A Teoria da Ação Comunicativa), Vol. 1, *Reason and the Rationalization of Society* (Razão e a Racionalização da Sociedade), tradução para o inglês de T. McCarthy. Boston, Beacon Press, 1981.

TG — *Theorie der Gesellschaft oder Sozialtechnologie: Was leistet die Systemforschung?* (Teoria da Sociedade ou da Tecnologia Social: estaria concluída a teoria de sistemas?) com Niklas Luhmann. Frankfurt, Suhrkamp, 1971.

TKH — *Theorie des kommunikativen Handelns* (Teoria da Ação Comunicativa) vol. 2, *Zur Kritik der funktionalistischen Vernunft* (Sobre a Crítica da Razão funcionalista). Suhrkamp, 1981.

TP — *Theory and Practice* (Teoria e Prática), tradução para o inglês de J. Viertel. Boston, Beacon Press, 1973.

TRS — Toward a Rational Society (Rumo a uma Sociedade Racional), tradução para o inglês de J. Shapiro. Boston, Beacon Press, 1970.

VET — *Vorstudien und Ergänzungen zur Theorie des kommunikativen Handeln.* (Estudos Preliminares e Complementos à Teoria da Ação Comunicativa). Frankfurt, Suhrkamp, 1984.

WAHR — Wahrheitstheorien (Teorias da Verdade) *in* H. Fahrenbach (org.), Wirklichkeit und Reflexion: *Walter Schulz zum 60 Gebürtstag*, pp. 211-63. Pfullingen, Neske, 1973.

ÍNDICE

Introdução 13

1. Racionalidade, Teoria Social e Filosofia Política 19
I. Racionalidade estratégica 21
II. Racionalidade contextual 24
III. Universalismo, justiça e racionalidade 31

2. Ação e Racionalidade Comunicativas 35
I. A crítica do positivismo e a virada lingüística 35
II. Competência comunicativa e racionalidade comunicativa 37
III. Modelos de ação e racionalidade 44
IV. Ação comunicativa e ação estratégica 51

3. Justiça e os Fundamentos da Ética Comunicativa 55
I. O princípio da universalização 55
II. A obrigação imanente de ato elocucional 57
III. Os pressupostos da argumentação 61
IV. Desenvolvimento moral e competência interativa 64

Apêndice — Estágios Morais de Kohlberg 71
I. Nível pré-convencional 71
II. Nível convencional 71
III. Nível pós-convencional, autônomo ou de princípios 72

4. Rumo a uma Ética e Mínima e Orientação para uma Teoria Política 73
I. A interpretação discursiva da exigência de reciprocidade 73
II. Uma ética mínima 77
III. Uma voz diferente na conversação 85
IV. O modelo comunicativo e a teoria política: um elo inicial 87

5. Modernidade, Racionalização e Capitalismo Contemporâneo 91
I. Estruturas modernas de consciência e a realização de um
"mundo da vida" racionalizado 92
II. Teoria dos sistemas e racionalização 102
III. Os custos da modernização: "colonização do mundo da vida" 106
IV. Os custos da modernização: 'empobrecimento cultural' 113
V. Novos movimentos sociais 119

6. As Duas Tarefas da Teoria Crítica 123
I. Um universalismo não-fundamentalista 123
II. Modernidade e a dominação da natureza "exterior" 130
III. Modernidade e a dominação da natureza "interior" 136
IV. Observações finais 144
Notas 147

INTRODUÇÃO

O objetivo deste livro é apresentar a obra recente de Jürgen Habermas e mostrar sua significação para a ética, a teoria social e a filosofia das ciências sociais. Por "recente" entendo a obra publicada desde que Knowledge and Human Interests (Conhecimento e Interesses Humanos) foi editada em inglês em 1971. Indubitavelmente existe uma unidade de perspectiva perpassando todo o pensamento de Habermas. Todavia, por volta de 1970, alguns temas e orientações distintos e novos começaram surgir. Estes incluem as idéias de racionalidade comunicativa, pragmática universal, ética comunicativa, a situação do discurso ideal, uma reconstrução do materialismo histórico e uma crise de legitimação no capitalismo avançado. Durante a década de 70 Habermas aprimorou e modificou essas idéias. Em 1981 ele publicou a edição alemã de The Theory of Communicative Action (A Teoria da Ação Comunicativa). Esta obra densa e complexa combina os vários fios de seu pensamento recente numa visão sintética de modernidade e teoria crítica. Assim sendo, é natural que minha análise abordará este texto de perto, mas também ensaios e livros posteriores que acrescem elucidações aos tópicos ali apresentados. Nesta introdução desejo apresentar os rumos gerais que o trabalho de Habermas tomou durante o período sob análise.

Um dos aspectos mais característicos (e contestados) desse trabalho foi seu compromisso com uma perspectiva universalista sobre racionalidade e ética. Isto aparece na noção de pragmática universal de Habermas que assevera fazerem nascer, os autores competentes, certas afirmações de validade universal, invariável e em sua crença que na argumentação sobre afirmações específicas também imputamos uma situação de discurso ideal, o que nos mune de uma base racional para testar a verdade ou legitimidade dessas assertivas. A contestabilidade de tais asserções, feitas no início da década de 70, tornou-se ainda mais aparente no final dessa mesma década quando o clima filosófico geral começou a mudar de maneira marcante. A tradição universalista, racionalista do Iluminismo passou a ser alvo de um crescente fogo cerrado proveniente de vários pontos. Posições contextualistas e relativistas foram articuladas por filósofos analíticos, teóricos da moral e da política, antropólogos sociais, feministas e pós-estruturalistas.

Habermas tentou atender a essa reviravolta da consciência filosófica de uma forma admitida por alguns de seus *insights*, mas que, todavia, mantém uma clara ênfase no universalismo. Na perspectiva deste livro, estou interessado em dois aspectos desse esforço: a noção de ética e razão comunicativa por um lado e a teoria da modernidade e modernização, por outro.

O desafio que posto a ética e razão comunicativas talvez possa ser focalizado da maneira mais simples chamando-se a atenção para o fato de um grande número de filósofos contextualistas terem mostrado uma tendência para atribuir, relutantemente, algum tipo de *status* favorecido e apelos morais que enfatizam a igualdade, bem como o reconhecimento mútuo e a apreciação de diferentes formas da vida.[1] Este aspecto merecerá maior discussão no capítulo 1, mas no momento a questão levantada é: podem tais apelos ser elaborados mais sistematicamente e, possivelmente, permitir alguma espécie de defesa de validade universal? Ou possuem tais apelos uma qualidade inarredavelmente vaga ou abstrata, a qual só pode ser removida às custas de sua concretização cultural, tornando assim contextual sua validade? A ética comunicativa de Habermas tenta responder à primeira pergunta afirmativamente e mostrar que as idéias de igualdade e reconhecimento mútuo podem ser articuladas de um modo que não é totalmente vago ou indeterminado. Os capítulos 3 e 4 examinarão tal esforço.

O segundo desafio ao qual o clima filosófico em mudança submeteu Habermas foi a necessidade de desenvolver uma defesa sofisticada da modernidade. Em termos de sua análise das afirmações de validade universal, o resultado dessa pressão pode ser constatado na sua mudança de asserções sobre o que é implícito nas ações ilocucionais de todos os agentes para asserções sobre "a intuição de membros competentes das sociedades *modernas*."[2] Com essa mudança, Habermas assume o fardo da defesa de uma visão da modernidade que corresponde a suas interpretações de subjetividade e razão.

A defesa crítica da modernidade de Habermas será mal interpretada, contudo, se for entendida simplesmente como sua reação a uma mudança do clima filosófico. Seu interesse subjacente concerne à situação histórica que vê refletida nesse clima alterado. Ele vê uma "obscuridade nova" diante das nações ocidentais industrializadas, com base num sentido crescente do centro e esquerda políticos, segundo o qual seus programas econômicos e políticos tradicionais não detêm mais o mesmo poder para esclarecer situações e motivar ação.[3] Estes programas, socialismo ortodoxo e liberalismo do bem-estar social, sempre extraíram seu poder de motivação de valores profundamente inseridos no Iluminismo e nas tradições revolucionárias do século XIX. Assim, afirmar que tais programas estão exibindo sinais de exaustão é também levantar questões profundas a respeito dos valores centrais da cultura moderna.

Nesta situação, somente os neoconservadores parecem despreocupados por uma visão obscurecida. Apontam confiantemente a causa das atuais enfermidades da sociedade capitalista, industrializada: precisamente aqueles valores na cultura moderna sobre os os quais estão edificados o liberalismo do bem-estar e o socialismo. A ascendência desses valores, argumentam os neoconservadores, fez com que a cultura moderna se deteriorasse, transformando-se numa sopa de hedonismo secular permissivo.[4] E é esta degeneração cultural a responsável por nossos problemas presentes e não as estruturas econômicas e políticas do capitalismo.

A tarefa de Habermas consiste em apresentar uma interpretação da modernidade que defende aspectos-chave da cultura moderna e desloca o foco crítico de volta aos sistemas econômicos e políticos. Entretanto, ele deve, ao mesmo tempo, desenvolver este foco de tal maneira que possa mostrar porque os programas econômicos e políticos tradicionais do liberalismo do bem-estar e do socialismo estão emaranhados de modo demasiado íntimo na lógica de modernização subjacente a esses sistemas; em suma, deve explicar porque esses programas não parecem mais oferecer respostas convincentes para o mal-estar atual. A interpretação que Habermas acha que cumprirá tais propósitos é aquela que instaura o desenvolvimento da distinção entre a consecução de uma *cultura moderna*, por um lado, e os processos de modernização social, do outro lado.[5] A tese em particular que oferece emerge de seu repensar da crítica da modernidade de Horkheimer e Adorno constante em *Dialectic of Enlightenment*, sua engenhosa apropriação de Weber e, finalmente, sua própria noção de como a razão comunicativa se distingue tanto da razão instrumental quanto da funcional. Como mostrarei no capítulo 5, ele argumenta que a modernização ocidental constituiu um desenvolvimento "unilateral" — e portanto distorcido — do potencial racional da cultura moderna. Refere-se a essas distorções com os conceitos "colonização do mundo da vida" e "empobrecimento cultural". É somente desta perspectiva, argumenta Habermas, que podemos expor as causas da nova obscuridade adequadamente, bem como conquistar alguma nova "autoconfiança" normativa extraída de nossos próprios recursos culturais.[6]

De todas as posições filosóficas atuais que desafiaram os valores da modernidade, a que Habermas considera mais intelectualmente provocativa é o pós-estruturalismo.[7] A crítica da razão e da modernidade que emerge do trabalho dos pós-estruturalistas, tais como Jacques Derrida e Michel Foucault, o coloca numa via especialmente sutil. Primeiro, a crítica pós-estruturalista do entrelaçamento da razão instrumental e a dominação têm fortes afinidades com o trabalho de ancestrais teóricos de Habermas na Escola de Frankfurt. Conseqüentemente, num certo sentido, os pós-estruturalistas estão seguindo a própria direção da teoria crítica, expondo a operação do poder em lugares anteriormente não vistos por outros críticos radicais da sociedade burguesa. E, ainda, este novo ponto de partida parece incluir uma tendência estética em relação à qual todas as idéias da ação política coletiva e o potencial de uma sociedade mais justa se tornam profundamente problemáticos. É esta implicação geral do pós-estruturalismo o que mais perturba Habermas. A base de sua disputa com o pós-estruturalismo talvez possa ser melhor resumida em sua observação de que a teoria crítica tem de tentar "formular uma idéia de progresso que seja suficientemente sutil e resiliente a ponto de não se permitir ser ofuscada pela mera aparência [*Schein*] de emancipação. A uma coisa ela, naturalmente deve se opor: a tese de que a própria emancipação mistifica."[8]

Conduzirei o trabalho de Habermas a um diálogo com o pós-estruturalismo em seções dos capítulos 2 e 5, mas de forma mais completa no capítulo 6. A principal ênfase será dada ao trabalho de Foucault, em parte devido ao seu caráter social e político mais explícito e em parte devido ao modo instrutivo pelo qual trata o problema da subjetividade moderna.

Este problema emerge mais explicitamente para Habermas em *Der philosophische Diskurs der Moderne* (O Discurso Filosófico do Moderno), onde ele rastreia o discurso filosófico sobre modernidade de Hegel a Foucault. Já em Hegel, o moderno aparece tanto como realização distintiva quanto fonte de ansiedade. Ele/ela é o sujeito livre, racional tanto do conhecimento quanto da ação; mas a atividade de tal sujeito parece inevitavelmente corrosiva em relação à possibilidade de uma vida ética livre com os outros.[9] Habermas argumenta que nem Hegel nem críticos posteriores da modernidade colocaram adequadamente o problema da subjetividade. No capítulo 6 este problema será discutido na medida em que se vincula a Foucault.

Em última instância, Habermas quer sustentar que lidar adequadamente com o problema da subjetividade requer uma mudança radical de paradigma na filosofia e na teoria social. Através dos críticos radicais da modernidade, de Nietzsche a Adorno aos pós-estruturalistas, Habermas argumenta que o paradigma de uma "filosofia da consciência" "centrada no sujeito" está "esgotado". Mas estes críticos, sustenta, se mantêm todos enredados nas *aporias* desse paradigma, por mais que lutem contra ele. Uma crítica adequada — bem como uma defesa adequada — da modernidade só podem ser montadas mudando-se para o "paradigma do entendimento".[10] Esse paradigma tem como foco as estruturas da intersubjetividade que estão implícitas no entendimento obtido na interação lingüística contínua, ou "ação comunicativa", como Habermas a chama. Tornar plausível este modelo comunicativo tem sido a meta subjacente a todo o trabalho de Habermas desde aproximadamente 1970 e estes esforços se realizaram em *The Theory of Communicative Action*.

Embora Habermas apresente numerosos argumentos de como seu método é superior àqueles de seus competidores, acredita que em última instância a persuasão de tal método dependerá em grau elevado do sucesso do programa de pesquisa das ciências sociais, que pode ser formado com base nele. A inspiração de Habermas aqui é mais o antigo trabalho interdisciplinar da Escola de Frankfurt na década de 30 do que os escritos posteriores de Horkheimer e Adorno.[11] Usarei esta noção de um programa de pesquisa crítico como idéia diretriz central ao longo do presente trabalho.

No capítulo 1, tento fornecer um modo de situar os diferentes níveis de um tal programa, fundamentando-me no trabalho daqueles que aplicaram a noção de Imre Lakatos de um programa de pesquisa às ciências sociais. O *insight*-chave aqui é que o "núcleo" de qualquer programa de pesquisa das ciências sociais deve ser constituído, ao menos parcialmente, por alguma consideração da subjetividade ou ação humana.[12] Agora, poderia parecer um tanto estranho falar da avaliação da subjetividade de Habermas, dada a distância que ele tenta colocar entre ele mesmo e a filosofia da consciência tradicional centrada no sujeito. Contudo, uma avaliação da subjetividade pode ser estabelecida de mais de uma maneira. Por exemplo, a teoria da escolha racional desenvolve uma avaliação do sujeito que realmente se baseia na tradição na qual cada agente habita um mundo monológico de cognição e "volição". Habermas, por outro lado, constrói uma avaliação da subjetividade que é deduzida de sua análise das estruturas da intersubjetividade implicitamente pressuposta pela interação contínua. Em ambos os casos um modelo minimal do sujeito é apresentado — isto é, algo esboçado em termos de razão e ação — mas as posições teóricas subjacentes produzem visões totalmente diferentes desses dois conceitos.

No capítulo 1, salientarei alguns dos problemas com outros meios contemporâneos de lidar com os conceitos de ação e racionalidade. Isto prepara o palco para o capítulo 2, onde a explicação comunicativa de Habermas é apresentada. Este núcleo conceitual estrutura todos os outros aspectos de seu trabalho. Os capítulos que se sucedem elucidam essa conexão em relação à ética comunicativa (capítulos 3 e 4) e à interpretação da modernidade e do capitalismo (capítulos 5 e 6).

Remodelar seu pensamento como um programa de pesquisa não é algo que Habermas fez, simplesmente porque desejava retornar ao espírito fundador da Escola de Frankfurt. Antes, constitui uma aceitação fundamental da experimentalidade e falibilidade de seus conceitos básicos. Uma vez interpretados como parte do núcleo de um programa de pesquisa, eles não podem ser mais desenvolvidos com a autoconfiança do marxismo ortodoxo ou a tradição do idealismo alemão. E, neste sentido, Habermas distancia-se explicitamente do fundamentalismo retardatário que caracterizou um trabalho como *Knowledge and Human Interests*. Enfim, a estrutura conceitual básica deve ser julgada por quão "progressivo" seu programa de pesquisa é durante um período de tempo.¹³ E, no entanto, o que significa para um programa de pesquisa nas ciências sociais ser progressivo é qualquer coisa, menos claro.¹⁴ Certamente pode gerar interpretações e explicações cogentes, como acontece com programas de pesquisa nas ciências naturais. Mas o "sucesso" de um programa de pesquisa das ciências sociais pode também depender parcialmente do *insight* normativo prático que ele gera. Neste sentido, penso que Habermas faria valer seus direitos baseado na capacidade que tem seu modelo comunicativo simultaneamente para dar à modernidade fundamentos para uma "autoconfiança" a ser encontrada em seus próprios recursos culturais e ainda para localizar as fontes da nova obscuridade nos crescentes "colonização do mundo da vida" e "empobrecimento cultural" em sociedades industriais avançadas.

O leitor, sem dúvida, logo perceberá que trato Habermas com bastante simpatia. Isto se deve em parte ao fato de eu concordar realmente com muitas de suas posições; mas também, em parte, se deve à natureza da tarefa que tenho em mãos: apresentar um corpo de obra cuja densidade, abrangência e complexidade continuam a torná-lo relativamente inacessível e facilmente mal compreendido. Espero, e isto para mim basta, que este livro elimine parte dos mal-entendidos, estabelecendo assim uma base melhor a partir da qual a crítica do projeto de Habermas possa ter seguimento.

1. RACIONALIDADE, TEORIA SOCIAL E FILOSOFIA POLÍTICA

Alguns anos atrás, Imre Lakatos sugeriu que a paisagem teórica das ciências naturais pode ser conceitualizada de melhor forma como um terreno de programas de pesquisa em competição ou estratégias gerais para interpretação. Lakatos distingue entre os conceitos "nucleares" de um programa, que não são eles próprios de passíveis testes empíricos e as interpretações e explicações a partir desses conceitos, que o são. Os conceitos nucleares constituem assim uma "heurística negativa" para um programa de pesquisa e as interpretações e explicações específicas, a "heurística positiva".[1]

Mais recentemente, sugeriu-se que o modelo de Lakatos pode ser apropriado para as ciências sociais também, embora não sem algumas mudanças significativas. Uma coisa que é característica a respeito da idéia de um programa de pesquisa da ciência social é que seu núcleo, deve incluir algum modelo do sujeito, isto é, alguma conceitualização mínima do que é ser humano. Ademais, tal modelo não só é necessário conceitualmente, como também necessariamente normativo.[2] Estes aspectos característicos apresentam alguns problemas distintos para a ciência social.

Pode ser o caso de, no futuro, algum programa de pesquisa constituir-se um sucesso tremendo no seu domínio da persuasão de explicações e interpretações. Se este for o caso e se as implicações normativas impostas pelo modelo correspondente do sujeito divergirem radicalmente de nossos juízos morais mais reflexivos, faríamos provavelmente bem em questionar a cogência desses juízos.[3] Suspeito, entretanto, que nenhum programa de pesquisa terá tal sucesso estrondoso. Se isto for verdade, então a escolha de um programa ou uma combinação de programas como o "melhor" será determinada com acentuada insuficiência ou inadequação. Mas isso significa que a relação dos nossos juízos morais considerados com as implicações normativas de um dado modelo não vai ser uma relação em que o questionamento indiscriminado seja aconselhável nos primeiros, mas sim uma relação em que as últimas são avaliadas em termos dos primeiros. Isto é, parece razoável pensar que *um* critério plausível para avaliar a adequação global de um programa de pesquisa é indagar quão bem as implicações normativas do seu modelo do sujeito resistem ao crivo dos nossos juízos morais mais reflexivos. Outros critérios de avaliação serão, é claro, relacionados com a cogência das interpretações e explicações que podem ser desenvolvidas com base nos componentes conceituais nucleares de um dado programa. O confronto entre o peso do critério normativo e aquele dos critérios interpretativo e explicativo constituirá certamente um assunto complexo.

Uma outra fonte correlata de complexidade está encerrada na frase "nossos juízos morais considerados". Um programa de pesquisa especificará implícita ou explicitamente o referente de "nossos". Teoricamente, um programa poderia ser orientado a qualquer coletividade, de um grupo particular para a totalidade da humanidade. Que coletividade é tematizada é algo que está profundamente entrelaçado com o modo como os teóricos sociais percebem os problemas históricos enfrentados pela sociedade.[4]

A história da teoria social moderna está cheia do que parece ser respostas radicalmente diferentes a esses problemas, por exemplo, o marxismo, por um lado, e a teoria da escolha racional, do outro. Mas, com todas as suas diferenças, a maioria dessas abordagens se orientou mediante seus conceitos nucleares, para uma concepção de humanidade moderna que funciona como um padrão normativo (embora este padrão — o referente de "nossos" — seja encarado como sendo realizado em diferentes atores no palco da história moderna). Agora esta orientação comum para a humanidade moderna tem sido comumente, ainda que às vezes só implicitamente, equacionada apenas com uma orientação para a totalidade da humanidade.

Uma das qualidades distintivas do clima filosófico atual, a que aludimos na Introdução, é uma forte suspeita desse equacionamento (uma suspeita que caminha lado a lado com uma percepção de que a modernidade está enfrentando algo como uma crise de autoconfiança). Considerada esta mudança, é preciso reconhecer-se, agora mais claramente, que o modelo do sujeito com o qual um teórico social opera destaca qualidades e experiências de coletividades distintas. Isto significa que o discurso normativo associado ao núcleo de um programa de pesquisa tem sempre de ser vinculado a questões mais amplas sobre o valor exemplar das qualidades e experiências da coletividade respectiva.

Argumentarei neste livro que o trabalho de Habermas desde *Knowledge and Human Interests* é melhor entendido em termos de perspectiva esboçada para programas de pesquisa de ciências sociais. Embora Habermas não tenha explicitamente começado, por volta de 1970, com uma tal perspectiva, parece ter desenvolvido esse tipo de "auto-entendimento" teórico à medida que seu trabalho progredia.[5] Esta afirmação poderia ser aceita com maior facilidade se fosse enunciada de uma forma que fizesse referência mais clara às tradições na filosofia e na teoria social, que estão geralmente associadas com a teoria crítica. Assim, o modelo minimal de Habermas do sujeito, construído a partir de sua compreensão "comunicativa" da racionalidade e ação, pode ser pensado como abrangendo o que pode ser chamado a dimensão quase-kantiana da teoria crítica. A necessidade da análise sistemática nesta dimensão foi freqüentemente mal compreendida pelos teóricos críticos e Habermas, em função disso, foi freqüentemente criticado por empreender uma longa jornada filosófica, cujos frutos parecem ter pouco a ver com a teoria crítica.[6]

Pelo contrário, a dimensão quase-kantiana constitui um esboço para um modelo distintivo do sujeito que, embora seja claramente diferente do de Marx, permite contudo que a teoria social e política preserve algumas das intenções de Marx, ao menos em relação a complexos esclarecedores de poder e ideologia, "recuperando um potencial para a razão encapsulado nas próprias formas da reprodução social."[7]

Tal núcleo ou modelo do sujeito é uma condição da possibilidade de gerar explicações e interpretações inter-relacionadas dos fenômenos sociais contemporâneos. Estes últimos são uma parte do que poderia ser chamado de dimensão hegeliana-marxista da teoria crítica. A outra parte desta dimensão é constituída pela reflexão sobre as qualidades e experiências da coletividade, que se refletem no modelo do sujeito. A tarefa de Habermas nesta dimensão inclui, assim, não apenas a análise do capitalismo avançado em todas suas facetas, como também uma defesa normativa da consciência *moderna* como ainda possuidora dos recursos necessários para nos munir de alguma orientação ético-política mínima para com nossa "nova obscuridade".

O que planejo é esquematizar e mostrar as interconexões entre os diferentes componentes do projeto de Habermas. Primeiro, avaliarei a significância do modelo comunicativo de ação e racionalidade em comparação com outros modelos. Em seguida, dedicar-me-ei a um exame de sua tentativa de desenvolver as implicações normativas específicas desse modelo numa "ética comunicativa". Meu próximo passo será demonstrar como esse modelo estrutura as interpretações de Habermas de conceitos-chaves como poder e ideologia e também como ele tanto reflete como informa uma interpretação geral da modernidade. Finalmente, mostrarei como essas interpretações, por sua vez, prestam-se tanto para a construção de explicações de fenômenos sociais, culturais e políticos do capitalismo avançado quanto para o desenvolvimento de uma orientação ético-política para esses fenômenos.

Minha linha inicial de indagação neste capítulo será um tanto indireta. Concentrar-me-ei primeiramente em modos de pensar sobre a racionalidade, que são mais familiares do que a abordagem comunicativa de Habermas. Meu interesse específico será examinar como concepções diferentes da racionalidade podem servir como parte do núcleo de um programa de pesquisa para teoria social. Isto posto, estarei mais especificamente interessado na racionalidade prática, isto é, o que constitui boa razão para as ações. A escolha de uma concepção particular de racionalidade prática terá, como sugeri anteriormente, tanto implicações normativas quanto implicações para interpretação e explicação. E a adequação global de uma concepção será, assim, em última instância, relacionada a critérios tanto normativos quanto empírico-teóricos.

Considerarei sumariamente duas concepções de racionalidade prática, que são alternativas para a concepção comunicativa de Habermas. A racionalidade estratégica é a concepção familiar meios-fins. A racionalidade contextual, por outro lado, é uma noção associada a discussões filosóficas recentes da antropologia social. Aqui toma-se racionalidade para significar "conformidade ... às normas".[8]

A ação é entendida como comportamento guiado por normas, podendo ser avaliada como racional ou irracional dependendo do fato de se conformar ou não às crenças e normas sociais no contexto em que ocorre. Assim, na consideração contextual, o que é considerado ação racional variará com o contexto social.

Um exame das implicações e limitações da racionalidade estratégica e contextual é crucial para a compreensão do significado da concepção comunicativa da razão e ação de Habermas.

I. Racionalidade estratégica

Atualmente, a concepção dominante de razão prática na ciência social é a estratégica. Essa concepção é mais explicitamente adotada por aqueles que consideram a si mesmos teóricos da escolha racional.[9] Esta escola tenta fornecer um claro delineamento de um modelo minimal do sujeito e ser teoricamente rigorosa no vincular suas assertivas sobre as características do sujeito a suas hipóteses sobre os fenômenos políticos. Sua caracterização do sujeito é clara em relação ao que são dois aspectos essenciais de qualquer modelo minimal: uma concepção de ação e racionalidade. A ação é conceitualizada como o comportamento intencional, interessado em si próprio, dos indivíduos num mundo objetivado, isto é, num mundo em que os objetos e os outros indivíduos estão relacionados em termos de sua possível manipulação. A racionalidade da ação é correspondentemente conceitualizada como a vinculação eficiente de ações vistas como meios para a consecução de metas individuais.

É importante destacar que a inclusão da assunção de motivação "auto-interessada" da descrição acima não é conceitualmente necessária ao modelo estratégico. A ação intencional e a racionalização meios-fins podem, em princípio, ser combinadas com qualquer tipo de motivação. Para a maioria das formas de ação coletiva, porém, os teóricos da escolha racional usualmente acrescem a assunção de que agentes racionais são motivados pelo auto-interesse, isto é, são egoístas, maximizadores da utilidade. Esta assunção é feita porque o auto-interesse parece ser a motivação mais facilmente universalizável, isto é, pode explicar uma fração maior do comportamento coletivo do que qualquer outra assunção motivacional singular.[10] Muitos teóricos da escolha racional têm o cuidado, todavia, de salientar que não há nenhuma razão necessária para que outras assunções motivacionais, como as morais, não possam ser empregadas também para produzir modelos explicativos.[11] A única coisa que não é permitida é o uso do conceito de racionalidade para fazer juízos normativos a respeito dos tipos de fins perseguidos ou a motivação que estimula a ação.

Os teóricos da escolha racional vêem a si mesmos comprometidos, acima de tudo, com a tarefa de construir uma ciência social naturalista principiando por simples assunções sobre racionalidade e então predizendo como os indivíduos se comportarão num dado conjunto de condições.[12] Em senso estrito, tal teoria nem endossa nem recomenda nenhuma posição ou atitude morais. Em particular, não recomenda diretamente aos indivíduos um caminho de ação prudente como ocorre com Hobbes. A teoria da escolha racional simplesmente visa prever como os indivíduos *agirão* numa dada situação, *se* realmente agirem racionalmente no sentido estratégico.[13] Em outras palavras, elucidam uma lógica da ação racional, mas não recomendam necessariamente que um agente valore a racionalidade e molde assim as ações dele, agente, à sua lógica. Contudo, as conclusões da teoria da escolha racional são importantes para a ética e a filosofia política, visto que a lógica que elucidam demonstra que tipo de ação coletiva cooperativa pode ser esperada entre indivíduos que partilham uma ligação com a racionalidade estratégica, não importando quão divergentes seus outros valores básicos possam ser. Assim, a teoria da escolha racional lança luz no tipo de questão que Hobbes tentou responder. Podem os indivíduos que partilham tão-somente racionalidade estratégica chegar a um consenso sobre um conjunto de providências coletivas, cujo resultado será de interesse público ou um bem para todos? Ou, colocado de forma mais geral, até que ponto podemos contar com a dimensão cooperativa, bem como a conflitual, na vida política sem apelar em absoluto para motivações que não sejam exclusivamente auto-interessadas e com algum senso moral de racionalidade?

Assim, quando se explora as implicações de tornar a racionalidade estratégica o critério único da racionalidade na vida política, sonda-se questões que têm significância tanto normativa quanto explicativa. Os teóricos da escolha racional, no entanto, tendem a focalizar somente questões explicativas. A dificuldade com que lutam ao tentar construir teoria política numa base exclusivamente estratégico-racional é que a cooperação geralmente acontece quando o modelo deles nos levaria a não esperá-lo. O ponto em que essa dificuldade se torna evidente é, mostrarei, também o ponto em que uma consideração contextualista encontra sua própria dificuldade. A perspectiva contextualista, entretanto, revelará também algumas deficiências teóricas bem como algumas implicações normativas perturbadoras (perturba-doras, ao menos, para todo aquele que deseja manter em aberto a possibilidade de algum universalismo moral mínimo).

O problema que quero examinar em relação à concepção estratégica tem sido amplamente discutido. Envolve o problema da ação cooperativa entre indivíduos estrategicamente racionais com o propósito de munirem a si mesmos de "bens públicos" ou "coletivos", isto é, bens que, se forem fornecidos (para todos os propósitos práticos) deverão ser fornecidos a todos os membros de uma comunidade.[14] A conexão deste problema com aquele de Hobbes tem sua origem no fato de que um conjunto justo de arranjos políticos cai na categoria de bens coletivos.

A dificuldade implícita na ação cooperativa em prover bens coletivos gira em torno dos resultados dos cálculos de um agente racional quanto a se os custos da participação em tal ação superam os benefícios. Por exemplo, em relação a votar, parece que um indivíduo racional decidiria não votar, pela simples razão de que o custo em tempo e esforço desse ato é extremamente elevado comparado ao benefício de o partido de sua predileção obter a vitória, uma vez que ele considere a probabilidade de seu único voto decidir a vitória ou a derrota para seu partido. Não votando, o indivíduo não altera significativamente a probabilidade do bem coletivo (seu partido na administração) ser suprido: se seu partido perder, tal coisa teria acontecido mesmo que ele não houvesse votado; no caso da vitória do partido, ele obtém o benefício do bem coletivo sem qualquer custo, isto é, sem despesas.[15]

A conclusão segundo a qual não é racional votar — *mesmo no mais justo dos sistemas democráticos* — tem implicações perturbadoras tanto para filósofos políticos quanto para teóricos da escolha racional. Os últimos devem, é claro, explicar o fato de que inúmeras pessoas em geral votam mesmo. A menos que esses teóricos estejam prontos a colocar o votar geralmente na categoria da ação não-racional ou irracional, de alguma maneira necessitam compreendê-lo como racional.

O problema que surge com o votar é realmente um problema geral que se aplica a muitos outros tipos de participação, cujo fim é prover algum bem coletivo.[16] E, dado o fato de que não apenas o votar mas também essas outras formas de ação coletiva efetivamente ocorrem, os teóricos da escolha racional têm ficado continuamente perplexos com a "lógica da ação coletiva", pois ela parece indicar uma falha explicativa crucial em sua abordagem. Durante as últimas duas décadas um imenso esforço foi feito na investigação de meios para a superação desse problema. Alguns tentaram mostrar que a não-cooperatividade nem sempre é uma estratégia tão racional, como foi pensado no início.[17] Outros investigaram como, nas situações de ação coletiva, a contribuição para a provisão de um bem coletivo pode tornar-se racional devido ao fato de simultaneamente algum bem particular poder ser obtido ou algum dano particular poder ser evitado. Isto é chamado de provisão de "incentivos seletivos".[18] Tais linhas de pesquisa estenderam claramente o terreno no qual as explicações racionais estratégicas podem ser desdobradas com sucesso. Todavia, acho que é justo dizer que áreas substanciais do comportamento cooperativo permanecem inexplicadas e exigiriam assim recurso a algumas "motivações extra-racionais" da parte dos agentes.[19]

Uma tentativa para evitar esta conclusão foi feita por alguns teóricos da escolha racional. Tomaram o conceito básico de incentivo seletivo e o insuflaram, de modo a poder incluir não apenas incentivos tangíveis como também aqueles que são intangíveis ou sociopsicológicos. Por exemplo, sugeriu-se que um eleitor poderia obter algum benefício ou satisfação particular a partir do *acatamento às normas* de boa cidadania ou justiça numa democracia.[20] Todavia, argumentou-se de modo persuasivo que esse tipo de tática conceitual não é muito produtivo. Esse "conceito *portmanteau valise* de 'satisfação'" simplesmente reúne motivações puramente auto-interessadas com outros tipos que não são puramente auto-interessadas e efetua tal globalização sem nenhum claro aumento da *espécie* de poder de previsão que a teoria da escolha racional promete — previsões universalmente aplicáveis derivadas de premissas muito simples. Ter-se-ia de dizer que a estratégia de insuflação proposta realmente constitui um afastamento do programa de pesquisa básico da teoria da escolha racional.[21]

Está claro que tal estratégia permitiria uma espécie fraca de poder de previsão, uma vez que o teórico conquistasse uma quantidade substancial de conhecimento *particular* a respeito de coisas como tipos de normas morais e políticas que existem numa dada sociedade. O importante a ser compreendido aqui é, todavia, que a adoção dessa estratégia significaria que o teórico não está mais usando apenas um modelo legalóide (lawlike) da ciência social, com sua assunção de racionalidade *estratégica*, mas também um *modelo interpretativo* da ciência social com sua assunção de *racionalidade contextual*.[22] As premissas de uma explicação não conteriam mais somente simples postulados comportamentais, como também "descrições nebulosas" de crenças, normas, tradições e instituições de fundo.[23] Assim, as previsões a respeito da ação não seriam mais deduzidas de uma forma estritamente lógica, mas, antes, expressariam como uma certa ação tenderia, ou não, a se coadunar, uma dada situação, com aquelas que as crenças e normas aplicáveis levariam alguém a esperar.

II. Racionalidade contextual

Evidenciou-se anteriormente que a questão da motivação da ação é uma questão que, em senso estrito, normalmente é considerada pelos teóricos da escolha racional como estando fora do domínio da racionalidade. Em outras palavras, nenhum juízo da racionalidade pode ser feito relativamente a motivações particulares que estejam presentes ou ausentes na ação de um agente. Embora este meio de separar inteiramente questões de motivações daquelas de racionalidade possa ser útil para os propósitos operacionais da teoria da escolha racional, parece entrar em conflito com o modo pelo qual usamos ordinariamente o conceito de razão em nossos juízos das ações. O que quero sugerir é que faz sentido perfeitamente pensar no conceito de racionalidade prática como incorporando ao menos algumas assunções motivacionais mínimas. Ao dizer que há assunções motivacionais mínimas incorporadas à idéia de ação racional, quero sugerir que julgaríamos que um indivíduo estivesse agindo irracionalmente, não somente se ele, digamos, escolhesse meios ineficientes para fins particulares, mas também se não mostrasse qualquer evidência que fosse de ter dois tipos gerais de motivação, que são *constitutivos* do que entendemos por ação *humana*.

Um tal argumento conceitual sobre orientações gerais de ação ajudará a demonstrar porque faz sentido, geralmente, pensar num sentido de racionalidade tanto estratégico quanto contextual. Também ajudará a compreender o tipo de argumentos conceituais que Habermas constitui a partir da perspectiva de seu modelo comunicativo. Digo isto porque na sua obra recente (como mostrarei no capítulo 2) ele se afastou da abordagem epistemológica à razão que caracterizou *Knowledge and Human Interests*. Ele abandonou as fortes afirmações transcendentais sobre o conhecimento — interesses constitutivos. Mas Habermas, aparentemente, ainda deseja captar em seu modelo comunicativo alguns aspectos característicos daquilo a que antes se referia como "interesse técnico" e "interesse prático".[24] Só que agora tais aspectos precisam ser formulados numa teoria de ação e linguagem.[25] O melhor acesso inicial a essa questão pode ser obtido, acho, por um argumento conceitual a respeito de ação no qual uma orientação estratégica substitui o "interesse técnico" e a orientação intersubjetivo-contextual substitui o "interesse prático".[26] Embora Habermas não constitua explicitamente o argumento que eu anteciparei, algo que lhe é semelhante parece ser uma base implícita para os argumentos conceituais mais explícitos que ele constitui sobre ação comunicativa, o que assumirei nos capítulos 2 e 3.

Sugeri que a presença de duas orientações básicas de ação é uma parte constitutiva do que constitui a ação racional. A ausência de uma ou outra no comportamento contínuo de um sujeito é motivo para pôr em dúvida radicalmente sua reivindicação à razão.

A primeira é simplesmente do auto-interesse ou orientação para si mesmo, a qual ainda que enraizada no motivo da simples autopreservação física, de forma alguma se limita a isso. Antes, pode assumir uma multiplicidade de formas intermediadas pelo mundo social particular no qual o indivíduo vive. É a persistência desta motivação que torna as motivações estratégico-racionais plausíveis para amplas categorias de ação humana. Sem semelhante motivação, poderíamos ser capazes de encontrar algumas instâncias de cálculos racionais por parte de um determinado indivíduo, os quais, porém, seriam fracos na comparação com nosso julgamento de que suas ações, como um todo, fossem irracionais. Em outras palavras, se observamos um indivíduo que talvez persiga com muita eficiência certos objetivos dados, mas que tenha se esquecido completamente da necessidade de se alimentar e de se vestir, não teríamos a tendência de questionar sua racionalidade?

A limitação de pensarmos em termos de uma só orientação básica, no entanto, é ilustrada pelo fato familiar de que às vezes bem que estamos propensos a atribuir racionalidade a uma ação na qual o auto-interesse e mesmo a autopreservação são sobrepujados por outras motivações. Tais situações são aquelas em que a motivação predominante tem um caráter intrinsecamente *intersubjetivo* ou *social*, mediante o qual tal motivação expressa uma orientação *reconhecível* voltada para os valores de alguma comunidade da forma como são manifestados por algumas normas básicas morais, religiosa ou sociais.[27] É em relação a este tipo de orientação que freqüentemente temos a propensão a encarar como possivelmente racional até mesmo uma ação que ameace nossa autopreservação.

É importante esclarecer neste ponto que aquilo do que estou falando não é captado adequadamente, ou, ao menos, não muito claramente pela noção weberiana de ação "de valor-racional" (*wertrational*). Uma ação é valor-racional, de acordo com Weber, se expressar "valores máximos" e é empreendida por um indivíduo "sem consideração do custo" para si mesmo.[28] O modo de Weber falar de indivíduos e valores máximos tende a obscurecer uma diferença importante entre situações nas quais o sobrepujar da autopreservação pode ser racional e aquelas em que não é. Consideremos as situações a seguir. Na guerra de 1980, entre o Irã e o Iraque, noticiou-se que soldados do primeiro destes países demonstravam o que parecia ser uma prontidão extraordinária para se sacrificarem. Por exemplo, quando um blindado iraniano tinha de parar devido à presença de minas nas proximidades das cidades tomadas pelos iraquianos, soldados se apresentariam voluntariamente para descer de bicicleta pela estrada minada a fim de explodir quaisquer minas que por ali pudessem se encontrar, liberando assim o caminho para um avanço. Compare-se isto com o comportamento hipotético de um soldado iraniano que, ao ouvir que ocorrera uma tentativa de assassinato contra o Aiatolá Khomeini, refletiria por alguns minutos e depois atiraria no próprio pé como uma forma de expressar sua solidariedade com o regime e sua boa vontade em sacrificar seu bem-estar pessoal em seu serviço. Dentro da estrutura de Weber, ambas as ações seriam igualmente consideradas de valor racional, visto que as duas concernem ao compromisso absoluto de um indivíduo com uma causa e o desejo de expressar tal compromisso por meio de atos deliberados, a despeito do custo pessoal. Esta categorização, entretanto, insinua uma importante diferença entre as duas situações. Na primeira, trata-se de um caso muito mais forte para atribuir racionalidade, porque o sobrepujar da autopreservação é explicável em termos das expectativas normativas tradicionais de um soldado do Islã, expectativas que o atual regime do Irã foi capaz de reacender. Por outro lado, no segundo exemplo, é provável que se questione a racionalidade do indivíduo. Assim é porque ele não escolheu um modo de expressar seu compromisso que seja coerente com qualquer padrão de normas existente na comunidade religiosa e política à qual ele quer expressar sua lealdade. Em outras palavras, nem todo ato de autoflagelação *conta* como *expressão* de comprometimento.[29] Para contar precisa ser consistente com as expectativas geradas pelas crenças e normas de uma comunidade existente ou potencial. O modo de falar de Weber tende a obscurecer a significação de tais expectativas justas para juízos de racionalidade.[30]

O reconhecimento como racionais dessas ações, nas quais uma orientação quanto a normas sociais tem precedência sobre o auto-interesse, extrai sua plausibilidade de nosso reconhecimento implícito de uma segunda motivação básica que é constitutiva da ação humana. Isto poderia ser chamado simplesmente de uma orientação intersubjetivo-contextual. Ser motivado deste modo significa orientar as próprias ações não apenas para o eu mas também para a criação ou manutenção de instituições e tradições nas quais é expressa alguma concepção de comportamento correto e uma vida boa com os outros.

Esta dimensão motivacional expressa nosso caráter como criaturas que procuram significado para nossas vidas individuais, criando e mantendo intersubjetivamente estruturas normativas vinculantes. Está claro que as formas particulares que essa motivação assume variam largamente de cultura para cultura e através da história. Dentro desta variação, há, porém, um denominador comum que nos permite uma perspectiva a partir da qual podemos começar a separar o racional do irracional.

O que estou sugerindo aqui pode ser compreendido se se imagina situações nas quais a motivação social inexiste totalmente. Isaiah Berlin, ao tentar chegar a um ponto semelhante sobre racionalidade, oferece um bom exemplo. Ele nos pede para imaginar um indivíduo que possua a capacidade de raciocinar somente de uma maneira estritamente estratégica e que obtém sua satisfação mais intensa espetando alfinetes em superfícies de determinada resiliência.[31] Para ele não faz diferença se essas superfícies são bolas de tênis ou pele humana. E ele vai em frente, satisfazendo seu desejo de um modo perfeitamente sistemático (racional meios-fins). Se indagado a respeito de sua atividade, prontamente afirmará que não gostaria que outros espetassem alfinetes em sua própria pele, mas simplesmente não consegue entender porque se deve proibi-lo de espetá-los nos outros tanto quanto permitam as circunstâncias. Berlin aqui está interessado em nos sugerir, por um lado, que tal indivíduo cai dentro dos limites da razão estratégica, mas também questiona, por outro lado, se nos sentiríamos inteiramente à vontade para chamar tal homem de racional. A fonte de nosso questionamento aqui é a total ausência de qualquer interesse ou mesmo compreensão do que significa participar na interação governada por normas válidas intersubjetivamente.

Uma outra ilustração deste ponto, desta vez num nível coletivo, pode ser vista na desintegração radical de qualquer orientação intersubjetiva entre os Ik, uma tribo no norte de Uganda estudada pelo antropólogo Colin Turnbull.[32] Devido a algumas mudanças nas condições de sua vida coletiva em relação às quais eles não tinham controle, os Ik começaram se desintegrar como sociedade; isto é, a orientação intersubjetiva foi crescentemente deslocada a favor da preocupação exclusiva pela sobrevivência individual. A perseguição deste fim por quaisquer meios que fossem necessários penetrou sistematicamente em todas as relações da sociedade Ik. Por exemplo, aos anciãos só resta morrer de fome e as crianças de três anos de idade são expulsas pelos pais. Tanto crianças como anciãos são vistos simplesmente como competidores na luta pela comida escassa.

Uma forma de interpretar a vida entre os Ik é vê-la como confirmação do relativismo ético, isto é, como um exemplo de uma sociedade com valores radicalmente diferentes daqueles com os quais estamos familiarizados. (Por exemplo, a palavra Ik correspondente a nossa "bem" parece ter evoluído ao ponto de significar algo como "ter um estômago cheio.")[33] Em tal interpretação, contudo, falta o caráter verdadeiramente radical da vida dos Ik: ela está cessando de possuir parte do que é constitutivo da ação humana, isto é, a presença de alguma orientação intersubjetivo-contextual nos indivíduos.[34] Turnbull parece também chegar a algo semelhante a esta conclusão, ao menos implicitamente, pois faz uma recomendação de como lidar com o problema Ik, que é espantosa vinda de um antropólogo veterano, para o qual um confronto com uma sociedade radicalmente diferente é uma experiência familiar.

Essencialmente, ele recomenda cirurgia social reminiscente da proposta de Platão em *A República*. Crianças e adultos, da mesma forma, deveriam ser forçosamente reunidos em pequenos grupos aleatórios e levados para longe, a fim de serem recolocados em outras tribos. Os grupos têm de ser pequenos e aleatórios, de modo a que os padrões Ik de comportamento desapareçam aos poucos sem contaminar as sociedades hospedeiras.[35] Conseqüentemente, embora os Ik não sejam eles mesmos, em última instância, responsáveis pela criação das condições de seu declínio, seu comportamento, como aquele do espetador de alfinetes, incide numa categoria que parece de algum modo estar além dos limites da razão, na medida em que este conceito se aplica à ação humana.

Caso os argumentos anteriores estejam corretos, faz sentido pensar em duas motivações básicas que são constitutivas da ação humana. Assim, quando o comportamento de um indivíduo não evidencia nenhuma das duas, colocamos a racionalidade desse comportamento em dúvida, no sentido de questionar sua coerência com nossas concepções mais básicas do que vem a ser um ser humano. É claro que a racionalidade de ações particulares que se incluem em uma dessas duas categorias motivacionais também pode ser questionada. É aqui que a utilidade da distinção entre racionalidade estratégica e contextual entra em jogo. Em relação à motivação do auto-interesse, o critério apropriado é estratégico ou a racionalidade meios-fins. Em relação à motivação social, entretanto, ambos os critérios (estratégico e contextual) podem ser apropriados. Critérios estratégicos podem, é claro, ser aplicados para avaliar quão eficiente é uma ação como meio para atingir algum fim que não é puramente auto-interessado. Contudo, esta coerência meios-fins por si só é um critério insuficiente para separar adequadamente o racional do irracional em casos nos quais está envolvida a motivação social. Esta inadequação pode ser vista, por exemplo, no fato de que um altruísta estratégico-racional, como seu oposto, o egoísta estratégico-racional, usualmente acharão racional não participar de um esforço cooperativo quando estão envolvidos bens coletivos.[36] Se este for o caso, alguém ainda ficará com a necessidade de categorizar muita ação cooperativa como não-racional ou irracional. É apenas pela reclassificação pelo critério contextual que essa espécie de categorização intuitivamente inadequada pode ser evitada. Dentro de uma estrutura contextual-racional, ações participatórias tais como votar podem, agora, ser compreendidas como manifestações de motivação social em relação a um conjunto intersubjetivamente válido de normas democráticas. Em outras palavras, votar é um modo socialmente adequado de se *conformar* às expectativas associadas ao papel de um cidadão de uma organização política democrática e, desse modo, *expressar* o compromisso com os valores compartilhados nos quais se baseia tal organização política.

Pensar em termos de motivação social e racionalização contextual envolve uma mudança fundamental na forma pela qual a ação é conceitualizada. O modelo ou estrutura conceitual não é mais monologicamente intencional e conseqüencialista, mas sim *convencional* ou *guiado por normas*. Neste modelo, a ação possui uma estrutura intencional, mas somente no sentido de que o agente pretende *expressar* algo *fazendo sua ação se conformar* com a estrutura das normas.

A idéia da racionalidade contextual muitas vezes está estreitamente associada, ao menos entre os filósofos anglo-americanos, à obra de Peter Winch. Para o presente propósito, seu argumento básico pode ser resumido na afirmação de que o significado e a racionalidade de uma ação são deduzidos da compreensão de seu papel em relação às normas e crenças predominantes na forma de vida da qual é uma parte.[37] O trabalho de Winch tem sido objeto de muita discussão e crítica.[38] Quero deixar de lado suas rigorosas afirmações sobre a natureza *exclusivamente* interpretativa da teoria social e me manter concentrado na idéia de racionalidade contextual como uma ferramenta para compreender e avaliar fenômenos sociais e políticos. Tomada neste espírito, a racionalidade contextual constitui um complemento necessário da racionalidade estratégica porque esta última não pode adequadamente responder pelo papel da ação que não é motivada puramente pelo auto-interesse, mas que, ao mesmo tempo, parece ser em certo sentido racional. Dentro da perspectiva contextual-racional, um ato como votar pode ser julgado como racional ou irracional uma vez que compreendamos as normas que definem a cidadania democrática.[39]

Uma das metas subjacentes da análise de Winch foi nos sensibilizar para o perigo de se fazer juízos rápidos sobre a irracionalidade ou não-racionalidade das ações ou crenças não-familiares.[40] Este problema tem se manifestado freqüentemente nos juízos ocidentais tanto sobre sociedades primitivas quanto sociedades não-ocidentais contemporâneas. Winch argumenta que nossas avaliações da racionalidade ou irracionalidade das ações e crenças nessas sociedades serão inadequadas se não compreendermos que uma parte essencial dos critérios para essas avaliações é constituída pelo contexto no qual essas ações e crenças têm seu lugar, em particular, as normas sociais e a visão de mundo prevalecentes. Winch tem sido, às vezes, interpretado como se dissesse que sociedades ou formas de vida diferentes possuem seus próprios critérios *completamente* independentes de racionalidade. Se esta fosse a visão de Winch — e algumas de suas observações iniciais a respeito do assunto realmente se prestam a tal interpretação — então justificar-se-ia realmente a dura crítica recebida.[41] Winch, entretanto, esclareceu suas observações iniciais de um modo tal que o argumento tem agora a forma a seguir. Existem realmente alguns critérios universais de racionalidade e para ações eles incluiriam coisas tais como transitividade. Tais critérios não são em si mesmos suficientes, entretanto, para captar o que numa dada sociedade *conta* como ação coerente ou racional em circunstâncias particulares. Para isto, diz ele, necessitamos de mais "conhecimento particular sobre as normas [a que indivíduos] apelam ao viver suas vidas."[42] Nesta forma, o argumento contextualista oferece uma estrutura útil para evitar juízos etnocêntricos inadequados sobre a irracionalidade das ações e instituições nas sociedades não-ocidentais, bem como para dar sentido ao nosso sentimento intuitivo que não é irracional para um cidadão num sistema político democrático (que ele sustenta ser, ao menos, parcialmente justo) agir de maneiras que ajudam a preservá-lo.

Embora a adoção de uma estrutura contextualista como suplemento para uma estratégica possa proporcionar *insight* para os problemas anteriores, tal adoção traz consigo, entretanto, algumas limitações e implicações perturbadoras para os teóricos sociais e os filósofos políticos, ao menos até o ponto em que desejam dar conta dos conceitos de poder, ideologia e transformação social e manter, ao mesmo tempo, alguma orientação moral universalista para a vida política.

Comparada com a estrutura estratégica, a estrutura contextualista nos oferece uma maneira mais satisfatória de compreender a dimensão consensual e integrativa da sociedade. Particularmente, fornece, ao menos, uma maneira aproximada de compreender como a ação reproduz as estruturas simbólicas de um mundo social e como, por sua vez, este mundo tanto dota a vida individual de sentido como é considerado válido pelo indivíduo de uma forma que não é redutível a considerações estratégicas. Contudo, as vantagens da perspectiva contextualista nesse aspecto são ganhas a um preço substancial, pois, dentro dessa perspectiva, os fenômenos de conflito e poder se tornam relativamente opacos. Basicamente, não fornece nenhuma maneira de indagar a que interesses uma dada estrutura normativa favorece. Este problema está relacionado àquele de compreender adequadamente o fenômeno da ideologia. A perspectiva contextualista oferece uma maneira mais adequada de conceituar a dimensão na qual a ideologia se manifesta (crenças e normas coletivas), no sentido de compreender a função dessa dimensão em dotar a vida individual de sentido social. Esta vantagem inicial que a perspectiva contextualista possui em relação à perspectiva estratégica, entretanto, não pode ser capitalizada porque a primeira não pode compreender crenças e normas coletivas em termos de poder e má percepção sistemá-tica.[43]

Uma outra deficiência do contextualismo, que tem sido freqüentemente notada, é sua incapacidade de oferecer uma estrutura conceitual adequada dentro da qual processos de transformação social possam ser compreendidos. Embora o modelo contextual possa ser capaz, como Winch sugeriu, de compreender algumas espécies de transformação ao longo das linhas da noção de Wittgenstein de "continuar da mesma maneira" nas circunstâncias novas, parece pouquíssimo adequado para uma compreensão das diversas maneiras nas quais normas, por exemplo, rompem sob o impacto de interesses conflitantes ou transformações sistêmicas das estruturas sociais.[44]

A perspectiva estratégico-racional pode, é claro, dar conta, em certa medida da transformação social em termos de mudar constelações de poder e interesses (embora, como mostrarei no capítulo 4, sua conceituação de poder seja inadequada).[45] Se deslocarmos o foco, todavia, de transformações particulares para questões mais amplas da direção da transformação e seu significado, então deixa de ser tão claro qual orientação a perspectiva estratégico-racional oferece. Mais precisamente, qual significação ela vincula àquele fenômeno especificamente *moderno*, a expansão sistemática da racionalidade estratégica para um número crescente de áreas da vida social, que cada vez mais substitui a ação guiada por normas pela ação orientada para o auto-interesse individual? Teóricos da escolha racional tendem a não levantar diretamente esta questão e poderiam, se pressionados, provavelmente argumentar que não estão necessariamente constrangidos por suas hipóteses a assumir qualquer posição. Todavia, a posição a que muitos teóricos da escolha racional parecem, ao menos tacitamente, aderir é a que considera a expansão sistemática da racionalidade estratégica um processo benéfico que esclarece o fundamento cognitivo e social necessário para um grau sempre maior de liberdade e bem-estar individual, a ser usufruído no Estado democrático moderno.[46] Esta interpretação da racionalização social tem, no entanto, uma unilateralidade sistemática à medida em que parece estar con-ceitualmente cega para a possibilidade de perceber um lado negativo da modernização. Isto é, se alguém quiser lidar com a questão weberiana de uma "perda do sentido" imposta pela modernização ocidental, a perspectiva estratégica por si só será inadequada para essa finalidade, visto que não é capaz de conceitualizar a função dotadora de significado de estruturas normativas tradicionais.

Voltando-nos para as implicações normativas da racionalidade contextual, o problema mais importante que ela levanta é sua aparente preclusão de uma perspectiva moral universalista, em particular, uma que de alguma forma ligue razão e justiça. Isto resulta do fato de que, dentro da consideração contextualista, a concessão de razões para justificar uma ação ou instituição é uma atividade que é esgotada ao se traçarem conexões entre aquela ação ou instituição e o contexto social de crenças e normas. Apelar para princípios universais ao invés de normas tradicionais não tem, então, nenhum poder especial maior, de racionalização moral. Tal apelo não diferencia, portanto, um senso moral universalista específico de racionalidade prática. Em outras palavras, exigências para que nossas ações se conformem, por exemplo, ao princípio de universalização e acordo de respeito a todos os outros como seres livres e iguais possuem um poder justificatório que não difere de qualquer outra estrutura normativa para julgamento de ações.

O fato de as sociedades ocidentais tenderem a atribuir um *status* privilegiado à racionalização da ação em termos de princípios universalizáveis abstratos deve ser explicado como simplesmente um modo possível de criar uma hierarquia de tipos de justificação normativa. Em outras palavras, um apelo ao tipo de princípios morais citados precisa ser pensado como uma atividade culturalmente específica cuja força depende em última instância do fato de outros partilharem do que se poderia chamar de estrutura normativa profunda da consciência moral e política ocidental. O desfecho desta linha de discussão é que o que conta como racional no domínio moral será inteiramente dependente de quaisquer normas morais que estejam vigentes numa dada cultura. Em síntese, a perspectiva contextualista, que oferece um suplemento explicativo necessário à perspectiva estratégica, também é uma perspectiva que parece excluir a possibilidade de fazer um certo tipo de enunciado sobre justiça, isto é, um enunciado universalista.[47]

III. Universalismo, justiça e racionalidade

Seja devido ao argumento contextualista que acabamos de ver, seja devido aos que lhe são correlatos, torna-se cada vez mais claro que o universalismo na filosofia moral e política está experimentando atualmente sérias dificuldades na procura de uma forma satisfatória de defender a si mesmo.[48] Em muitas áreas da moralidade, o abandono do universalismo é inteiramente apropriado e um saudável sinal do debilitado etnocentrismo ocidental. Todavia, naquela área da moralidade que está centralmente relacionada à política — justiça — tal ajuste é mais duvidoso, ao menos para alguns. Isto porque "Reivindicações de justiça sempre foram os exemplos preferidos de reivindicações morais que devem ser reconhecidas pela razão, como fundadas na natureza das coisas, como não essencialmente diversas e como não contingentes a qualquer espécie de ordem social."[49] Certamente tal convicção se postou por trás de *A Theory of Justice* (Uma Teoria da Justiça) de Rawls.[50] E ainda assim, mesmo Rawls teve de recuar das reivindicações fortemente universalistas de seu livro, argumentando agora que a teoria da justiça só é diretamente válida em uma "sociedade democrática em circunstâncias modernas". Em outras palavras, a persuasão de seus argumentos se estende apenas até aquela estrutura normativa profunda da consciência ocidental moderna.⁵¹

Se o universalismo está encontrando dificuldades para achar uma estrutura adequada na qual defenda o vínculo entre razão e justiça, onde exatamente nos deixa o contextualismo nessa questão? Neste ponto é bastante interessante observar o que um contextualista importante, Richard Rorty, é forçado a admitir quando encara a questão de como defender sua própria preferência por uma de duas posições político-morais diferentes, que parecem igualmente compatíveis com uma perspectiva contextualista. Rorty dá preferência ao jogo-linguagem moral-político de William James ou John Dewey em desfavor daquele de Nietzsche ou Foucault, pois o primeiro parece envolver algum apelo à comunidade humana e uma esperança de solidariedade, enquanto que o último parece repousar sobre um "desumanismo" básico. (Não estou interessado na validade desta descrição da posição Foucault-Nietzsche.) Justificar essa preferência envolveria, Rorty admite, uma "discussão em escala total" da "moralidade pública, uma preocupação pela justiça".⁵² Ele está certamente correto quanto a isto, mas a questão é: ao que se assemelharia uma consideração plenamente contextualista de justiça? Felizmente essa consideração foi recentemente oferecida por Michael Walzer.⁵³ Muito do que Walzer diz é constrangedor, mas em seu prefácio e conclusão há uma confissão curiosa, que indica que sua posição, como um todo, confia na manutenção de uma aspecto mínimo de universalismo. "Para os objetivos deste livro", ele admite "nosso *reconhecimento* uns dos outros como seres humanos." Reconhecemos, ou deveríamos, que somos "*iguais* uns aos outros" em virtude de nossas características como "criaturas produtoras de cultura [que] fazem e habitam mundos significativos".⁵⁴

Mas como pode alguém entender esse apelo universalista à *igualdade* e *reconhecimento* intersubjetivo? Walzer não nos dá uma resposta sistemática. É neste contexto de procura de uma resposta sistemática para o problema de um universalismo *mínimo* que quero examinar a obra de Habermas.

Ele oferece uma posição universalista que faz reivindicações fortes e ainda tentativas de acomodar os *insights* de críticos contextualistas. Sua posição é completamente distinta daquela de um Dworkin, um Kohlberg ou um Rawls: embora Habermas pense que podemos legitimamente falar de critérios de procedimento universalistas para avaliar a justiça de reivindicações normativas, não pensa que seja possível afirmar que esses critérios captam inequivocamente um princípio determinado ou conjunto de princípios para agir justamente ou criar instituições justas.

Habermas argumenta que critérios mínimos de justiça podem ser deduzidos de suas concepções de ação comunicativa e racionalidade comunicativa. A reivindicação universalista levantada por essa interpretação do sentido moral da racionalidade é desenvolvida num conjunto complexo de argumentos sobre "contradições performativas", desenvolvimento moral e modernidade; e estes argumentos estão integrados na estrutura de uma teoria geral da sociedade que, por sua vez, oferece um relato do poder e ideologia.

Será a minha tarefa, no capítulo 2, explicar o modelo comunicativo de racionalidade e ação e compará-lo com os modelos estratégico e contextual. Também será mostrado como o movimento de Habermas para o modelo comunicativo tanto dá seguimento a certos temas presentes no trabalho de teóricos críticos anteriores quanto, adicionalmente, constitui uma partida substancial daquele trabalho.

Concentrar-me-ei então, no capítulo 3, numa avaliação do argumento de Habermas de que uma "ética comunicativa" pode ser deduzida das noções de ação e racionalidade comunicativas. Especificamente, ele sustenta que "normas de discurso racional" universalistas estão implícitas na interação lingüística contínua e que este fato pode ser demonstrado reconstruindo-se o que é intuitivamente conhecido por todo locutor competente.[55] Este argumento é considerado parcialmente bem-sucedido, mas não suficientemente bem-sucedido para suportar todo o peso que Habermas, ao menos inicialmente, lhe atribuiu. A justificação última para as reivindicações de uma ética comunicativa precisa contar com uma defesa de certas estruturas *modernas* de consciência.

Antes de examinar a teoria da modernidade de Habermas, no capítulo 5, desenvolvo antes no capítulo 4, a idéia de uma ética comunicativa. O foco aqui é distingui-la de outras concepções de ética pós-convencional, tais como as de Rawls ou J. L. Mackie. Então proponho um modo no qual as implicações normativas dessa ética comunicativa "mínima" se ligam a um problema central de teoria política: a análise do poder. O modelo comunicativo fornece um modo persuasivo de repensar esse conceito "essencialmente contestável".

No capítulo 5 assumo a tarefa de elucidar a interpretação complexa de modernidade que Habermas apresenta em *The Theory of Communicative Action*. Mostra-se como o modelo comunicativo ajuda Habermas a estruturar uma interpretação da modernidade, que lhe permite criticá-la, como outros teóricos críticos e pós-estruturalistas o fizeram, mas também localizar um potencial de racionalidade nela. Argumento que esta interpretação distintiva permite a Habermas desenvolver uma perspectiva crítica sobre os processos societais de modernização, que de certo modo é similar ao de Foucault, mas que não sofre das dificuldades daquela de Foucault com as noções de normatividade e subjetividade. Finalmente, formulo e avalio algumas hipóteses específicas sobre as estruturas e processos do capitalismo contemporâneo, que Habermas deduz de sua leitura da modernidade. Estas constituem a "heurística positiva" do programa de pesquisa de Habermas.

No capítulo 6, reflito sobre projeto global que Habermas estabeleceu para si mesmo. Neste capítulo são consideradas as críticas que foram feitas de sua marca particular de universalismo conceitual e moral. Mostra-se que o fardo do fundamentalismo é, em primeiro lugar, impreciso. Em seguida encaro as críticas mais penetrantes, em particular as reivindicações de que uma interpretação de modernidade e subjetividade tal como a de Habermas não pode compreender adequadamente as verdadeiras dimensões da subjugação tanto da natureza externa quanto a interna no mundo moderno. As perspectivas de, respectivamente, ecologistas radicais e Foucault, apresentam problemas particularmente importantes para Habermas, porque a teoria crítica sempre declarou ser sensível à subjugação e dominação sob quaisquer máscaras que apareçam. Considero como alguém pode responder a esses desafios de uma perspectiva ha-bermasiana e por fim, argumento que o último é mais defensável que as críticas.

2. AÇÃO E RACIONALIDADE COMUNICATIVAS

Neste capítulo examinarei as concepções de Habermas de ação comunicativa e racionalidade comunicativa e mostrarei porque ele pensa que constituem tanto uma perspectiva universalista de legitimidade normativa quanto o núcleo de um programa de pesquisa alternativo. Embora a elaboração formal da teoria da ação e racionalidade comunicativas só venha com a "virada lingüística" do pensamento de Habermas, que ocorreu por volta de 1970, seu interesse por racionalidade foi evidente desde seus primeiros escritos. Será útil, portanto, começar minha análise com uma visão panorâmica sucinta de porque ele assumiu o problema da racionalidade em primeiro lugar e porque seu tratamento inicial dessa questão foi insatisfatório. Considerarei então, na seção II, as reivindicações que faz sobre como uma reconstrução racional de competência comunicativa dá a alguém os necessários suportes para uma concepção adequada da racionalidade. Isto levará, na seção III, a uma ampla discussão da ação comunicativa, seguida, na seção IV, por uma abordagem de alguns dos problemas aos quais esse modelo dá origem.

I. A crítica do positivismo e a virada lingüística

> "O que constitui a idéia de socialismo, para mim, é a possibilidade de superar a simplificação capitalista do processo de racionalização (para usar a terminologia de Weber). Simplificação, no sentido da ascensão ao domínio de aspectos cognitivo-instrumentais, através do que tudo o mais é conduzido ao domínio da irracionalidade aparente."

O problema central do pensamento de Habermas foi como demonstrar que uma compreensão exclusivamente instrumental ou estratégica da racionalidade é de algum modo inadequada e que, portanto, o processo histórico de aumentar a racionalização weberiana do mundo representa uma ameaça ao potencial pleno dos seres humanos de incluir razão no suporte dos problemas de sua existência social e política. A significação dessa ameaça chegou ao conhecimento de Habermas na década de 50 por A Dialética do Iluminismo (*The Dialectic of Enlightenment*) de Max Horkheimer e Theodor Adorno. Argumentavam que o sucesso ímpar da moderna civilização ocidental em se libertar das coações do mundo natural, através do crescente desenvolvimento da ciência e tecnologia, não trouxe consigo a liberdade imaginada por Marx ou pelos pensadores do Iluminismo, mas sim formas cada vez mais eficientes e sutis de dominação.[2] Horkheimer e Adorno, entretanto, a despeito de toda sua ênfase na razão e na possibilidade de uma "sociedade racional" na qual razão, liberdade e justiça seriam harmoniosamente ligadas, nunca tiveram muito sucesso no desenvolvimento de uma noção coerente de razão, na qual uma orientação instrumental ou estratégico-racional para o mundo social e político poderia ser iluminada de um modo que demonstraria, clara e exatamente, quão limitada ou unilateral ela é.³

Os esforços de Habermas para desenvolver uma concepção "mais ampla" [*weitergehende*] da razão inicialmente assumiram a forma de uma crítica da "autocompreensão positivista" da ciência.⁴ Para os objetivos de Habermas, as afirmações do positivismo sobre conhecimento, razão e valores morais e políticos podem ser resumidas em três proposições: primeira, que o conhecimento sobre o modelo hipotético-dedutivo é a única forma genuína de conhecimento tanto nas ciências naturais como nas sociais; segunda, que essa forma de conhecimento é isenta de valor, no sentido de que sua validade não depende da prévia aceitação de quaisquer compromissos normativos, ou, ao menos, nenhum com qualquer conteúdo moral ou político; terceira, que o domínio de valores e normas é tomado para cair fora da "esfera da discussão racional". Em resultado deste terceiro elemento, o positivismo também sanciona uma compreensão da política na qual a racionalidade se refere apenas à eficiência dos meios para realizar fins individuais e coletivos, não aos próprios fins.⁵

O ataque de Habermas ao positivismo é dirigido principalmente à sustentação de que a validade da ciência é independente de qualquer compromisso normativo por parte do cientista. Habermas quer, em particular, questionar se o conhecimento científico está de fato realmente "liberto de todo vínculo normativo".⁶ É com este problema em mente que ele começa a trabalhar sua teoria de "orientação do conhecimento" (Knowledge-guiding) ou "interesses constitutivos do conhecimento" (Knowledge-constitutive interests) que emerge à toda força em *Knowledge and Human Interests*.⁷ Tanto Horkheimer quanto Adorno haviam considerado que uma das tarefas principais da teoria crítica é a elucidação da imersão, da pesquisa científica no contexto maior da reprodução do capitalismo e portanto, no mundo de interesses sociais conflitantes.⁸ A teoria de Habermas de interesses de orientação do conhecimento tenta cumprir este tipo de tarefa, mas de um modo mais radical, situando a ciência em relação a certos interesses da espécie humana como um todo "antropologicamente assentado em profundidade".⁹ A validade das teorias científicas não pode, de acordo com esta visão, ser separada do "interesse" subjacente do homem na "dominação" da natureza, que permite a reprodução material da espécie.¹⁰ É em resposta a esse "interesse técnico" que a ciência constitui o mundo como um mundo de corpos potencialmente manipuláveis. Contudo, a espécie humana possui também um outro interesse universal: seu "interesse prático" em manter aquele nível de intersubjetividade, que é obtido na comunicação da linguagem ordinária e é necessário para a reprodução do homem como um ser sócio-cultural.¹¹ É em relação a este "interesse" que se pode falar de conhecimento como o entendimento que os sujeitos obtêm em questões relativas à ordenação de sua vida social e cultural.

O positivismo, então, falha tanto no refletir o interesse técnico que informa a ciência quanto para diferenciar essa orientação normativa do interesse prático da humanidade. Estas falhas permitem ao positivismo desempenhar um papel ideológico em relação ao problema de entender adequadamente a relação entre o progresso científico e tecnológico, por um lado, e as questões sobre a configuração e direção apropriadas da vida social e cultural, por outro. Declara-se que estas últimas questões estão além da esfera da discussão racional a não ser num sentido técnico, instrumental. Esta redução da dimensão prática em nome da reivindicação exclusiva da técnica realmente constitui uma resposta tácita a uma questão normativa básica: qual é a relação correta entre os diferentes interesses de orientação do conhecimento? O positivismo, em última análise, não só falha em permitir a alguém alguma estrutura conceitual para uma compreensão mais ampla da racionalização técnica do mundo, como também endossa implicitamente esse processo.[12]

A teoria de Habermas dos interesses constitutivos do conhecimento foi submetida a extensas críticas em vários terrenos.[13] A crítica mais incisiva é de que seu esquema constitui uma modalidade de fundamentalismo filosófico. Habermas tentou enfrentar este problema afastando o foco de atenção teórica da epistemologia para a teoria da linguagem e ação.[14] Esta mudança, entretanto, não alterou o objetivo subjacente de seu trabalho, quero dizer a reabilitação da idéia de que existe um sentido universalista de racionalidade que se aplica à dimensão moral-prático, um sentido que; quando corretamente explicado, ajudará tanto a revelar a "unilateralidade" da racionalização técnica quanto permitir uma melhor compreensão de "um potencial para a razão encapsulado nas próprias formas de reprodução social".[15]

Habermas persegue agora esse objetivo por meio de uma "reconstrução racional" da interação lingüística. A perseguição desta estratégia fomentou o desenvolvimento de suas concepções distintivas de ação e racionalidade comunicativas.[16] No que resta deste capítulo esboçarei estas concepções, mostrarei porque Habermas as acha superiores a outras e porque pensa que formam a base de uma perspectiva universalista na ética e filosofia política. Problemas relacionados ao status epistemológico das reconstruções racionais serão levantados no capítulo 6.

II. Competência comunicativa e racionalidade comunicativa

Ao deslocar seu foco para linguagem e ação, o objetivo de Habermas foi esclarecer como a interação lingüística contínua formou para si um senso de racionalidade que não é redutível às dimensões estratégica ou contextual. Sua sustentação é que os atos ilocucionais de agentes comunicativamente competentes se conformam com um conjunto de regras, algumas das quais estabelecem os critérios da racionalidade comunicativa. O que Habermas chama de "reconstrução racional" é a tarefa de tornar o que é uma competência universal ou *know-how* implícito em um conjunto de regras explícitas; neste caso, ele está reconstruindo regras "pragmático-formais".[17]

Tais regras descrevem a competência que um agente tem para *usar sentenças* em *formas de expressão* com o objetivo de "alcançar um entendimento". Como a análise do discurso atua desde que J. L. Austin mostrou que *os locutores, ao dizerem alguma coisa também fazem* alguma coisa.[18] Este fazer alguma coisa é o que Austin chamou de "força ilocutória" de uma forma de expressão. Habermas quer argumentar que o núcleo *universal* das muitas e variadas coisas que os locutores fazem ao pronunciar sentenças é situar essas seqüências de símbolos num sistema de reivindicações válidas. Quando um locutor orienta a si mesmo para a compreensão — isto é, envolve-se em ação comunicativa — seus atos ilocucionais precisam aumentar e ele precisa ser responsável por três "reivindicações de validade" ou racionalidades

[*Geltungsanspruche*]: verdade, legitimidade normativa e veracidade/autenticidade.[19] Somente se um locutor for capaz de convencer seus ouvintes de que suas reivindicações são racionais e, assim, dignas de reconhecimento, poderá aí desenvolver-se um "acordo motivado racionalmente" [*Einverständnis*] ou consenso de como coordenar ações futuras.[20]

Da perspectiva da ação comunicativa, formas de expressão podem ser avaliadas como racionais ou irracionais porque fazem reivindicações de validade criticável, isto é, reivindicações que são falíveis e abertas ao juízo objetivo.

> "Em contextos de ação comunicativa, chamamos alguém de racional não apenas por ser capaz de formular uma asserção e, quando criticado, apresentar razões para ela apontando evidências apropriadas, mas também por estar seguindo uma norma estabelecida e ser capaz — quando criticado — de justificar sua ação, explicando a situação dada à luz das legítimas expectativas. Até mesmo chamamos alguém de racional se torna conhecido um desejo ou uma intenção, expressa um sentimento ou uma disposição, compartilha um segredo, confessa um feito, etc e é então capaz de assegurar-se contra críticos em relação à experiência revelada, tirando conseqüências práticas dela e se comportando coerentemente daí por diante.[21]"

Ao desenvolver a capacidade de falar e agir, cada indivíduo adquire o *know-how* exigido tanto para diferenciar as três dimensões de validade como para empregar os padrões apropriados a cada dimensão com a finalidade de avaliar reivindicações particulares. Para um dado agente esse *know-how* pode ser mais ou menos consciente, mas é sempre intuitivamente acessível.[22]

O desenvolvimento dessa competência comunicativa depende do desenvolvimento de competências particulares, mas inter-relacionadas nas dimensões da cognição, discurso e ação. Cada uma destas pode ser reconstruída teoricamente como um sistema de regras sobre o qual um agente exerce domínio. O esquema que Habermas tem em mente vincula-se ao trabalho de outros, como Chomsky e Piaget e possui a seguinte forma. Competência comunicativa, como o domínio das regras para levantar e resgatar os diferentes tipos de reivindicações de validade, inclui:

    1. "Competência cognitiva": domínio das regras de operações formais, lógicas (Piaget).

    2. "Competência do discurso" [*Sprachkompetenz*]: domínio das regras lingüísticas para produzir situações de compreensão possível.

    a) domínio das regras para produzir gramaticalmente sentenças bem-formadas ("competência lingüística" de Chomsky).

    b) domínio das regras para produzir formas de expressão bem formadas (regras pragmáticas universais ou formais).

    3. "Competência interativa" ou "Competência de Papel": domínio das regras para tomar parte em formas de interação cada vez mais complexas.[23]

As contribuições específicas de Habermas a este esquema estão presentes nas categorias 2b e 3. As últimas serão discutidas no capítulo 3. As primeiras são as regras que permitem a uma sentença assumir uma das três "funções da linguagem pragmáticas universais" ou formais que correspondem às três reivindicações de validade: "representar algo no mundo, expressar as intenções do locutor e estabelecer relações interpessoais legítimas". É somente com base no ter assumido essas funções cognitivas, expressivas e interativas que os atos de discurso podem também assumir simultaneamente "todas as funções particulares que uma forma de expressão pode assumir em contextos específicos".[24] O sistema de regras que sujeitos comunicativamente competentes devem ter dominado pode ser reconstruído, de acordo com Habermas, numa "teoria geral das ações ilocucionais". Esta forneceria um relato integrado dos componentes da linguagem, tais como expressões diretas de tempo e espaço, pronomes pessoais e verbos performativos, usados pelos locutores para assumir as três funções pragmáticas gerais da linguagem.[25]

Como um esforço inicial nessa direção, Habermas sugeriu uma categorização de verbos performativos baseada em como se relacionam com essas três funções pragmáticas e reivindicações de validade. Esses verbos geram a força ilocutória diferenciada (o *fazer* algo ao falar) dos atos de discurso que lhes permite assumir uma das funções pragmáticas e assim tematizar uma das três reivindicações de validade. Ele distingue os "constatativos" (avaliar, propor, etc.) que fazem a reivindicação da verdade; os "regulativos" (prometer, prescrever, etc.) que fazem a reivindicação da legitimidade ou correção normativa e, finalmente, os "expressivos" (desejar, pretender, etc.) que fazem a reivindicação da sinceridade ou veracidade.[26]

Assim, se os agentes devem ter a capacidade de usar suas formas de expressão de um modo tal que gere a espécie de compreensão que é necessária para sustentar a interação contínua, precisam ter dominado um conjunto total de distinções entre performativos, modalidades de uso de linguagem e reivindicações de validade. Ou, para expressá-lo de um modo um pouco diferente, a ação orientada pela compreensão pressupõe uma gama de "imputações idealizadas", mútuas. Formas de expressão que se conformam com essas imputações constituem a "esfera do discurso normal".[27] Pode-se então dizer que a noção de Habermas de pragmática formal demarca uma certa espécie de uso de linguagem como "fundamental" ou paradigmática para a compreensão.[28] Somente atos de discurso que claramente exibem o domínio das regras pragmáticas formais caem nessa categoria, pois eles apenas têm a capacidade plena de sustentar a ação orientada pela compreensão.

Esta noção de uma pragmática formal contém um número formidável de reivindicações altamente controvertidas e distinções categoriais. Do ponto de vista da lingüística ou da filosofia da linguagem, poder-se-ia contestar esse projeto em vários campos. Quão persuasiva é a categorização dos verbos performativos *versus* outras possíveis categorizações? Deveria a pragmática da linguagem ser buscada mais indutivamente, isto é, de um modo menos formal e teoricamente conduzido?[29] Embora estas sejam questões indubitavelmente importantes, que teriam peso em qualquer julgamento final do esquema de Habermas, desejo me manter concentrado em problemas de significação filosófica um tanto mais ampla, especialmente aqueles que têm relação com a teoria moral, política e social.

Uma crítica persistente feita à pragmática formal gira em torno da justificação para estabelecer alguns usos de linguagem como "normais" e outros como (em certo sentido) secundários ou derivados.[30] Atos ilocucionais, que atendem todas as três reivindicações de validade e assim se conformam aos padrões de normalidade, são caracterizados por uma relativa retidão, seriedade e clareza de significado. O que tem perturbado os críticos a respeito desse quadro de normalidade na linguagem é se ele pode "fazer justiça ao caráter imaginativo e criativo do uso da linguagem." Dentro de um tal quadro, que tratamento pode-se esperar da poesia, humor, multivocidade, ironia e assim por diante?[31]

Agora, à primeira vista, poderia parecer que essa espécie de crítica levantaria um problema sem significação filosófica muito ampla da espécie que mencionei. Este não é o caso, entretanto, como o pós-estruturalismo mostrou tão perspicazmente em tempos recentes. A tradição da metafísica ocidental tem reconstituído persistentemente a si mesma por meio de distinções categoriais fundamentais de caracterização isenta de ambigüidades. Mas, como pós-estruturalistas salientaram, tais distinções nunca suportam o pesado fardo filosófico colocado sobre elas. Daí a suspeita que surge sempre que distinções tais como "normal/anormal" são propostas é que elas têm menos a ver com uma economia da razão do que com uma economia do poder.

A caracterização de Habermas de uma esfera de linguagem normal levanta tal suspeita. Seu privilegiamento do uso sério, correto, não-ambíguo pode ser visto como elemento diversivo de nossa atenção precisamente daqueles aspectos da linguagem que têm a capacidade de nos sensibilizar para a opressividade de quaisquer distinções categoriais, que estejam dominando nosso pensamento e interação social em qualquer período histórico dado. Humor, ironia, metáfora e a expressão estética em geral é o que nos dá espaço para respirar e armas nesta batalha contínua para evitar o fechamento na maneira que vemos a nós mesmos, os outros e o mundo. E caso se acompanhe Foucault em sua visão do caráter "disciplinar" sempre crescente da vida moderna, pode-se ver ainda mais vividamente as implicações ético-políticas potenciais do que poderia inicialmente aparecer como um conjunto de escolhas relativamente inócuo sobre distinções categoriais na filosofia da linguagem.[32]

Habermas tentou defender seu esquema dos ataques desse tipo, argumentando tanto que sua distinção categorial central é "inofensiva", se entendida dentro do contexto de seu propósito teórico, como que ao menos algumas formas de expressão às quais é conferido status derivado são, na verdade, melhor compreendidas quando tratadas daquela maneira. Em relação ao último argumento, ele afirma que ironia, humor e ficção, por exemplo, "se baseiam no uso *intencional* de confusões categoriais", que podemos "ver como erros de categoria" precisamente porque temos a competência para distinguir as três reivindicações de validade universais e as distinções que as acompanham entre "ser/ilusão, é/deve, essência/aparência."[33]

Um problema com esta estratégia, que rapidamente emerge, é que ela parece ligar significado mais estreitamente com intencionalidade do que talvez seja seguro. Atos ilocucionais só têm um significado irônico quando esta é a intenção do locutor? Como seria se eu estivesse para sustentar uma posição filosófica numa série de atos ilocucionais particularmente ásperos e arrogantes, concluindo com a declaração de que: "Permaneço, entretanto, totalmente aberto e sensível para considerar imparcialmente as reivindicações de posições alternativas." Não haveria ironia aqui completamente não-intencional?

Talvez Habermas pudesse admitir ter superenfatizado o papel da intencionalidade aqui, mas ainda defender o aspecto-chave de seu esquema ao sustentar que a qualidade da ironia no exemplo citado só pode ser reconhecida na medida em que *ouvintes* tenham dominado o sistema de reivindicações de validade e distinções correspondentes. No entanto, é precisamente aqui que acusações de "distorção sistemática" de comunicação podem começar a ser niveladas no locutor.[34]

Como já mencionei, Habermas também defenderia seu esquema classificatório global por referência ao seu propósito último. Embora ainda use às vezes frases como "o telos inerente do discurso humano", que tem conotações nitidamente fundamentalistas, ele, todavia, admite, com absoluta clareza, que está privilegiando certas espécies de uso *apenas* para esclarecer como é possível para a linguagem ordinária desempenhar seu papel coordenador distintivo na interação humana.[35] Desta perspectiva, Habermas argumenta, sua seletividade é inofensiva, visto que essas formas de expressão, tanto verbais como não-verbais, que parecem tão essenciais à criatividade humana — ficção, poesia, música, pintura, etc. — "não assumem, em regra, funções de ação coordenadora".[36]

Mas e quanto a outras formas de uso de linguagem que parecem mais diretamente envolvidas com a coordenação da ação, embora não contem com o esquema diferenciado de validade, por exemplo o uso ritual ou sagrado da linguagem? Habermas sustenta que essa categoria deve ser explicada "em termos lógico-desenvolvimentais", isto é, como um modo não ainda plenamente diferenciado de usar a linguagem. E em *The Theory of Communicative Action*, ele realmente tenta o tipo de esboço lógico-desenvolvimental que seria necessário para tornar plausível essa reivindicação.[37]

E mesmo assim, como os críticos observaram, o tratamento de Habermas do ritual e do mito nas sociedades primitivas é demasiado sumário e formal para ser persuasivo, ao menos dadas as reivindicações muito fortes que ele deseja fazer a respeito do status privilegiado da modernidade.[38]

Todavia, à primeira vista realmente aparece que sua afirmação sobre formas de expressão mais puramente estéticas é em geral correta. Usualmente não se pensa nelas como estando diretamente envolvidas na coordenação da ação. Um momento de reflexão, contudo, pode tornar essa conclusão problemática. Emergindo essa reflexão da obra dos pós-estruturalistas ou daquela de Adorno, isso nos leva a alimentar a idéia de que, embora a expressão estética não possa coordenar diretamente a ação, pode ter (ao menos potencialmente) poder substancial para *erodir* a eficiência de alguns tipos de coordenação da ação.

Agora Habermas realmente aceitaria esse *insight* sobre o "poder singularmente iluminador [de expressão estética] de abrir nossos olhos para o que é aparentemente familiar, de descerrar de novo uma realidade aparentemente familiar".[39] Na verdade, ele se refere muito esperançosamente a essa capacidade em suas prescrições para as enfermidades da modernidade (como será mostrado no capítulo 6). Mas a aceitação desse *insight*, em sua opinião, não impõe o conserto de sua análise da linguagem. Antecipando minha discussão em capítulos posteriores, pode-se representar a posição de Habermas da seguinte forma. A capacidade da expressão estética de ter um efeito revelador radical sobre o pensamento e a ação dependente da esfera estética que atingiu uma autonomia relativa no mundo *moderno*. Entende-se, aqui, autonomia no sentido de que a validade de uma obra de arte no mundo moderno é avaliada em termos diferentes da validade de uma reivindicação sobre a legitimidade de um norma ou a verdade de uma proposição. Entretanto, esta diferenciação tripla foi institucionalizada nas sociedades modernas onde as "esferas de valor cultural" correspondentes da ciência e tecnologia, lei e moralidade pós-convencionais e arte moderna e crítica de arte foram separadas.[40] Toda esta capacidade para diferenciar é, em última instância, determinável para o que nos distingue dos pré-modernos: nosso "mundo de vida racionalizado" que torna o sistema de reivindicações de validade diferenciada socialmente disponível a nós de um modo que não está na sociedade pré-moderna. A implicação de tudo isto, ao menos para os olhos de Habermas, é que sua classificação do uso da linguagem é justificada, porque o papel relacionado à ação da expressão estética pode ser explicado somente *depois* de ter assumido inicialmente a correção dessa classificação.

Embora a abordagem geral que Habermas aqui faz sobre a esfera estética seja boa, não fica tão claro que se assente com completa comodidade em sua classificação dos atos ilocucionais. Isto pode ser visto se alguém correlacionar reivindicações de validade com as esferas culturais do valor na sociedade moderna, como Habermas parece sugerir: reivindicação da verdade/ciência moderna e tecnologia; reivindicação de legitimidade normativa/lei e moralidade pós-convencionais; e reivindicação de veracidade ou autenticidade/arte e crítica de arte. Caso se lembre que a reivindicação à veracidade ou autenticidade foi originalmente explicada em termos de se uma forma de expressão verdadeiramente expressa ou não as intenções ou sentimentos de um agente, pode-se perceber que a arte aqui está sendo entendida segundo o mesmo modelo: como uma expressão do eu de alguém, com sua validade girando em torno das questões de se ele representa autenticamente a natureza íntima daquele eu.

O uso desse modelo, entretanto, significa, de acordo com a arte, um senso um tanto restrito de validade ou "verdade". Deve ser avaliado somente em termos de sua relação com seu autor ou criador. Habermas, aliás, concordou que isto é inadequado como uma visão geral da arte.[41] Pois este modelo tornaria difícil compreender o potencial "revelador do mundo" [*Welterschliessenden*] da expressão estética mencionada acima, exceto no sentido estrito de abrir o mundo íntimo do autor para o público. Em função disto, Habermas fez uma avaliação diferente desse potencial revelador do mundo, que será mais detalhado no capítulo 6. Neste ponto, o que é importante observar é simplesmente que a classificação original de reivindicações de validade e de atos ilocucionais não lança muita luz heurística direta sobre a nova visão.

É útil, neste ponto, voltar a um argumento anterior e perguntar novamente porque à luz das dificuldades às quais aludi — Habermas acha tão importante apegar-se a sua categorização original do discurso. A razão geral, como disse acima, é que o uso que ele delineou como normal realiza um papel coordenador direto para as ações de um modo que a expressão estética não realiza (seja no uso fictício da linguagem, ou de formas de expressão não-verbais). Uma apreciação mais próxima do que Habermas quer dizer com isso preparará o terreno para minha discussão da "ação comunicativa" na seção seguinte.

Ao dirigir nossa atenção para o papel da linguagem na coordenação das ações, Habermas está indicando que o que anima seus esforços de classificação é o problema da construção da teoria nas ciências sociais.[42] Dito da forma mais simples possível, ele está perguntando: qual é precisamente a contribuição da linguagem ordinária para a coordenação da ação que é necessária à própria possibilidade da vida social?

Esta orientação emerge claramente quando Habermas examina a controvérsia entre John Searle e Jacques Derrida. Em debate está o assalto do último à tradição austiniana em geral, com suas persistentes distinções entre normal/anormal, sério/ não sério ou uso fictício da linguagem. Habermas, é claro, entende que tal ataque envolve seu próprio trabalho e tenta apresentar uma justificação para seu uso de tais distinções.

O que é original na obra de Austin e o que constitui o elo com a de Habermas é que o primeiro descobriu "um mecanismo de coordenação de ação na força de ligação ilocutória [*Bindungskraft*] da forma de expressão lingüística". Para esta força de ligação acontecer na prática diária, o discurso precisa ser subjugado a certas limitações que não se aplicam, por exemplo, ao discurso de ficção. "Estas limitações, sob as quais atos ilocutórios desenvolvem uma força coordenadora de ação e liberam conseqüências de relevância de ação, definem a esfera do discurso normal."[43]

Na concepção de Austin, essas limitações tomam a forma de condições convencionais para o sucesso de atos ilocucionais. De um ponto de vista "desconstrucionista", entretanto, tais condições convencionais são inexaurivelmente de textura aberta, um fato que implica em que a esfera do discurso normal jamais pode ser claramente delineada. Habermas argumenta que sua própria posição não está aberta a esse problema, visto que, em sua concepção, as condições relevantes não são convencionais, mas sim aquelas "imputações idealizadas", que caracterizam até mesmo "ações ilocucionais institucionalmente livres". E estas idealizações compartilhadas são parte da estrutura básica de um mundo de vida racionalizado; assim seu ser em força não é algo que resulta inteiramente das intenções de um indivíduo.[44]

É a expectativa subjacente — mútua entre agentes de que podem, se desafiados, defender as reivindicações específicas que levantam —, que, por sua vez, cria a "força de ligação" para a coordenação da ação. Mas, na linguagem de ficção esse sistema de reivindicações de validade, posto em jogo por atos ilocucionais, é, ao menos parcialmente, suspenso. Esta

"neutralização da força de ligação alivia os atos ilocucionais destituídos de poder da pressão da decisão da prática diária comunicativa; suspende a esfera do discurso ordinário e capacita [o discurso] para a livre criação (playful) de novos mundos — ou melhor: para a demonstração pura do poder revelador do mundo das expressões lingüísticas inovadoras".[45]

Nessa observação pode-se ver com precisão como Habermas deseja começar a pensar sobre a linguagem em termos de sua "capacidade de solução de problemas para interação" e, então, mostrar como compreender sua capacidade reveladora do mundo.[46] Naturalmente, esta proposta particular para construir a distinção normal/ anormal ou séria/não-séria dificilmente iria satisfazer um derridano, visto que, em geral, um ponto para a desconstrução de distinções básicas como estas é mostrar que todas elas *necessariamente* ruirão sob rigorosa análise e que realmente o contrário do que tentam estabelecer é verdadeiro. Por exemplo, o discurso sério sempre pode ser exibido como sendo um caso especial de discurso não-sério.

Não duvido de que um derridano inteligente poderia descobrir uma forma de desconstruir a posição de Habermas.[47] Mas, por outro lado, também há boas razões para suspeitar que o desconstrucionismo, mais do que ser simplesmente o revelador de todas as formas de metafísica, é ele mesmo uma forma velada de metafísica.[48] Se for assim, talvez o modo mais sensato de fazer algum progresso nessa disputa em relação à distinção "sério/não-sério" seja simplesmente indagar: de que lado da distinção se pode inicialmente obter tanto uma melhor avaliação do *outro* lado quanto *insights* heuristicamente mais fortes sobre ação social? Na primeira metade desta indagação, ter-se-ia de admitir, como foi indicado antes, que o esquema de classificação de Habermas não fornece um *insight* fácil para o domínio da expressão estética. Na segunda metade da indagação, todavia, sua realização é substancialmente melhor. A "estetização da linguagem" do desconstrucionista, que parte de sua capacidade reveladora do mundo, torna extremamente difícil responsabilizar-se pela reprodução da vida social em geral e a ocorrência de processos de aprendizado que tomam lugar em seu seio. O foco na *revelação* do mundo não oferece uma maneira clara de apreciar o fato de que "processos lingüisticamente mediados, tais como a obtenção do conhecimento, formação de identidade, socialização e integração social dominam problemas *no interior do mundo*". A interação lingüística "torna possíveis processos de aprendizado [nessas dimensões] graças às idealizações" embutidas em seu interior. E é em tais processos de aprendizado que o poder que a o mundo da linguagem tem de revelar "precisa ser *confirmado*". No modelo desconstrucionista, "o processo renovador lingüístico da revelação do mundo não possui mais qualquer *contrapressão* a partir do processo confirmador da prática no mundo."[49]

De um modo geral, o que Habermas aqui afirma é bom, embora muito dependa ainda da concepção que ele faz dos processos de aprendizado (um assunto a ser tratado posteriormente). Tentarei recuperar este ponto de um modo específico no capítulo 6, mas mais contra Foucault do que contra Derrida, visto que este último não teve muito a dizer diretamente a respeito de teoria social e política. Minha reivindicação contra Foucault será a de que seu foco no poder da expressão estética, embora seja imensamente provocativo, o empurra, contudo, numa direção na qual não fica claro como possa ele oferecer um esboço coerente de uma forma eticamente legítima de agir coletivamente no mundo — um esboço que, no fim de sua vida, ele aparentemente quis desenvolver.[50] Lidar com o problema da ação coletiva é o que Habermas entende pelo termo "integração social" no trecho citado no parágrafo anterior. Portanto, se o meu argumento específico contra Foucault revelar-se correto, ajudará a dar alguma credibilidade à reivindicação geral de Habermas a respeito de onde principiar uma concepção da linguagem.

III. Modelos de ação e racionalidade

Vimos que Habermas se concentra na linguagem como um meio para coordenar a ação — isto é, para produzir padrões subseqüentes de interação. A ação, entretanto, pode ser coordenada em mais de uma maneira. Assim, a questão central é quão precisamente Habermas vê o acontecer da coordenação. O tipo no qual ele está interessado ocorre, como vimos, somente quando os agentes são orientados "para alcançar um entendimento". É esta orientação que constitui a categoria "ação comunicativa".[51] O melhor modo de obter algum esclarecimento inicial do que se pretende com essa noção é compará-la com outras noções de ação concorrentes. Trilhando este caminho, permitir-me-ei vincular a presente discussão com os temas do capítulo 1.

Ali estabeleci uma conexão entre concepções de racionalidade e concepções correspondentes de ação. Habermas argumenta que esse tipo de conexão é, na verdade, uma conexão conceitual necessária. Segundo nosso autor, quando um cientista social escolhe uma concepção de ação, ele também necessariamente estabelece a estrutura para uma concepção da racionalidade. Este elo é o resultado do fato de que, na escolha de uma concepção de ação, um teórico social faz implicitamente certas "assunções 'ontológicas' " a respeito das possíveis "relações entre o agente e o mundo". E as "relações do mundo" que o teórico imputa ao agente estabelecem, por sua vez, uma estrutura particular para a "racionalidade possível das ... ações."[52] Habermas demonstra isto analisando três concepções diferentes de ação e as estruturas correspondentes que estabelecem para a racionalidade. Esta análise prepara o campo para seu argumento de que cada uma dessas concepções é inadequada por si própria como uma estrutura para a compreensão plena da dimensão cooperativa da ação. Uma perspectiva adequada, argumenta ele, somente pode ser construída em torno de seu modelo comunicativo.

Duas das três concepções alternativas que Habermas considera (a teleológica e a guiada por norma) já foram apresentadas no primeiro capítulo. Seus argumentos sobre suas inadequações e o que deve ser feito para remediá-las unir-se-ão com aqueles apresentados no primeiro capítulo, mostrando assim os pontos nos quais o trabalho de Habermas oferece uma contribuição para os debates atuais sobre ação e racionalidade.

A. *O modelo teleológico.* De acordo com Habermas, este modelo de ação pressupõe uma relação entre o agente e um mundo de "estados de assuntos", ou já existentes presentemente ou produzíveis através da ação. O agente se relaciona com esse mundo tanto cognitivamente, através de opiniões sobre ele, quanto volitivamente, através de intenções de nele intervir. Estas duas relações possíveis para com um *mundo objetivo* podem ser racionalizadas, respectivamente, de acordo com critérios de *"verdade"* e *"efetividade"* ou sucesso.[53] Os primeiros critérios demarcam a racionalidade epistêmica enquanto que os últimos demarcam a racionalidade prática no sentido útil. Este sentido útil se refere tanto à ação não-social e sua "racionalidade instrumental" correspondente quanto à ação social e sua "racionalidade estratégica" correspondente.[54] No último caso, o mundo objetivo inclui não apenas objetos físicos e eventos de ocorrência natural, como também as intenções, estratégias, decisões etc de outros indivíduos, com os quais o agente se relaciona de uma maneira "objetivante", isto é, somente em termos de sua relação com o sucesso ou fracasso desse agente na manipulação dos estados de casos.[55]

B. *O modelo guiado por norma.* Neste modelo, o agente pode se relacionar não apenas com um mundo objetivo como também com um *mundo social*. "Um mundo social consiste de um contexto normativo que estabelece que interações pertencem ao corpo de relações interpessoais justificadas."[56] Na medida em que os agentes partilham de tal contexto, partilham de um mundo social. Agora este contexto normativo existe como um mundo categoricamente distinto somente quando é *reconhecido como válido* pelos agentes; isto é, mantém uma qualidade de "dever" para eles. (Caso contrário, este contexto simplesmente se torna um outro aspecto do mundo objetivo.)

A relação da ação com o mundo social permite racionalização em dois sentidos, ambos subssumidos por Habermas pelo conceito de "justeza normativa" ou legitimidade normativa.[57] Por um lado, uma ação pode ser avaliada quão bem se conforma ou se desvia de um papel válido intersubjetivamente ou a outra norma. Por outro lado, a validade dessas expectativas normativas pode ela mesma ser questionada. Critérios para uma avaliação racional nesse sentido parecem não ter nenhuma outra fonte possível — como foi frisado no capítulo 1 — a não ser algum outro conjunto de expectativas normativas que já são socialmente prescritas como tendo uma validade superior àquelas em questão. Habermas, entretanto, quer argumentar que a legitimidade das normas sociais pode ser sempre questionada de um modo mais radical, menos socialmente definido. Em última instância, a validade de qualquer norma social pode ser avaliada considerando-se sua coerência com o senso intuitivo de um agente do que afinal dá a qualquer norma sua qualidade de "dever": se ela incorpora interesses que são "generalizáveis" a todos que são afetados por essa norma.[58] Este apelo a uma senso intuitivo de validade normativa, que todo indivíduo ganha à medida que desenvolve sua competência para o discurso e a ação, é crucial para a tentativa de Habermas de demonstrar que a motivação intersubjetivo-contextual exibida na ação guiada por norma possui um núcleo que está ligado de uma maneira conceitualmente necessária a certos padrões universais, racionais morais. Em sua discussão do modelo guiado por norma, porém, ele não deixa suficientemente claro que isso não seja uma idéia interna a esse modelo, mas sim que seja deduzida de suas próprias opiniões sobre competência comunicativa e legitimidade normativa.

C. *O modelo dramatúrgico*. Além dos modelos teleológico e guiado por norma de ação, há um terceiro que é um pouco menos proeminente nas ciências sociais, o dramatúrgico. Habermas atribui o desenvolvimento inicial desse modelo a Erving Goffman.[59] Aqui o foco não é especificamente em como um indivíduo persegue uma estratégia ou segue um conjunto de expectativas normativas, mas sim em como a execução de qualquer ação revela algo sobre a subjetividade do agente. Mais particularmente, na execução das ações, um indivíduo *representa* seu *mundo subjetivo* de uma maneira específica para uma *audiência* de outros agentes. Este mundo subjetivo é "definido como a totalidade das experiências subjetivas" às quais o agente individual "tem acesso privilegiado".[60] Este mundo de experiências subjetivas inclui desejos, sentimentos, esperanças, necessidades, etc., aos quais o sujeito pode se relacionar reflexivamente e se representar seletivamente aos outros.[61] Uma maneira na qual esta relação agente-mundo subjetivo é aberta aos juízos objetivos de racionalidade é pela avaliação do grau de consistência existente entre o que um sujeito expressa sobre si mesmo, numa assertiva, e sua ação subseqüente; isto é, "se ele *diz significativamente* o que *diz* ou se está meramente simulando a experiência que expressa". A racionalização aqui é, portanto, medida em relação à "veracidade" [*Wahrhaftigkeit*] ou falácia de um sujeito em relação aos outros. Há, entretanto, um outro sentido no qual a apresentação do eu de um sujeito pode ser racionalmente avaliada: em termos de sua "autenticidade" [*Authentizität*].[62] Aqui a avaliação da coerência é dirigida principalmente à possibilidade de auto-engano, isto é, se o sentimento ou necessidade expressados são o que realmente se sente ou se necessita.

D. *O modelo comunicativo*. O exame acima das mais importantes conceitualizações de ação alternativas trouxe à superfície uma correlação entre os três tipos de reivindicações de validade mencionados antes e as diferentes relações agente-mundo nas quais essas alternativas implicam. Presumivelmente, Habermas consideraria esse ajuste entre seu esquema de reivindicações de validade e os modelos predominantes de ação não um acidente, mas sim uma espécie de evidência dando apoio ao seu argumento sobre a universalidade dessas reivindicações.

O que distingue o modelo comunicativo de ação é que a competência da linguagem ordinária é agora prevista como dando aos agentes a capacidade de usar esse sistema inteiro de relações de mundo e reivindicações de validade duma forma distinta com o propósito de coordenar a ação. Como eu disse antes, ação comunicativa é ação orientada para alcançar uma compreensão. E aquilo em que Habermas está especificamente interessado é como a linguagem pode funcionar como "um meio de compreensão desimpedida".[63] Neste modelo, os agentes são concebidos como em busca de uma compreensão relativamente a alguma situação prática que estão enfrentando, a fim de coordenar consensualmente suas ações. Alcançar uma compreensão requer "um processo cooperativo de interpretação, que visa atingir definições intersubjetivamente reconhecidas das situações".[64]

Para tal processo ir em frente, como realmente vai, deve-se supor uma competência mais complexa da parte dos agentes do que a postulada nos outros modelos de ação. Dentro do modelo comunicativo, prevê-se que os agentes sejam capazes de se relacionar simultaneamente com *todos os três* mundos anteriormente mencionados (objetivo, social e subjetivo). Ademais, podem relacionar-se com eles *refletivamente*, no sentido de que eles têm a competência para diferenciar os três tipos de relações e selecionar uma ou outra como a mais apropriada para interpretar uma dada situação e fazer funcionar um acordo numa definição comum dela. Assim, as três modalidades de relações de mundo juntas constituem "um sistema de coordenadas comumente imputado", que os agentes têm à sua mútua disposição para ajudá-los a se compreender mutuamente.[65]

Aos agentes no modelo comunicativo não só é conferida a competência para dispor refletivamente das três relações de mundo, como também a competência para avaliar a racionalidade ou irracionalidade das ações de um outro de acordo com todos os três conjuntos respectivos de critérios (verdade/sucesso; legitimidade normativa e veracidade/autenticidade) implícitos nas diferentes relações de mundo possíveis.

Assim, no modelo da ação comunicativa, os atos ilocucionais são o meio no qual os agentes, que são orientados para uma coordenação cooperativa de seus diferentes planos de ação, "mobilizam o potencial para a racionalidade" inerente à linguagem ordinária. Este potencial é apenas parcialmente identificado nos outros modelos de ação visto, que cada um deles focaliza apenas uma reivindicação de validade e uma relação de mundo.⁶⁶ O modelo comunicativo, por outro lado, pode esclarecer plenamente a "estrutura interna racional" do processo de chegar a um acordo intersubjetivamente válido. E é apenas tal acordo que pode, por sua vez, constituir a base de uma forma de cooperação, a força motivadora racional da qual não é redutível nem para sua conformidade com cálculos estratégicos nem para seu ajuste com uma estrutura normativa, cuja validade é socialmente prescrita.⁶⁷

Do que foi dito até aqui, deveria estar evidente que muito do peso filosófico associado ao conceito de ação comunicativa se apóia no que está acondicionado nas idéias de compreensão e acordo racionalmente motivado. Ao considerar o conceito de compreensão, é útil lembrar que a pragmática formal de Habermas visa dar uma avaliação do que é exigido para compreender o significado de uma assertiva ou ato ilocucional mais do que de uma sentença. Se o significado sentencial é compreendido quando se conhece as condições de verdade de uma sentença, o significado de *"uma assertiva — isto é, uma sentença empregada comunicativamente"* — é compreendido somente quando certas outras condições são conhecidas, o que torna essa assertiva aceitável para um ouvinte. *"Compreendemos um ato ilocucional quando sabemos o que o torna aceitável."* E do ponto de vista do locutor, tais "condições de aceitabilidade são idênticas às condições para seu sucesso ilocucional".⁶⁸

Essas condições são especificadas por Habermas como segue: "Um ouvinte compreende o significado de uma assertiva quando, além das condições gramaticais de boa formação e condições contextuais gerais, ele conhece aquelas *condições essenciais* sob as quais ele poderia ser motivado por um locutor a assumir uma posição afirmativa" dentro da reivindicação levantada pelo locutor. Estas últimas condições são subdivididas em duas categorias adicionais: condições de realização, que se referem ao tipo de orientação ou ação subseqüente que um dado ato ilocucional tipicamente requer, e "condições de ... acordo" que se referem às condições sob as quais a reivindicação levantada no ato ilocucional *deve* estar de acordo.⁶⁹

Se estas condições são satisfeitas, pode-se dizer que um ouvinte compreende a assertiva. Mas Habermas às vezes também usa a frase "alcançar um entendimento" de um modo que a torna sinônimo de alcançar um acordo, mais especificamente um acordo de que a reivindicação relevante é, *de fato*, assegurada. Este nível "máximo" de entendimento é necessário se a ação comunicativa tiver continuação, mas não se alguém simplesmente quiser compreender um ato ilocucional. Habermas tentou esclarecer esta ambigüidade, mas ao menos um crítico ainda o acusa inadequadamente de reivindicar que o entendimento, no sentido mais fraco, de algum modo, afinal, produz entendimento no sentido mais forte.⁷⁰

Antes de me voltar para o que se quer dizer com esse sentido mais forte, quero considerar um problema significativo que, na verdade, surge de sua análise do sentido mais fraco. Habermas realmente faz outra reivindicação sobre o que está implícito no entendimento simples, o que não elucidei na discussão precedente. É essa reivindicação que causa o problema real. A dificuldade gira em torno de seu argumento de que a questão da racionalidade surge inevitavelmente para a ciência social, não apenas no nível *metateórico* (quando se escolhe uma concepção de ação), mas também no nível *metodológico* quando se dá uma avaliação da lógica do entendimento, um assunto que é simbolicamente estruturado.[71] Esta reivindicação é elaborada da seguinte maneira: foi mostrado acima que, a fim de entender uma assertiva, um intérprete teria de conhecer as condições sob as quais ele poderia ser motivado a dizer "sim" à reivindicação levantada por aquela assertiva. Mas um intérprete não pode compreender o que motivaria assim alguém *sem "trazer à mente as razões* pelas quais um locutor, se necessário e sob condições adequadas, defenderia a validade de sua reivindicação". O intérprete é assim *"ele mesmo* atraído para o processo de avaliar reivindicações de validade. Pois as razões são de tal natureza que não podem ser descritas na atitude de uma terceira pessoa, isto é, sem reações de afirmação ou negação ou abstenção". Um intérprete precisa assim assumir, como um agente, uma atitude performativa e realmente "tomar uma posição" quanto à validade da reivindicação levantada na assertiva.[72] Não tem de avaliá-la da maneira de *ninguém,* mas realmente tem de avaliá-la como ou sã ou insana, ou talvez como ainda não decidível.

Isto foi chamado de uma das "mais básicas e desafiadoras teses" de Habermas.[73] Entretanto, acho que é incorreto ou, ao menos, exagerado. Thomas McCarthy explicou a dificuldade com muita precisão. Pode ser verdade, ele argumenta, que nossa capacidade para compreender qualquer dada razão dependa de nossa competência comunicativa, porque nos mune do sentido do que ela significa "para agir sobre razões em geral". Mas

> "do fato de não podermos compreender razões como razões sem contar com nossa própria competência para julgar validade, cogência, sanidade e coisas semelhantes, não se segue que temos de real ou implicitamente "tomar uma posição" sobre razões [particulares], a fim de compreendê-las. Intérpretes criados em culturas pluralistas e educados sob diferenças culturais e históricas são inteiramente capazes, parece, de compreender expressões simbólicas sem tomar uma posição quanto a sua validade — não, para estar certos, como observadores idealmente neutros, não como intérpretes sem uma linguagem e padrões que lhe pertencem, que sirvam como um ponto de partida hermenêutico, mas como indivíduos cuja socialização básica e profissional os educou para apreciar diferenças de crença e prática, 'trazendo à mente razões (de outras pessoas)', ao mesmo tempo que suspendem o juízo sobre elas".[74]

O resultado desta linha de crítica é que, embora a abordagem geral de Habermas sobre o entendimento das assertivas — seu foco, isto é, em condições de aceitabilidade — possa ser plausível, a afirmação específica que ele faz sobre a necessidade do ouvinte/intérprete realmente "tomar uma posição" a fim de entender não o é.

Quero voltar-me agora para o sentido "maximal" de entendimento de Habermas: a idéia de uma espécie de acordo racional que deve ser atingido, se uma coordenação comunicativa da ação tiver de ocorrer. A questão-chave aqui é a exata fonte da motivação para concordar, lembrando novamente que não pode ser reduzida seja à complementaridade estratégica de interesses, seja à coerência de um possível curso de ação com um contexto convencional. Ou, colocando de uma outra forma, o que cria o "efeito de ligação (ou vinculante) ilocucional" que motivará o ouvinte a coordenar suas ações subseqüentes com o locutor? A fonte desse efeito, sustenta Habermas, é, em última instância, "a garantia" [*Gewahr*] que o locutor oferece: "nomeadamente, para resgatar, se necessário, a reivindicação de validade levantada com seu ato ilocucional".[75] O que concede a essa garantia seu poder peculiar é sua "base racional", sua ligação às reivindicações de validade, que são "testáveis cognitivamente".[76]

O conhecimento de como se testa as diferentes reivindicações é algo, de acordo com Habermas, que está intuitivamente disponível para os locutores comunicativamente competentes. Em outras palavras, eles têm um senso intuitivo do que seriam as corretas diretrizes para testar reivindicações e chegar a um consenso sobre se dadas reivindicações são garantidas ou não. Para a reivindicação de veracidade ou autenticidade, o teste correto é constituído pela comparação das intenções expressas por um locutor com suas ações subseqüentes. Para a verdade e legitimidade normativa, contudo, o teste exige uma suspensão das restrições (constraints) normais da ação e a iniciação de uma modalidade de comunicação que Habermas chama de "discurso": "discurso teórico" para reivindicações de verdade e "discurso prático" para reivindicações de legitimidade. No discurso, os agentes orientam sua comunicação ao propósito único de chegar a um "consenso racional" de se uma reivindicação pode ser apoiada ou não.[77] O conhecimento intuitivo do discurso funciona, então, como uma "corte de apelação" não-convencional, mas intersubjetivamente compartilhada, na qual o locutor pode tentar sustentar sua reivindicação, se ela for desafiada pelo ouvinte.[78]

Vê-se aqui o que, afinal, inspira o modo particular de Habermas de prever como a razão junta as ações. O conceito de racionalidade comunicativa, ele nos diz,

> "carrega consigo conotações baseadas em última análise na experiência central da força irrestrita, unificadora, instauradora de consenso do discurso argumentativo, no qual diferentes participantes superam suas opiniões meramente subjetivas e, devido à mutualidade da convicção motivada racionalmente, se asseguram tanto da unidade do mundo objetivo quanto da intersubjetividade de seu mundo da vida".[79]

Habermas tentou esboçar os contornos do que constituiria argumentação bem formada tanto para a esfera teórica quanto para a prática.[80] Visto que o conceito de discurso teórico sofreu uma crítica notável e considerando-se que este livro se concentra na teoria moral e política, porei tal conceito de lado e dirigirei minha atenção exclusivamente para o discurso prático.[81] Este tópico será tratado detalhadamente nos próximos dois capítulos. No momento, o que nos importa apenas é entender como o apelar para um conhecimento intuitivo, discursivo se encaixa no projeto global de Habermas.

O sentido intuitivo dos fundamentos de um consenso racional constitui para Habermas a fonte última da qual qualquer norma deriva sua "capacidade vinculante" (Oughtness) ou legitimidade para um grupo particular de agentes. Enquanto que a conformidade a uma dada norma pode envolver muitos fatores (por exemplo, considerações consuetudinárias ou estratégicas), a capacidade daquela norma de oferecer o tipo de acordo e coordenação de ação de que Habermas está falando precisa derivar de uma convicção por parte dos agentes sujeitos àquela norma de que ela é legítima. Habermas está, é claro, ciente de que, historicamente, as sociedades formularam idéias completamente diferentes sobre as fontes últimas da legitimidade para normas básicas. Ele afirma, entretanto, que tal variação pode ser explicada ou como tendo base ideológica ou como indicando diferenças no nível de evolução social. Em outras palavras, Habermas deseja interpretar muito dessa variação como o resultado de diferentes tipos de restrições na capacidade de determinados agentes históricos, colaborarem seu conhecimento intuitivo num amplo e efetivo uso na avaliação da legitimidade das normas às quais estão sujeitos. Antecipando um pouco minha discussão posterior, pode-se principiar a ver agora o modo pelo qual Habermas encara a modernidade como sendo um processo de racionalização mais do que puramente intencional-racional, no sentido weberiano. Particularmente, os processos de modernidade expandiram o grau no qual os indivíduos podem testar as normas a que se conformam por critérios que aprendem, à medida em que se tornam comunicativamente competentes. Neste sentido, a modernidade ajudou a tornar mais disponível aquele "potencial encapsulado para a razão" na reprodução lingüística da vida social.

IV. Ação comunicativa e ação estratégica

O aspecto do modelo comunicativo, que foi enfatizado até aqui, é sua capacidade de dar conta de um tipo particular de coordenação da ação, que Habermas afirma ser básico para a vida social. O modelo estratégico, por outro lado, parece incapaz de proporcionar uma avaliação de tal coordenação ou cooperação. A capacidade para traçar uma nítida distinção entre esses dois modelos pareceria, assim, crucial para o projeto de Habermas. E, no entanto, argumenta-se continuamente que ele não é capaz de estabelecer essa distinção de um modo satisfatório. Nesta seção, quero me deter em duas variantes dessa crítica.

A. A distinção entre a ação estratégica e comunicativa foi precedida no trabalho inicial de Habermas por uma distinção similar entre "labor" e "interação". Pretendia-se denotar com esta última duas categorias básicas de autoformação humana, que Hegel primeiramente diferenciou em seus escritos de Iena. Hegel, posteriormente, abandonou esta distinção e os efeitos infelizes de sua decisão vieram, em última instância, à tona no pensamento de Marx sob a forma de uma tendência a reduzir a autoformação humana ou práxis ao labor. Mais especificamente, o pensamento de Marx é envolvido por uma tensão entre essa tendência reducionista e indicações contrárias de que o que ele queria dizer com *práxis* era um conceito mais lato. Esta tensão foi percebida por Habermas como uma fonte-chave de positivismo latente no pensamento de Marx. Isso permitiu que marxistas posteriores sustentassem que questões práticas e históricas da ação poderiam ser reduzidas a questões estratégicas.[82]

Neste esquema categorial inicial, o "labor" era estreitamente associado ao trabalhar monologicamente com a natureza e a "interação" ao processo dialógico de interpretação e tomada de decisões entre os agentes. E nas discussões de Marx, essa distinção às vezes parecia coincidir estreitamente com a distinção entre "forças de produção" e "relações de produção". Esta linha de raciocínio levou Habermas a diversos tipos de dificuldades. O mais importante para nossos presentes propósitos é que ao propor uma divisão da ação em dois tipos reais (em oposição às construções analíticas ou ideais), como sugeriu, seu esquema desembocou num modo de pensar um tanto irrazoável sobre os processos reais de produção. Pois "todos os processos concretos de trabalho ... são sociais", isto é, envolvem interação e não podem ser compreendidos num modelo que os interpreta monologicamente."[83]

Um outro problema incômodo, que parecia emergir da leitura original de interação de Habermas, era que parecia "reduzir a interação à comunicação e normas". O efeito disto era uma significativa cegueira em relação ao papel do poder na interação. O poder, no modelo de Habermas, parecia entrar apenas como ideologia ou "comunicação distorcida".[84]

Estas dificuldades, que aderiam à distinção entre labor e interação, são, acho, substancialmente atenuadas quando essa distinção é reformulada sob a forma de ação comunicativa/estratégica em *The Theory of Communicative Action*. Esta última distinção no seu sentido nada extrai de outras distinções como forças e relações de produção. Pelo contrário, é defendida como separando dois "tipos genuínos" ou reais de ação, "genuíno" significando aqui que qualquer agente pode, ao menos sob reflexão, reconhecer, "embora vaga e intuitivamente", que tipo de orientação de ação ele/ela está perseguindo numa situação particular. Reconhece-se, em outras palavras, se alguém está adotando "uma atitude orientada pelo sucesso ou uma orientada para alcançar (ou conservar) entendimento" (no sentido de acordo).[85]

É claro, aqui novamente Habermas está colocando uma pesada carga sobre a intuição. Porém, este pareceria ser, de fato, inicialmente o mais plausível de seus apelos à intuição, pois foi um apelo que esteve refletido numa ampla gama de pensadores morais e políticos. É simplesmente uma forma de ler a diferença entre tratar uma outra pessoa como se fosse um objeto em oposição a tratá-lo/la como um fim em si, digno de alguma espécie de respeito.

A nova distinção também abre espaço conceitual para o papel do poder na coordenação da interação, visto que agora pode-se distinguir interação orientada por entendimento e "ação estratégica mediada lingüisticamente". Neste último caso, são coisas como o emprego de sanções que coordenam a interação, não o alcançar de um acordo consensual.[86]

Esta distinção entre a coordenação proporcionada pelo discurso orientado pelo entendimento *versus* aquela proporcionada pelo "discurso orientado pela conseqüência" é útil e Habermas dá-lhe um caráter mais claro, associando-a à distinção de Austin entre efeitos ilocucionais e efeitos "perlocucionais". Esta última noção foi usada por Austin para distinguir o que é feito no que é dito (ilocução) de quais efeitos no mundo são causados pelo que é feito no que é dito (perlocução).[87]

Esta plausível distinção é, contudo, posta em ação, a fim de se constituir um outro argumento, menos plausível, nomeadamente, que se pode não apenas distinguir os dois tipos de uso do discurso, como também demonstrar o uso de discurso orientado por entendimento como sendo a "modalidade original" [*Originalmodus*] e o discurso orientado por conseqüência como sendo um tanto "parasita".[88] Habermas realmente consegue mostrar um *status* derivado para algumas espécies de uso de discurso orientado pela conseqüência, mas é forçado a admitir que outros, tais como imperativos, não se ajustam ao modelo. E, sendo este o caso, a distinção entre "original" e "parasita" não suporta o necessário peso.[89] Mas realmente não vejo porque tal distinção seja tão crucial. Habermas deveria simplesmente admitir que ambas as formas de coordenação de interação são necessárias à vida social e simplesmente argumentar que, em última análise, uma teoria social na qual a ênfase teórica central é dada à coordenação comunicativa será mais adequada.

B. Se a mudança de Habermas de trabalho e interação para ação comunicativa e estratégica torna seu projeto menos suscetível de parte da crítica mencionada acima, outros pontos de debate ainda podem ser levantados relativamente ao mesmo problema subjacente de separar adequadamente uma orientação de consenso de uma orientação instrumental. O que incomoda um crítico usualmente simpático é que aparentemente quanto mais se arranha o conceito de ação comunicativa, mais ele começa a se assemelhar à ação estratégica. O elo entre as duas, de acordo com Fred Dallmayr, surge do fato de que ambas são, em última instância, teleológicas ou orientadas para uma meta.[90] Na ação comunicativa, há simplesmente uma meta diferente daquela da ação estratégica.

Habermas, na verdade, argumenta que a "estrutura teleológica é fundamental para *todos* os tipos de ação."[91] Até o momento, tenho enfatizado o caráter orientado pelo entendimento da ação comunicativa. Dallmayr, contudo, deseja chamar a atenção para o fato de que tal orientação é assumida por agentes que estão interessados em "perseguir suas metas individuais".[92] Do ponto de vista de Dallmayr, isto insinua que Habermas ainda está demasiadamente vinculado a uma orientação filosófica centrada no sujeito. Pois a linguagem é inteiramente instrumentalizada para fazer reivindicações individuais e perseguir metas individuais.[93] Esta crítica reflete os *insights* gadameriano e heideggeriano, que frisam que temos de compreender a qualidade "passiva" da ação e a qualidade não-instrumental da linguagem.[94]

É talvez mais fácil ver o que está em questão aqui, se olharmos sumariamente no esquema alternativo de "modalidades comunicativas" oferecido por Dallmayr. Ele distingue "conversação", "conversa diária" ou "papo", "discurso" e "poesia". A noção de "conversação" é vista como o "tipo de comunicação mais geral ou mais amplo — uma categoria geral de fundo". Na conversação, a ênfase está em tentar atingir compreensão mútua em "assuntos de interesse comum" e esta comunidade de esforços conduz a uma "relativa 'eu-menoridade' (I-lessness) de comunicação". Ademais, a conversação é caracterizada por uma abertura ao outro e "estranheza".[95] A conversação, em suma, corporifica precisamente as qualidades de passividade e não-instrumentalização.

Certamente esta é uma forma admirável de pensar no que algo como comunicação "genuína" possa ser, mas imagina-se se isto possa ser interpretado muito proveitosamente como a modalidade "mais ampla" ou "de fundo" da comunicação, ao menos do ponto de vista da teoria social.[96] A avaliação de Dallmayr é construída com uma profunda preocupação prática em mente e é uma preocupação compartilhada por Habermas. Mas a avaliação de Dallmayr, a meu ver, está de modo *ime-diato demais* sob a influência dessa preocupação (como está a posição pós-estruturalista examinada na Seção II). Isto se revela evidente por ele ver a conversação como a modalidade central da interação lingüística. Pois a conversação, embora seja distinguida da "poesia", é definida por Dallmayr de um modo nitidamente poético. A ênfase é dada à abertura ao que é estranho ou não-familiar e ao "potencial para renovação", embora a poesia no seu sentido puro seja vista como oferecendo o "desafio ou antídoto" mais "destilado" para a ossificação e fechamento comunicativos" — um antídoto particularmente significativo numa era governada pela ciência e necessidades práticas ..."[97]

Como eu disse, essa preocupação prática a respeito do mundo contemporâneo é também fundamental à obra de Habermas. Mas o problema não é este e, sim, se faz sentido atribuir a mais ampla categoria teórica de interação lingüística tal aspecto poético, em vez de pensar em algo como a comunicação genuína de Dallmayr como um ideal prático para o qual precisamos dar mais espaço em nossa vida cotidiana.

Se as afirmações de Dallmayr podem ser refutadas dessa forma, então talvez o conceito de ação comunicativa de Habermas não nos pareça assim tão deficiente. Talvez, do ponto de vista da teoria social, a qualidade teleológica da ação não deva ser tão inteiramente imersa como é na avaliação de Dallmayr.[98] Ademais, deve-se enfatizar novamente que a linguagem não é simplesmente um *instrumento* na avaliação de Habermas, mas também um *contexto* preexistente, no qual comunidade emerge em situações específicas apenas em relação a uma orientação comum mais ampla à base de validade compartilhada do discurso.

Esta ênfase no contexto conduz diretamente à questão do mundo da vida. Habermas argumentaria que uma das vantagens cruciais de sua análise da ação comunicativa é que ela pode ser integrada ao conceito de mundo da vida de um tal modo que proporcione um método bem mais adequado para se ganhar discernimento do problema da modernidade e racionalização do que análises baseadas no conceito de ação estratégica.[99] Voltarei a esta questão no capítulo 5.

3. A JUSTIÇA E OS FUNDAMENTOS DA ÉTICA COMUNICATIVA

Uma ética "comunicativa" ou "discursiva" é uma ética formalista "que elabora coerentemente a lógica independente [*Eigensinn*] das questões normativas:" isto é, "que elabora a idéia de justiça". Tal ética distingue nitidamente

> "*questões morais* que, sob o aspecto de universalização ou justiça, podem, em princípio, ser decididas racionalmente, de *questões avaliativas* ... que apresentam a si mesmas sob seu aspecto mais geral como questões da *vida boa* e que são acessíveis a uma discussão racional somente dentro do horizonte de uma forma de vida historicamente concreta ou história de vida individual".[1]

A estrutura conceitual que concede à ética comunicativa seu caráter particular é, como indiquei, constituída pelas idéias da ação comunicativa e a racionalização das reivindicações normativas daí levantadas.

A ética comunicativa fica em pé ou cai, argumenta Habermas, com duas proposições. Primeira, "reivindicações de validade normativa têm um sentido cognitivo" [*Sinn*] e podem portanto ser "tratadas como reivindicações de verdade". Segunda, a validação de uma reivindicação de que uma norma é justa requer "um discurso real e não é possível na forma de uma argumentação monológica levada a efeito de uma maneira hipotética".[2] Neste capítulo analisarei a primeira destas duas proposições (Seções I, II e III), bem como a sustentação de Habermas de que os *insights* da tradição da psicologia desenvolvimental cognitiva de Piaget-Kohlberg dão apoio à idéia de uma ética comunicativa (IV). A segunda proposição será examinada no capítulo 4.

I. O princípio da universalização

O tipo de posição cognitivista que Habermas deseja defender é uma posição que segue a tradição kantiana argumentando, em primeiro lugar, que normas válidas são normas que possuem a qualidade da eqüidade ou imparcialidade; em segundo lugar, que essa qualidade pode ser expressa por alguma versão do princípio de universalização e, finalmente, que esse próprio princípio pode ser racionalmente justificado.[3] Este último argumento é, evidentemente, o que o não-cognitivista contestaria, com as razões de que uma escolha individual que permanecesse fiel a qualquer princípio moral fundamental como esse, tem o *status* lógico de uma decisão.[4] A razão, deste ponto de vista, pode ser usada somente para justificar juízos ou ações particulares escolhidas depois dessa decisão inicial.

Recentemente, surgiram numerosas interpretações do princípio de universalização, algumas das quais acompanhadas por argumentos cognitivistas e outras não.[5] Habermas não considera como completamente adequados nenhum desses argumentos ou interpretações cognitivistas da universalização. Sua interpretação é a seguinte: uma norma é justificada somente quando "as conseqüências e efeitos colaterais da satisfação dos interesses de todo indivíduo, que se espera resultem de uma conformação geral à [aquela] norma, possam ser aceitas *sem compulsão* por todos".[6]

Antes de me voltar para o argumento de Habermas de que esse princípio pode ser racionalmente justificado de um modo que refuta os não-cognitivistas, é necessário apresentar algumas explicações iniciais quanto ao que implica exatamente essa interpretação particular da universalização e porque ele a considera um meio adequado de dar conta de nossas intuições sobre eqüidade ou imparcialidade.

A forma mais simples de extrair o que é distintivo sobre o princípio de universalização de Habermas é compará-lo com o de Kant.[7] Para Kant, o imperativo categórico constitui um teste que cada indivíduo pode realizar monologicamente; isto é, cada um pergunta a si mesmo se ele pode querer que uma norma proposta seja uma lei universal*. Para Habermas, por outro lado, o teste é se, ou não, uma norma proposta é aceitável numa argumentação real a todos que são potencialmente afetados por essa norma e se quer dizer por "aceitável" que a norma satisfaz os interesses de cada participante no argumento. Normas justificáveis, então, são aquelas que incorporam "interesses generalizáveis".[8]

Claramente, a noção de que os interesses, e as necessidades em que se baseiam, devem ser levadas em consideração numa formulação de uma possível universalização (Universalizability), difere daquela de Kant. Como Rawls, Habermas considera a formulação de Kant inaceitável em parte porque não consegue explicar o fato de alguém ser motivado a seguir normas justas e, em parte, porque ele deseja argumentar que há critérios de acordo com os quais alguns interesses e necessidades podem ser racionalizados num sentido não-estratégico e outros não o podem.[9] Habermas difere de Rawls, entretanto, nas questões de como exatamente interesses podem ser racionalizados e como essa racionalização se liga com determinados princípios de justiça. Examinarei esta questão mais rigorosamente no próximo capítulo. No momento, basta expor as críticas de Rawls, que se concentrou no fato de que sua estrutura para construção da escolha dos dois princípios de justiça não apenas incorpora uma teoria de bens primários, que é de imparcialidade questionável, como também não representa realmente um processo coletivo de escolha, como ele insinua; ao contrário, representa a experiência de pensamento de um único agente. Para Habermas, esses tipos de problemas acompanharão inevitavelmente *qualquer* tentativa de derivar normas de justiça *determinadas, universais*. O máximo que se pode esperar de uma "ética filosófica" é um esclarecimento *do que é a justiça*, no sentido de critérios de procedimentos válidos universalmente apropriados para o julgamento da justiça das normas propostas; não pode ir além e nos dizer com a mesma certeza *o que exige a justiça*, no sentido de selecionar determinadas normas para guiar a ação.[10] O que a justiça exige em dados cenários sociais e históricos não pode ser legitimamente decidido antecipadamente a uma argumentação ou discurso *real* entre todos os envolvidos.[11]

De momento, quero tomar como dados tanto a compreensão de Habermas dos limites de uma "ética filosófica" quanto sua opinião de que a função das normas

---

* Ver Kant, E. — *Doutrina do Direito*. Coleção Fundamentos do Direito, Ícone Editora, S. Paulo, 1993. (N.T.).

justas é prover alguma ordenação legítima da satisfação de interesses.[12] São estas opiniões que dão à interpretação de uma possível universalização (universalizability) de Habermas sua feição particular. Se esta interpretação puder ser aceita como plausível, a título de tentativa, então poderei retornar à questão anterior de se esta ou qualquer outra variante da possibilidade de universalização (universalizability) pode ser formulada de um modo que responda ao cético não-cognitivista.

A estratégia que Habermas escolhe é uma demonstração "transcendental pragmática" de que todo agente comunicativamente competente, que assume uma argumentação normativa, já pressupõe a validade do princípio de universalização. Tal agente, não pode rejeitar esse princípio sem cair numa "contradição performativa".[13] Esse argumento transcendental-pragmático é exposto em dois estágios.

II. A "obrigação imanente de ato ilocucional"

Na ação comunicativa contínua, os sujeitos coordenam seu comportamento com base num reconhecimento mútuo de reivindicações de validade. Este reconhecimento recíproco não se apóia necessariamente no teste real de uma reivindicação específica, mas sim com base numa suposição pelo ouvinte da responsabilidade do locutor. Esta suposição recíproca de responsabilidade envolve duas expectativas: que as ações do outro sejam intencionais e que ele pudesse, se solicitado, justificar as reivindicações que levanta em interação.[14]

O que é importante a respeito dessa necessária suposição recíproca é que permite a Habermas iniciar um argumento sobre a "força normativa" inerente na ação comunicativa.[15] O tipo de argumento que Habermas tem em mente aqui é um pouco similar à tentativa de Alan Gewirth de deduzir um princípio básico de moralidade pela análise da "estrutura de ação" e das coerções (constraints) normativas que exige necessariamente que um agente conheça.[16] Habermas afirma que um agente que recusa cientificar-se de tais coerções é culpado de uma "contradição performativa". Ocorre uma contradição porque o ato ilocucional no qual ele anuncia sua recusa "se apóia em pressuposições não-contingentes (logo em certos contextos inevitáveis) cujo conteúdo proposicional contradiz o conteúdo proposicional do próprio ato ilocucional".[17] Embora Gewirth e Habermas partilhem desta modalidade de argumento, suas posições são nitidamente divergentes, porque o primeiro pensa apenas em termos de um modelo de ação teleológico e sua concepção associada de razão estratégica. Como argumentei em outra parte, os esforços de Gewirth falham e provavelmente isto ocorre tão inevitavelmente dada essa concepção de ação e racionalidade.[18] A concepção de ação comunicativa de Habermas, por outro lado, implica numa estrutura de *intersubjetividade* da qual pode-se deduzir uma "*obrigação imanente de ato ilocucional*" mútua *para prover justificação* para as diferentes espécies de reivindicações que são continuamente levantadas na ação orientada por compreensão. Esta obrigação é uma obrigação que todo agente tem "implicitamente reconhecida", simplesmente pelo fato de ter se envolvido na ação comunicativa.[19]

Duas questões surgem imediatamente com respeito a essa reivindicação. Em primeiro lugar, esta obrigação normativa é realmente uma obrigação necessária, no sentido de estar inevitavelmente implicada na estrutura de ação comunicativa? E em segundo lugar, o que são exatamente as implicações normativas da obrigação "para prover justificação"?

Quanto à necessidade da obrigação, o que Habermas quer argumentar é que todo agente "cresceu e reproduziu" a si mesmo como uma pessoa dentro de contextos de ação comunicativa onde sujeitos interagiam na base de uma orientação comum para reivindicações de validade e uma suposição recíproca de responsabilidade. Estas orientações são uma parte necessária da *"Sittlichkeit* das relações humanas" e suas implicações normativas não podem ser negadas do mesmo modo que se poderia negar uma princípio particular de moralidade.[20] Um agente que faz parte de contextos contínuos de ação comunicativa comete uma contradição performativa se negar que é responsável pelas reivindicações normativas que suas ações levantam.

Contra este tipo de argumento, a resposta padrão dos não-cognitivistas seria que Habermas está simplesmente cometendo uma variedade da falácia naturalista*.[21] Se há qualquer obrigação que flui do envolvimento na ação comunicativa, então é uma obrigação que se *escolhe* assumir; poder-se-ia, com a mesma facilidade escolher evitar a ação comunicativa inteiramente no futuro e se orientar exclusivamente para a ação estratégica, evitando conseqüentemente qualquer obrigação normativa. Esta escolha de renunciar sistematicamente a *toda* ação comunicativa poderia ser defendida pela cético e escolhida por agentes cujo comportamento cai em categorias tais como o ditador de primeira pessoa ou livre viajante sistemático.

Agora Habermas admitiria que uma escolha para evitar sistematicamente qualquer ação comunicativa futura e sua obrigação implícita não implica necessariamente em comportamento incoerente em nenhum sentido puramente lógico.

Se for assim, todavia, que tipo de argumento Habermas está produzindo sobre a necessidade da "obrigação imanente de ato ilocucional"? Neste ponto, estamos de volta ao problema da orientação intersubjetivo-contextual discutido no capítulo 1 e a idéia de que simplesmente faz sentido questionar a racionalidade de um indivíduo que não exibe tal motivação. A maneira adequada de interpretar os argumentos de Habermas sobre as implicações necessárias da ação comunicativa é, acho eu, vê-las como auxiliares no esclarecimento (da perspectiva de uma nova teoria da ação) de que o senso da racionalidade que se sente é perdido quando o conceito é reduzido a cálculos estratégicos de sujeitos puramente auto-interessados. A noção de Habermas da ação comunicativa e sua obrigação implícita constitui um relato de porque e como a racionalidade de um agente é alcançável não só de uma perspectiva subjetiva como também de uma perspectiva intersubjetiva.

Questionar a racionalidade de um agente estratégico radical sob tal base intersubjetiva não resulta, como indiquei, numa derrota direta do argumento de que a decisão desse agente possa, num sentido estrito, ter o *status* lógico de uma decisão. Proporciona, contudo, uma forma de compreender uma diferença categórica entre, de um lado, uma decisão para rejeitar toda ação comunicativa futura e, por outro lado, uma decisão para, digamos, escolher um partido político ou sistema moral de

---

* Para uma exposição detalhada da falácia naturalista, ver MOORE, G. E. — *Princípios Éticos* — Coleção Fundamentos do Direito — Ícone Editora, prelo. (N.T.)

preferência a um outro. A primeira decisão (como aquela do alfinetador de Berlin) fere o conceito de racionalidade, sem, entretanto, violar qualquer princípio de lógica.

A diferença poderia ser melhor descrita como uma diferença entre aquelas decisões que ferem uma certa necessidade conceitual (mas não necessidade lógica) e aquelas que não a venham ferir.[22] Decisões do último tipo são perfeitamente compreensíveis em termos de nossos conceitos de racionalidade, atividade e vida social. Decisões do primeiro tipo, por outro lado, levam-nos rumo aos limites desses conceitos, tal que não compreendemos claramente o que seria a estrutura da vida humana segundo essas escolhas.[23] É instrutivo aqui comparar Habermas com Hobbes e H. L. A. Hart.[24] Tanto Hobbes quanto Hart, de modos similares, acham que certos fatos básicos sobre os seres humanos — seu desejo de sobreviver e sua rudimentar igualdade física e mental — têm um efeito decisivo no que conta como legítimo nas relações normativas. Não se mantivessem esses fatos verdadeiros, declara Hart, então "maneiras inteiras de pensar e falar, que constituem nosso presente aparato conceitual, através do qual vemos o mundo e uns aos outros, caducariam".[25] Habermas deseja contar com este tipo de argumento conceitual, mas diferentemente de Hobbes ou Hart, está chamando a atenção para o fato básico de que os seres humanos reproduzem sua vida social e cultural por meio do discurso no qual reivindicações de validade são necessariamente levantadas e no qual os sujeitos fazem a suposição recíproca da responsabilidade. Tal reivindicação conceitual é o que Habermas pretende ao referir-se ao seu argumento como "transcendental". Um argumento transcendental neste sentido fraco conta com o que está implícito numa competência para discurso e ação que é "tão geral que [ele] não pode ser substituído por equivalentes funcionais".[26]

A segunda questão levantada acima se relaciona ao problema de quais implicações normativas são acarretadas por uma obrigação "para proporcionar justificação". Está claro que a justificação terá de ser interpretada num sentido distintamente inclusivo, se se supõe estar implícita na ação comunicativa em cenários sociais e históricos amplamente variados. Mas sendo isto verdadeiro, como pode Habermas usar tal noção inclusiva de justificação com os propósitos de derivar sua versão específica do princípio de universalização? Realmente, ele não afirma ser capaz de fazê-lo diretamente. Algo mais tem de ser acrescentado ao argumento para que a derivação funcione, como logo mostrarei. Neste ponto, todavia, é importante indagar se há qualquer orientação normativa a ser derivada simplesmente das suposições recíprocas da ação comunicativa.

Habermas certamente acha que há e, embora não use o termo "universalização", para cobrir esse teor normativo mínimo, realmente parece que a obrigação imanente de ato ilocucional requer conformidade com uma exigência "mínima" ou "de primeiro estágio" de universalização: a exigência de que um agente tenha que estar "pronto para aplicar [uma norma que ele propõe] igualmente a si mesmo e aos outros e continuar [a] aplicar em situações interpessoais, quando os papéis são invertidos".[27] Esta exigência significa que nossos juízos normativos precisam ser gerais no sentido de não permitirem os tipos de exceções especiais feitos pelos ditadores de primeira pessoa ou viajantes sistematicamente livres.

Para o cético moral, tal exigência poderia obrigar um agente somente se ele tivesse de escolher permitir que a moralidade tivesse alguma relevância para sua vida ou, como é por vezes colocado, se ele tivesse de escolher falar "dentro... da instituição" de moralidade.[28] Para Habermas, no entanto, essa escolha não está aberta a um agente racional, porque uma obrigação para a argumentação ou justificação normativas já está "enraizada" na própria ação comunicativa.[29] Daí os ditadores de primeira pessoa ou viajantes sistematicamente livres têm que ou revelar a irracionalidade de sua posição quando tentam justificá-la, ou têm de sistematicamente evitar qualquer ação orientada por compreensão. Todavia, a última opção não oferece saída satisfatória: põe a reivindicação deles à racionalidade ainda mais radicalmente em dúvida, já que elimina uma das duas hipóteses motivacionais mínimas que constituem uma parte inerente do conceito de racionalidade, na medida em que se aplica à ação humana.

Portanto, uma significativa implicação normativa da obrigação de proporcionar justificação é que permite resolver o problema colocado no primeiro capítulo, surgida no interior de uma concepção de razão puramente estratégica, isto é, nosso sentimento de que de algum modo não é racional para um agente invariavelmente viajar livremente em acordos coletivos (sempre que possa aproveitar-se disto), o que até mesmo ele próprio endossaria como legítimo.

A resolução deste problema do viajante sistematicamente livre representa certamente um significativo passo para uma concepção da racionalidade. Não leva, entretanto, ninguém muito longe quanto a distinguir diferentes concepções de justiça, como mais ou menos adequadas. Um passo a mais nessa direção é dado com a reivindicação de Habermas de que a obrigação imanente de ato ilocucional é incompatível com toda a "ética tradicional", isto é, com qualquer sistema ético que mantenha "um núcleo dogmatizado de convicções básicas" distante da exigência de justificação.[30] Esta é uma reivindicação bastante ampla que Habermas pouco fez para explicar. Ela tornaria, por exemplo, ilegítima qualquer noção de lei natural com base em que esta está, em última instância, presa a certos artigos de fé cristãos básicos.[31]

Talvez o ponto a que Habermas queira chegar aqui seja que, embora a obrigação para proporcionar justificação possa ser compatível com tal sistema ético quando convicções básicas são não-questionadas, a compatibilidade se dissolve quando alguns aderentes, por uma razão ou outra, começam a mudar suas crenças. A este ponto sua exigência de justificação é radicalizada e não pode ser adequadamente respondida simplesmente através da contínua referência ao conjunto de convicções compartilhado previamente e à visão de mundo da qual eles retiravam seu poder para convencer.

Tal extensão da obrigação para proporcionar justificação parece questionável. Embora uma recusa do ditador de primeira pessoa ou viajante livre de justificar a si mesmo exigisse uma renúncia sistemática da ação comunicativa que lançou sua racionalidade radicalmente em questão, tal conseqüência não é imposta quando um aderente a algum tipo de "ética tradicional" se recusa a abrir suas convicções básicas à crítica fundamental. Sua recusa não o leva de modo algum rumo aos limites de nossos conceitos de racionalidade, atividade e vida social. Em resumo, seu comportamento exibe claramente aquele elemento de motivação social que faltava ao viajante livre, pois suas reivindicações normativas possuem uma coerência demonstrável com contexto de normas e crenças intersubjetivamente compartilhado. Sua decisão de romper a ação comunicativa com aqueles que questionam radicalmente a validade dessas normas e crenças de modo algum põe sua racionalidade em dúvida.

Para resumir a discussão precedente, pode-se dizer que a reconstrução de Habermas do *know-how* da competência comunicativa revela uma suposição de responsabilidade recíproca da parte de qualquer um envolvido na ação comunicativa. Ademais, essa suposição pode ser interpretada como uma obrigação imanente ao ato ilocucional para proporcionar justificação para aquelas reivindicações que são levantadas, sempre que questionadas. E na medida em que a própria ação comunicativa não pode ser sistematicamente evitada por um agente, sem pôr sua racionalidade radicalmente em dúvida, essa obrigação parece ser aquela que é universalmente vinculante para todos os agentes racionais. Mas, como também mostrei, tal obrigação (que pode ser formalmente enunciada como uma exigência mínima de universalização) não apresenta uma penetração normativa muito profunda, no sentido de classificar tipos de posições éticas como mais ou menos justificáveis racionalmente.

A fim de aprofundar a penetração normativa da ética comunicativa o suficiente para permitir fornecer justificativa para sua interpretação da universalização em seu sentido pleno, Habermas precisa se voltar para um segundo estágio do argumento pragmático-transcendental. Mais especificamente, tem de se voltar para o que chama de "regras discursivas", que não são pressuposições necessárias de *toda* ação comunicativa, mas sim do conceito *moderno* de *argumentação*.[32] Para agentes que partilham os horizontes de um moderno mundo da vida, Habermas deseja argumentar que a competência comunicativa pressupõe exigências adicionais de qualquer um de quem se solicita justificar suas reivindicações normativas. Este nível do argumento de Habermas sobre competência comunicativa apresenta, como mostrarei, algumas dificuldades para sua posição. Mas, em primeiro lugar, tenho de delinear como esse elo, em seu caso de ética comunicativa, é construído.

III. Os pressupostos da argumentação

O conhecimento intuitivo dos "membros competentes das sociedades modernas", quanto ao que constitui um argumento válido, pode ser reconstruído, de acordo com Habermas, sob a forma de uma representação explicativa dos conteúdos proposicionais das "pressuposições inevitáveis [pragmáticas]" da argumentação.[33] Estes conteúdos podem ser delineados como "regras de discurso" ou argumentação, que descrevem coletivamente nossa intuição sobre o que significa estar numa situação de discurso em que um conflito seria resolvido somente pela "força do melhor argumento". Em relação a isto, Habermas fala de "situação de discurso ideal", na qual um "acordo racionalmente motivado" ou "consenso" poderia ser atingido.[34] As regras de discurso precisam assegurar que todos os outros motivos dos participantes na argumentação devem ceder quando se chocam com o motivo de alcançar cooperativamente um consenso.[35]

Habermas realmente distingue tipos diferentes de pressuposições de argumentação que, quando formulados como regras, impõem várias coerções lógicas e normativas aos participantes.[36] Para as finalidades em pauta, todavia, as regras de discurso são as mais importantes, já que expressam o que ele toma como sendo o núcleo normativo da idéia moderna de argumentação: a noção de reconhecimento recíproco, por parte de cada participante, do outro como uma fonte autônoma das duas reivindicações que possuem plausibilidade e exigências iniciais iguais para justificação que devem ser tratadas. As regras, que são constitutivas de uma situação de discurso ideal, são as seguintes:

1 'Cada sujeito que é capaz de discurso e ação tem permissão para participar nos discursos.'
2 a) 'A cada um é permitido questionar qualquer proposta.'
   b) 'A cada um é permitido apresentar qualquer proposta no discurso.'
   c) 'A cada um é permitido expressar suas atitudes, desejos e necessidades.'
3 Nenhum locutor deve ser impedido por compulsão — seja emergente do interior do discurso ou do exterior dele — de fazer uso dos direitos assegurados em [1] e [2].'[37]

As duas primeiras regras de discurso são critérios estritamente corretos à boa argumentação. A terceira regra, entretanto, implica em outras regras para eliminar os efeitos da falácia, poder e ideologia. A mais importante dessas regras diz respeito ao contexto de ação do qual a argumentação poderia ser assumida. Destinam-se a prevenir barreiras (criadas pela falácia, o poder e a ideologia) tanto para a iniciação do discurso quanto para sua execução de uma maneira que não permita que nenhum assunto permaneça imune ao questionamento.[38] O que Habermas está argumentando aqui é a idéia de que o preenchimento das condições da argumentação ideal implica em que o contexto de ação necessite ter qualidades normativas congruentes, isto é, qualidades que não solapem a autonomia de cada um como uma fonte de reivindicações que têm plausibilidade inicial igual e de exigências para justificação às quais outros são obrigados a responder.

Habermas propõe duas regras que definem "ação comunicativa pura". A primeira impede que os agentes assumam um discurso com intenções ou motivos ocultos, ou de um modo em que as atitudes, sentimentos e necessidades verdadeiros de alguns improvavelmente encontrariam expressão. Requer tanto uma abertura recíproca dos agentes quanto às suas intenções e motivos verdadeiros quanto uma chance igual de expressar suas atitudes, sentimentos e necessidades. Com a última parte desta exigência, Habermas deseja assegurar especialmente que "interpretações tradicionais de necessidades" podem ser postas em dúvida.[39] A segunda regra que define ação comunicativa pura assegura que qualquer reivindicação de validade teórica ou prática pode ser efetivamente questionada; em outras palavras, haverá acesso livre ao teste da argumentação. Esta regra exige que haja uma igual distribuição de oportunidades "para ordenar e resistir a ordens, para permitir e proibir, para fazer e extrair promessas e para ser responsável pela própria conduta e exigir que os outros também o sejam".[40]

Caso se aceite como plausível a reconstrução acima do núcleo normativo da idéia moderna de argumentação, então Habermas pode passar para o segundo estágio de sua derivação pragmático-transcendental de um forte princípio de universalização. Ele afirma que:

> A. Quem quer que se envolva na argumentação tem de pressupor a validade das regras de discurso; e
>
> B. que quando essa argumentação diz respeito a reivindicações normativas — isto é, aquelas sobre ordens alternativas para a satisfação de interesses — os participantes têm que, "sob pena de contradição performativa", admitir que a universalização é a única regra sob a qual as normas serão assumidas por cada um como sendo legítimas.[41]

Examinarei a interpretação de Habermas da universalização como exigindo "a possibilidade de generalização (generalizability) de interesses" com maiores detalhes no capítulo seguinte.[42] No momento, só estou preocupado com o sucesso de seu esforço para estabelecer o que diz sobre o cognitivismo. Quanto a isto, a questão básica é: é o segundo estágio do argumento pragmático-transcendental tão bem-sucedido quanto o primeiro para refutar o cético? Em outras palavras, a forte interpretação de Habermas da universalização possui o mesmo caráter racionalmente necessário que aquele mínimo implícito na suposição da responsabilidade recíproca?

Isto parece duvidoso porque em face do segundo estágio do argumento pragmático-transcendental, o cético poderia evitar uma contradição performativa simplesmente recusando-se a se envolver na argumentação normativa na sua forma "pós-convencional", especificamente moderna. Ele tem uma rota de fuga sob a forma de uma escolha de assumir uma argumentação em seu sentido menos reflexivo, menos convencionalmente limitado — o que, como vimos, satisfaz a suposição de responsabilidade.[43] Assim, no seu sentido moderno, a argumentação possui um "equivalente funcional". E se é assim, então a validade universal de uma argumentação normativa pós-convencional com uma interpretação de universalização correspondentemente rigorosa, tal como Habermas propõe, não pode ser estabelecida inequivocamente com base num argumento pragmático-transcendental. Qualquer suporte adicional para tal reivindicação deve ser procurado nos argumentos lógico-desenvolvimentais formulados numa teoria psicológica da variedade Piaget-Kohlberg ou numa teoria da superioridade racional de estruturas modernas de consciência. É no contexto de tais teorias que Habermas levanta sua hipótese de que a modalidade pós-convencional de justificar reivindicações normativas é de algum modo a realização de um potencial racional, que está presente sempre em toda ação comunicativa, mas somente realizado no mundo moderno. Sem este suporte suplementar, a reconstrução de Habermas da argumentação normativa é, no máximo, uma hipótese plausível a respeito do contexto normativo mais profundo, em relação ao qual reivindicações normativas podem ser adjudicadas entre aqueles que partilham um mundo de vida moderno.

Tendo salientado os limites de um argumento pragmático-transcendental, precisa-se enfatizar, por outro lado, aquilo que ele conseguiu. Isto pode ser sucintamente declarado: a rota de fuga a que aludimos acima, que permanece aberta para evitar um reconhecimento das pressuposições da argumentação pós-convencional, não é uma avenida que um cético possa tomar *sem abandonar seu ceticismo*, ao menos ao ponto de ter de renunciar à racionalidade de ditadores de primeira pessoa e viajantes livres sistematicamente. Em outras palavras, mesmo que Habermas não tenha mostrado conclusivamente que sua própria interpretação de universalização tem de ser aceita por todos os agentes racionais, mostrou que tais agentes têm de rejeitar ao menos algumas orientações de valor.

IV. Desenvolvimento moral e competência interativa

Nesta seção, quero examinar a tentativa de Habermas de defender a hipótese da universalidade de uma ética discursiva esboçando os *insights* da psicologia desenvolvimental cognitiva. Como ele próprio confirma, essa tentativa é, por sua própria natureza, limitada no tipo de confirmação que pode proporcionar para uma ética discursiva. Para os meus intentos, a incursão de Habermas nessa área é realmente importante, não tanto pelo limitado suporte que ela dá para a reivindicação de universalidade de uma ética discursiva, mas mais pelo que ela revela sobre o papel da reciprocidade na interação e julgamento moral. Entender este papel é crucial para compreender a segunda das duas reivindicações básicas da ética discursiva enumeradas no início deste capítulo: que o teste apropriado da legitimidade normativa é "um discurso real".

A atração geral que Habermas nutre pela tradição Piaget-Kohlberg na psicologia resulta de um interesse compartilhado na investigação da estrutura e aquisição das competências humanas.[44] Habermas considera o trabalho de Piaget sobre cognição, o de Kohlberg sobre juízo moral, o de Chomsky sobre linguagem e seu próprio trabalho sobre pragmática universal como uma forma de todos contribuírem para a ampla meta de compreender competências universais nas dimensões inter-relacionadas da cognição, linguagem e interação. A obra de Kohlberg no desenvolvimento do juízo moral é de particular importância porque Habermas o vê como uma fonte potencial para corroborar evidência a favor de sua concepção discursiva da ética. De interesse central são as afirmações de Kohlberg de que há *formas universais* sob a superfície de juízos morais substantivamente diferentes e que essas formas podem ser ordenadas como um conjunto de *estágios* no desenvolvimento da capacidade do indivíduo para julgamento moral. O estágio mais avançado requer juízos para se conformar a critérios de procedimento pós-convencionais similares àqueles elucidados na reconstrução de Habermas do discurso prático.[45]

Antes de me voltar para a tentativa de Habermas de usar alguns dos *insights* de Kohlberg, será útil sintetizar o que este último afirma ter estabelecido em sua pesquisa. Para Kohlberg, a capacidade do indivíduo para julgamento moral passa através de estágios, cada um dos quais impõe um novo conjunto de operações cognitivas mais adequado que o precedente. Tais estágios ou estruturas de pensamento não são simples respostas no modelo estímulo-resposta de aprendizado, mas são tanto adaptações como construções ativas do sujeito. E esses estágios, afirma-se, são culturalmente universais quanto seqüencialmente invariantes, embora o progresso através dos estágios varie através tanto quanto nas sociedades.[46] O modelo de seis estágios, três níveis no apêndice ao presente capítulo, é o resultado das descobertas de Kohlberg durante duas décadas de pesquisa.[47]

De uma perspectiva psicológica, a criança se move de um estágio para o seguinte e vê o estágio mais elevado como mais adequado, porque a coloca em maior equilíbrio com seu ambiente. Os critérios psicológicos de adequação podem ser explicados como a "integração" e "diferenciação" aumentadas de consciência moral a cada estágio mais elevado.[48] A "diferenciação" se refere ao grau ao qual a estrutura de pensamento num dado estágio permite separar juízos especificamente morais de outros juízos de valor de razão prática. Por exemplo, no estágio 1, a criança não diferencia entre fazer X devido a medo de punição e fazê-lo porque é "justo" ou "correto". A "integração", por outro lado, se refere ao grau em que uma pessoa pode integrar reivindicações conflitantes de um tal modo que resolva conflitos. A estrutura de pensar em estágios mais elevados permite ao indivíduo uma capacidade proporcionadamente maior para assumir imaginativamente o papel de outros envolvidos no conflito. Quanto mais papéis ou pontos de vista uma estrutura de pensamento pode acomodar, mais juízos morais derivados dela conduzirão o indivíduo ao equilíbrio. Como diz Kohlberg, "uma situação moral em desequilíbrio é aquela em que há reivindicações conflitantes não-resolvidas."[49]

Kohlberg afirma que seu trabalho apóia as reivindicações de filósofos da "tradição formalista ... de Kant a Rawls."[50] Argumenta, especificamente, que sua explicação *psicológica* sobre porque uma criança se desloca de um estágio para o seguinte "mapeia" uma explicação *filosófica* do porque um estágio mais elevado é mais adequado no sentido de um esquema moral mais racional.[51] A "diferenciação" pode assim ser vista como um processo de separar o "dever" categórico da autonomia moral dos outros "deveres" da razão prática. A "integração" se torna uma interpretação da idéia de que juízos morais têm de ser universalizáveis no sentido de levar em consideração as reivindicações de todos os outros.[52] Especificamente, Kohlberg acha que seu estágio 6 (o mais alto) é bem ilustrado pela teoria de Rawls, na qual a escolha de princípios justos toma lugar atrás de um "véu de ignorância", que exige que o agente assuma hipoteticamente o papel de todos os outros antes de tomar sua decisão.

No próximo capítulo ficará claro porque Habermas acha que Kohlberg está errado em considerar a teoria de Rawls como sendo uma ilustração da estrutura pós-convencional mais adequada de julgamento moral. No momento, entretanto, quero examinar porque Habermas acha que pode ampliar a plausibilidade da teoria de Kohlberg, proporcionando um argumento mais forte para a reivindicação de que as diferentes concepções de julgamento moral demarcadas por aquela teoria realmente constituem *estágios*. A análise de Kohlberg não tornou suficientemente clara a necessária conexão lógico-desenvolvimental entre essas concepções. Seus esforços para demonstrar tal conexão assumiram a forma de um argumento de que cada concepção corresponde ao domínio amadurecedor do indivíduo de "perspectivas sociais" cada vez mais diferenciadas. Assim, no nível moral mais baixo, o indivíduo possui um "ponto de vista" puramente "egocêntrico" e se relaciona com o mundo puramente em termos do potencial deste de gratificação ou punição. Em estágios mais elevados, as perspectivas de outros são cada vez mais levadas em consideração de maneiras diferentes e mais complexas.[53]

Habermas considera a tentativa de Kohlberg de estabelecer o caráter lógico-desenvolvimental de seu modelo deficiente. Especificamente as perspectivas sociais, que constituem os blocos de construção sócio-cognitivos para os juízos morais, não são separadas analiticamente com suficiente nitidez dos tipos de juízos morais que Kohlberg diferencia. Uma clareza analítica maior pode ser conseguida, argumenta Habermas, somente se a noção de perspectivas sociais for reconceitualizada de um ponto de vista teórico distinto. A teoria da ação comunicativa oferece precisamente tal ponto de vista.[54] Esta teoria focaliza, como foi mostrado antes, situações em que as faculdades do agente são solicitadas para reparar ou estabelecer um nível de compreensão, que pode então formar a base da interação cooperativa. Desta perspectiva, uma situação de interação é:

> "igualmente uma situação de discurso, na qual os agentes alternativamente assumem os *papéis de comunicação* de locutores, audiência e ouvintes. Correspondendo a estes papéis estão as *perspectivas dos participantes* da primeira e segunda pessoa, bem como a *perspectiva do observador* da terceira pessoa, fora da qual a relação "Eu-Você" pode ser observada e tornada consciente como um vínculo intersubjetivo".[55]

A capacidade para a ação comunicativa não só assume que um agente tenha o domínio desse sistema de "perspectivas do locutor", como também o domínio das três "relações de mundo" (natural, social e subjetiva) com suas reivindicações de validade correspondentes. A esta última espécie de domínio Habermas se refere como domínio de "perspectivas de mundo".[56] Um agente maduro tem à sua disposição, portanto, uma estrutura complexa tanto de perspectivas do locutor quanto de mundo. E é esta estrutura — Habermas a chama de "entendimento" completamente "descentrada do mundo [*Weltverständnis*]" — que é a chave para a obtenção de uma justificação lógico-desenvolvimental dos estágios morais de Kohlberg.[57]

Habermas deseja usar os *insights* de sua teoria da ação comunicativa para construir um esquema de uma ordenação lógico-desenvolvimental de *tipos de interação*. Estes estágios de interação se ajustam na estrutura geral de níveis pré-convencionais, convencionais e pós-convencionais. Tais estágios são diferenciados ao longo de várias dimensões, tais como os caminhos nos quais expectativas comportamentais são estruturadas e como conceitos como reciprocidade, autoridade e motivação são formados. O que especificamente fundamenta a diferenciação lógico-desenvolvimental dos estágios, entretanto, é a maneira em que eles progressivamente manifestam a complexa estrutura de perspectivas que acabei de mencionar.[58] O domínio parcial dessas perspectivas permite à criança participar apenas em tipos mais simples de interação (por exemplo, interações dirigidas por sanções externas). Na medida em que o domínio aumenta, o indivíduo em amadurecimento atinge as qualificações sócio-cognitivas "para tomar parte em sistemas de ações cada vez mais complexos" (por exemplo, comportamento no desempenho de papéis, argumentação). O domínio total indica o que Habermas chama de "competência interativa". (Veja a discussão no capítulo 2 de como esta competência está relacionada com a competência comunicativa.)[59]

Não tentarei examinar os estágios propostos de interação em minúcias porque Habermas ainda parece estar no processo de elaboração de uma formulação satisfatória deles.[60] Por outro lado, a direção geral que ele deseja assumir quanto a fazer a conexão entre a competência interativa e os estágios morais parece clara. Como já mencionei, uma das dimensões nas quais tipos de interação são diferenciados em termos desenvolvimentais é a estrutura das expectativas comportamentais. No nível pré-convencional, apenas expectativas sobre *ações particulares* e suas conseqüências são parte do mundo simbólico; no nível convencional, *papéis* e *normas sociais* que integram sistemas de papéis são incorporados; e finalmente, no nível pós-convencional, *princípios* para escolha entre papel e outras expectativas normativas são incorporados. Estes três níveis, diz Habermas, "distinguem-se por graus de reflexividade: as expectativas comportamentais simples do primeiro nível tornam-se reflexivas no nível seguinte — expectativas podem ser ... esperadas [papéis e normas]; e a expectativa comportamental reflexiva do segundo nível se torna reflexiva no terceiro nível — normas podem ser normatizadas [princípios]."[61]

Como também já mencionei, as interações são ulteriormente diferenciadas por Habermas em relação ao conceito de reciprocidade, isto é, em relação à completude ou incompletude de reciprocidade que existe num tipo de interação. Quando as duas dimensões — estruturas das expectativas comportamentais e reciprocidade — são integradas, pode-se ver *como as formas nas quais a reciprocidade aparece em interação estruturam as diferentes concepções de retidão* que informam os estágios de juízos morais de Kohlberg.[62] Esta relação funciona da seguinte maneira. No nível pré-convencional, estágio 1 (orientação punição-obediência de Kohlberg), existe apenas reciprocidade incompleta entre agentes quanto a ações particulares, baseada tipicamente no medo da punição ou no desejo de gratificação por parte da criança. No nível I, estágio 2 (hedonismo instrumental), existe reciprocidade completa quanto a ações particulares, baseada na permuta de equivalentes. Esta reciprocidade, embora "completa", é inadequada como base para a contínua vida social, visto que se vincula somente à equivalência entre ações e objetos concretos (o próprio Kohlberg dá um bom exemplo deste tipo de inadequação: seu filhinho pensava que se os esquimós matavam e comiam focas, era correto matar e comer esquimós). Somente no nível convencional, onde normas e papéis se tornam parte do universo simbólico da criança, a reciprocidade começa realmente se referir às expectativas dos sujeitos. A reciprocidade, neste sentido, é, contudo, apenas realizada incompletamente nesse nível. No estágio 3 (orientação do "bom menino"), a reciprocidade incompleta é exibida na relação da criança com os pais; tipicamente, a criança age de acordo com o que, digamos, o pai espera de um "bom menino". No estágio 4 (orientação da lei e ordem), uma reciprocidade similarmente incompleta é exibida em relação a conjuntos de normas, os quais exigem que um agente aja sem questionamento, já que um outro agente em autoridade dirige. Finalmente, no nível pós-convencional, a reciprocidade completa é realizada, visto que princípios se tornam a base de interação entre sujeitos legais (estágio 5: legalismo sócio-contratual) ou todos os sujeitos em geral (estágio 6: orientação por princípios éticos).[63]

As formas nas quais a reciprocidade aparece nos diferentes estágios de interação constituem para Habermas "*o núcleo naturalista de consciência moral*".[64] O que isto significa é, primeiro, que o ponto de vista da reciprocidade surge *naturalmente*, à medida que o indivíduo em amadurecimento aprende a tomar parte em formas de interação cada vez mais complexas; em outras palavras, "o ponto de vista da reciprocidade pertence *eo ipso* ao conhecimento interativo de falar e atuar sujeitos".[65] Isto porque:

"Na ação comunicativa, uma relação de ao menos reciprocidade incompleta é estabelecida com a relação interpessoal entre as partes envolvidas. Duas pessoas permanecem numa relação incompletamente recíproca até o ponto em que uma pode fazer ou esperar x somente na medida em que a outra possa fazer ou esperar y (por exemplo, professor/aluno, pai/criança). Sua relação é completamente recíproca se ambos podem fazer ou esperar a mesma coisa em situações comparáveis ($x = y$) (por exemplo, as normas da lei civil). Num ensaio atualmente famoso, Alvin Gouldner fala da norma de reciprocidade que forma a base de todas as interações ... Esta expressão não é inteiramente apropriada visto que a reciprocidade não é uma norma, mas está fixada nas estruturas gerais da interação possível.[66]"

A reciprocidade é, portanto, um ponto de vista desvinculado de qualquer cultura particular ou período histórico, estando, ao contrário, disponível a *todos* os agentes e, assim sendo, ela pode sempre fornecer um padrão *consensual* potencial para a resolução do conflito. A concepção pós-convencional de moralidade simplesmente eleva esse ponto de vista à consciência total. Conseqüentemente "o ponto de vista moral" é caracterizado como exigindo a aplicação *consciente* da reciprocidade ao problema de normatizar normas.[67]

Se assim for, então uma pergunta-chave que deverá ser feita relativamente a uma ética discursiva é como sua conceitualização da exigência de reciprocidade é mais adequada do que conceitualizações proporcionadas por outros tipos de ética pós-convencional. A princípio, Habermas argumentava que, do ponto de vista teórico vantajoso da competência interativa, ele podia justificar o retrato da ética discursiva como um novo estágio 7, em acréscimo aos estágios 5 (legalismo sócio-contratual) e 6 (orientação por princípios éticos) kohlberguianos, pós-convencionais. Todavia, posteriormente, Habermas renunciou a este tipo de sustentação. Admitiu (como Kohlberg) que a idéia toda de *estágios dentro* do nível pós-convencional é mal concebida.[68] A razão para isto é que o conceito de estágios *naturais* de desenvolvimento é inapropriado no nível III. Uma vez que um sujeito tenha atingido este nível de consciência moral *reflexiva*, o psicólogo não poderá mais sustentar o papel de um *expert* que separa estágios adicionais, como se eles ainda seguissem um ao outro da mesma maneira natural que o fazem para sujeitos nos dois níveis inferiores, pré-reflexivos. Dizer que um "estágio" é "superior" a um outro no nível pós-convencional representa nada mais do que uma afirmação de que, através do argumento e reflexão filosóficos, tal superioridade pode ser reconhecida pelo sujeito. Neste processo, o teórico e o sujeito são ambos participantes e nem um nem outro ocupa qualquer posição inerentemente privilegiada[69]. A conclusão disto é simplesmente que qualquer que seja a superioridade que um tipo de pós-convencionalismo possa reivindicar em relação a outro, esta superioridade será conquistada pelos recursos normais do argumento filosófico.

No capítulo seguinte examinarei o tipo de argumentos filosóficos que Habermas oferece a favor da superioridade da ética discursiva em relação a outras formas de ética pós-convencional. Esta análise nos levará de volta à segunda das reivindicações básicas de Habermas sobre a ética discursiva (que foi colocada de lado no início deste capítulo), isto é, sua afirmação de que o teste apropriado de legitimidade normativa é um discurso prático real, que oferece a possibilidade de separar interesses generalizáveis de interesses particulares. A razão de esta afirmação se ligar à discussão precedente nesta seção é que compreender o teste discursivo do grau de generalização possível e a necessidade do discurso ser real, em oposição ao monológico e hipotético, também é compreender a interpretação específica que Habermas dá à exigência de reciprocidade.

Antes de nos voltarmos para a reivindicação de que a ética comunicativa é o tipo mais adequado de ética pós-convencional, primeiramente é necessário concentrar de novo a atenção na afirmativa segundo a qual a teoria da competência interativa pode fortalecer as reivindicações de Kohlberg sobre estágios de julgamento moral. Aqui a questão-chave não é se uma conceitualização discursiva de pós-convencionalismo é a mais adequada, mas sim como *qualquer* julgamento moral pós-convencional pode justificavelmente reivindicar superioridade sobre outras formas de julgamento moral, que são relegadas, no esquema de Kohlberg, aos níveis I e II.

Mesmo se o projeto de Habermas de delinear nitidamente estágios de interação tivesse de ser desenvolvido detalhadamente e testado empiricamente, ainda assim não proporcionaria, como está ciente o próprio Habermas, uma clara hipótese para a validade universal de juízos morais pós-convencionais. Claro que é importante compreender os modos nos quais nossa capacidade de julgamento moral está ligada à nossa competência para interação. O esclarecimento do caráter de tal ligação não pode, todavia, por si só estabelecer a validade universal de juízos morais pós-convencionais.

A chave para a ligação de Habermas é, como mostrei, o ponto de vista da reciprocidade, que ele afirma estar disponível para todos os agentes competentes, podendo assim constituir uma base não-tendenciosa para a resolução de conflitos morais. Para Habermas, os juízos morais de nível III simplesmente assumem o que é parte do *know-how* implícito de todos os agentes e fazem uso consciente disso. Mas esta forma de conceitualizar o nível III não resolve a questão de sua superioridade, pois o ponto de vista da reciprocidade é realmente dominado nas interações do nível II, onde os indivíduos logram a capacidade do comportamento de desempenho de papéis simples e formas mais complexas de interação guiada por normas. Está claro que isto torna a reciprocidade um ponto de vista *disponível* para indivíduos maduros em todas as sociedades; mas também fica claro que não há necessidade natural de esse ponto de vista ser *conscientemente aceito como o padrão* para resolução de conflitos morais. O uso reflexivo do ponto de vista da reciprocidade como uma exigência na deliberação moral só pode ser conclusivamente justificado quando já se assumiu a superioridade do ponto de vista moral associado a uma consciência descentrada, pós-convencional.

Neste ponto, Habermas reconhece claramente que reconstruções teóricas tais como as de Kohlberg têm de começar necessariamente com algumas hipóteses éticas diretrizes.[70] Embora tais hipóteses sobre o que constitui o ponto de vista moral devam guiar a pesquisa empírica, não se tornam em função disto imunes à reconsideração à luz dos resultados daquela pesquisa. Considere-se, por exemplo, como alguns psicólogos, que trabalham dentro do programa de pesquisa kohlberguiano, foram levados, através de seus resultados, a afirmar que a conceitualização de Kohlberg do estágio mais elevado do julgamento moral não consegue explicar adequadamente a experiência moral das mulheres (considerarei esta questão posteriormente no capítulo seguinte).[71] Mas se a pesquisa empírica pode desempenhar esta espécie de papel corretivo em relação às hipóteses éticas que servem de base para as reconstruções teóricas, não pode, é claro, fornecer evidência direta e conclusiva a favor ou contra uma conceitualização particular do ponto de vista moral. No máximo, argumenta Habermas, uma teoria bem pesquisada como a de Kohlberg pode fornecer uma forma de "confirmação indireta" ou "teste de coerência".[72]

Compreendida sob essa luz, a incursão de Habermas na psicologia desenvolvimental deveria ser tomada menos como uma tentativa direta de encontrar a chave para provar a superioridade da ética discursiva e mais como uma tentativa de aumentar a clareza teórica do projeto de Kohlberg. E mesmo na sua forma programática, a noção de Habermas de estágios de interação parece efetivamente ser um aprimoramento da tentativa de Kohlberg de elucidar o caráter lógico-desenvolvimental de seus estágios morais, ligando-os a tipos insuficientemente analisados de "perspectivas sociais". Se Habermas assim adiciona força à teoria kohlberguiana, por meio disto contribui para uma linha de pesquisa que, por sua vez, presta ajuda a concepções pós-convencionais de ética, ao menos no grau em que enfrenta a evidência empírica.

Tal confirmação indireta, todavia, é, por si só, um material absolutamente frágil para se apoiar as reivindicações da ética discursiva. Provê relativamente pouca força adicional para a reconstrução conceitual das implicações normativas da ação comunicativa, que foram examinadas nas primeiras seções deste capítulo. O suporte suplementar para a ética discursiva precisa vir de duas direções. Primeiro, como indiquei, há argumentos filosóficos de que uma conceitualização de ética discursiva da exigência de reciprocidade é superior àquela de outras formas de ética pós-convencional. Tratarei desses argumentos diretamente. Mas deve-se enfatizar imediatamente que tais argumentos, como os outros apresentados neste capítulo, assumem de um modo ou outro a superioridade básica de maneiras modernas de pensar a moralidade. O que permanece em falta é uma defesa sistemática da própria modernidade.

APÊNDICE — ESTÁGIOS MORAIS DE KOHLBERG

I. Nível pré-convencional

Neste nível, a criança responde a regras e rótulos culturais do bom e mau, certo ou errado, mas interpreta esses rótulos em termos seja das conseqüências físicas, seja das conseqüências hedonísticas da ação (punição, recompensa, troca de favores), ou em termos do poder físico daqueles que enunciam as regras e rótulos. O nível é dividido nos dois estágios seguintes:

Estágio 1: A orientação punição e obediência. As conseqüências físicas da ação determinam se é boa ou má a despeito do significado ou valor humanos dessas conseqüências. O evitar da punição e a deferência sem questionamento ao poder são valorados em seu próprio direito, não em termos de respeito por uma ordem moral subjacente sustentada pela punição e a autoridade (esta última sendo estágio 4).

Estágio 2: A orientação relativista instrumental. A ação correta consiste naquela que satisfaz instrumentalmente as próprias necessidades de alguém e ocasionalmente as necessidades de outros. As relações humanas são vistas em termos semelhantes àquelas que ocorrem no mercado. Elementos de eqüidade, de reciprocidade e de igual participação estão presentes, mas são sempre interpretados de um modo físico, pragmático. Reciprocidade é uma questão de "você coça minhas costas e eu coço as suas", não de lealdade, gratidão ou justiça.

II. Nível convencional

Neste nível, manter as expectativas da família, grupo ou nação do indivíduo é percebido como valioso por si só, a despeito de conseqüências imediatas e óbvias. A atitude não é apenas aquela de *conformidade* a expectativas pessoais e à ordem social, mas de lealdade a esta, de ativamente *manter*, sustentar e justificar a ordem e de se identificar com as pessoas ou grupo envolvidos nela. Neste nível, existem os seguintes dois estágios:

Estágio 3: A orientação da concordância interpessoal ou do "bom menino-boa garota". Bom comportamento é aquele que agrada ou ajuda os outros e é aprovado por eles. Há muita conformidade a imagens estereotipadas do que é maioria ou comportamento "natural". O comportamento é freqüentemente julgado pela intenção — "ele tem boas intenções" torna-se importante pela primeira vez. Ganha-se aprovação sendo-se "agradável".

Estágio 4: A orientação "lei e ordem". Existe orientação para com a autoridade, regras fixas e a manutenção da ordem social. O comportamento correto consiste em cumprir a própria obrigação, demonstrar respeito pela autoridade e manter a ordem social dada por sua própria causa.

III. Nível pós-convencional, autônomo ou de princípios

Neste nível, há um claro esforço para definir valores e princípios morais que tenham validade e aplicação à parte da própria identificação do indivíduo com esses grupos. Este nível também tem dois estágios:

Estágio 5: A orientação legalista sócio-contratual, geralmente sobretons utilitários. A ação correta tende a ser definida em termos de direitos individuais gerais e padrões que foram examinados criticamente e sobre os quais a sociedade inteira está de acordo. Há uma clara consciência do relativismo dos valores e opiniões pessoais e uma ênfase correspondente em regras de procedimento para alcançar o consenso. Salvo o que é constitucional e democraticamente acordado, o direito é uma questão de "valores" e "opinião" pessoais. O resultado é uma ênfase no "ponto de vista legal", mas com uma ênfase na possibilidade de mudar a lei em termos de considerações racionais de utilidade social (de preferência a congelá-la em termos da "lei e ordem" do estágio 4). Fora do domínio legal, o acordo e contrato livre constitui o elemento vinculador de obrigação. Esta é a moralidade "oficial" do governo e constituição americanos.

Estágio 6: A orientação universal de princípios éticos. O direito é definido pela decisão da consciência em acordo com princípios éticos auto-escolhidos, que apelam para a extensão, universalidade e consistência lógicas. Estes princípios são abstratos e éticos (a Regra Dourada, o imperativo categórico); não são regras morais concretas como os Dez Mandamentos. No fundo, são princípios universais de *justiça*, da *reciprocidade* e *igualdade* dos *direitos* humanos e do respeito pela dignidade dos seres humanos como *pessoas individuais*.

Fonte: Lawrence Kohlberg, "From Is to Ought", Theodore Mischel (org.), Cognitive Development and Epistemology. (New York: Academic Press, 1971.)

4. RUMO A UMA ÉTICA MÍNIMA E ORIENTAÇÃO PARA UMA TEORIA POLÍTICA

A interpretação específica que Habermas dá ao critério pós-convencional de reciprocidade ou eqüidade tem de ser entendida em relação às suas noções de interesses generalizáveis e discurso real. Neste capítulo mostrarei porque Habermas acha que elas nos munem da forma mais adequada de ética pós-convencional. Será dada atenção particular ao caráter de procedimento do modelo discursivo e algumas das críticas que foram avançadas contra ele — mais notadamente as acusações de que é ou vazio de conteúdo ético ou, se suas prescrições realmente têm alguma contundência, são estas, todavia, tão abstraídas de tradições concretas a ponto de não terem nenhum suporte motivacional. Examinarei, também, sucintamente o repto representado pelo trabalho de Carol Gilligan a qualquer formulação kantiana da ética, visando constatar se solapa a posição de Habermas. Finalmente, tendo formulado as implicações morais do modelo comunicativo do agente, sugerirei algumas implicações iniciais que ele possui com relação a como teóricos políticos estudam o poder.

I. A interpretação discursiva da exigência de reciprocidade

Antes de me voltar para uma análise mais rigorosa dos critérios discursivos para avaliação da legitimidade das reivindicações normativas, é necessário explicar primeiro o que constitui para Habermas "uma reivindicação normativa". Como indiquei resumidamente no capítulo 3, Habermas define reivindicações normativas como reivindicações "sobre ordenações alternativas para a satisfação de interesses". De modo similar, diz que "normas regulam oportunidades legítimas para a satisfação de necessidades".[1] O uso de "interesses" num caso e "necessidades" no outro não precisa nos deter, visto que parece justo supor que Habermas diria que alguém tem um interesse em algo se satisfaz suas necessidades.

É importante ser claro sobre exatamente o que implica a formulação acima, porque tem sido mal compreendida pelos críticos. Concentrar-se na relação entre a satisfação de necessidades e a legitimidade das normas *não* é o primeiro passo para construir o tipo de argumento que se segue: há certas necessidades básicas ou genuínas que *todos* os indivíduos totalmente emancipados teriam; estas necessidades serão necessariamente descobertas por qualquer um que sinceramente participe de um discurso prático; e finalmente, partindo de tais necessidades, pode-se derivar determinados princípios de justiça.[2] Pelo contrário, Habermas não tem em mente tal concepção substantiva de necessidades ou princípios de justiça. Quando ele discute necessidades, sua preocupação quase sempre é chamar a atenção para o modo no qual os valores nucleares de uma cultura estruturam profundamente o que constitui uma "necessidade" dentro dessa cultura. Aliás, Habermas usualmente não se refere simplesmente a "necessidades", mas, sim, a "interpretações de necessidades", uma locução que expressa sua variabilidade cultural.[3] Se o interpreto corretamente aqui, o que deixa implícito é que o que é tomado como sendo uma "necessidade" numa dada sociedade será uma função do que aquela cultura define como necessário ao florescimento da vida humana.

Se este for o caso, pareceria que Habermas não está ligado a nenhum modelo universalista, biológico de necessidades básicas; antes, o conceito de necessidade é tal que está inevitavelmente entrelaçado com as dimensões sociais e culturais da vida. E isto significaria que ele concorda com aqueles que não pensam que o conceito de necessidade pode nos munir de um ponto de vista sem ambigüidade, arquimediano para a filosofia moral e política. Um apelo a necessidades simplesmente não tem o poder de prover diretrizes claras para o estabelecimento de princípios de justiça universais, determinados. Mesmo algo tão aparentemente básico como a necessidade de alimentação não pode ser transformado no fundamento de uma abordagem culturalmente neutra da justiça, visto que uma dada cultura pode prescrever que a satisfação daquela necessidade deveria ceder em certas situações, se entrar em conflito com algumas necessidades não-biológicas, tais como as religiosas.[4]

Assim, quando Habermas vincula conceitualmente legitimidade à satisfação de necessidades, está definindo o último domínio de um modo que não está simplesmente confinado às satisfações materiais. Quanto a isto, faz perfeitamente sentido afirmar, por exemplo, que um cidadão de uma democracia "necessita" informações sobre questões políticas importantes; ou que uma pessoa que mantém uma atitude de reverência em relação à natureza tem uma "necessidade" de viver numa sociedade que trata a natureza de uma maneira substancialmente diferente daquela das sociedades industriais avançadas.

Poder-se-ia objetar aqui que, quando se usa necessidades neste sentido lato, se está simplesmente confundindo tipos distintos de padrões para fundamentar a justeza ou legitimidade das normas.[5] Por exemplo, poder-se-ia argumentar que a legitimidade deveria ser aferida pela conformidade a ideais morais, tais como os direitos naturais ou o imperativo categórico, e que estes não têm *nada* a ver com necessidades em qualquer sentido. Esta opinião, contudo, traz consigo problemas substanciais. Em sua versão kantiana mais estrita, essa opinião nunca pode realmente esclarecer porque qualquer um seria motivado por tais ideais. Caso se deva superar esta dificuldade, significará que ideais desse tipo têm de conquistar sua capacidade de motivar as pessoas em virtude de seu lugar em uma concepção do que é importante para o florescimento da vida humana; ao dizer isto se diz que eles têm de estar ligados a alguma espécie de interpretação de necessidades.

Adequadamente entendida, portanto, a ligação de Habermas de reivindicações normativas e satisfação de necessidades é bastante defensável. A questão a ser tratada agora é quais exigências as regras do discurso impõem a um indivíduo que propõe uma norma como legítima. Como foi mostrado no capítulo 3, é preciso submeter-se não somente a regras precisas de argumentação imparcial, como também a regras cujo efeito é expor à avaliação crítica a interpretação de necessidades que informam uma dada reivindicação normativa.[6] Esta exigência é particularmente importante pelo fato de trazer ao questionamento interpretações socialmente dominantes de necessidades, bem como outras. Em suma, o discurso requer um teste de reciprocidade quanto a como cada indivíduo interpreta suas necessidades em relação aos outros, que são potencialmente afetados pela reivindicação normativa desse indivíduo. A interpretação de necessidade implicada numa reivindicação normativa assim deve ser tal que possa ser "universalizada" — isto é, *"comunicativamente partilhada"* — se essa reivindicação for para resistir ao teste discursivo e ser, portanto, aceitável a todos os participantes.[7]

Supõe-se que o espaço conceitual crítico criado pela aplicação de regras discursivas permita o diálogo no qual os participantes têm, ao menos, a *possibilidade* de alcançar "interpretações" mais "verdadeiras de suas próprias necessidades particulares, bem como especialmente daquelas que são comuns e capazes de consenso".[8] Em matérias em relação às quais os participantes podem pressentir interpretações de necessidades comuns, eles podem descobrir um interesse generalizável. E normas que incorporam tais interesses serão aceitáveis para todos aqueles envolvidos no discurso.

Como indiquei acima, Habermas não está apresentando uma reivindicação sobre as necessidades e interesses que todos teriam *na* boa sociedade, e que qualquer um poderia descobrir se meramente sujeitasse a si mesmo às regras do discurso. Tal reivindicação universalista a respeito da forma da boa sociedade é sempre sem garantia, visto que tenta estabelecer de uma vez por todas o que tem de ser deixado em aberto, se a exigência de reciprocidade for levar em consideração vozes que não possam ter sido evidentes em qualquer dado discurso.[9]

A evolução da teoria da justiça de Rawls é instrutiva neste sentido, visto que ilustra o problema que Habermas acha inerente a qualquer tentativa de explicar a idéia de justiça em termos que são tanto universalistas quanto substantivamente determinados. Com referência a Rawls, deve-se lembrar também que seu véu de ignorância é considerado por Kohlberg como sendo uma interpretação adequada da exigência de reciprocidade. Cada indivíduo na posição original de Rawls deve pensar as vantagens e desvantagens de princípios de justiça alternativos do ponto de vista de diferentes papéis sociais porque é ignorante do papel que realmente ocupará.

Em *A Theory of Justice* (Uma Teoria da Justiça), os participantes da posição original não são, entretanto, totalmente ignorantes. Supõe-se que cada um valore certos bens primários. Esta suposição é garantida, de acordo com Rawls, porque qualquer indivíduo, a despeito do papel que possa encontrar a si mesmo ocupando após o véu ser erguido, considerará tais bens benéficos, ou, ao menos, não danosos. Esses bens incluem maior liberdade e oportunidade e maior riqueza e renda. Nos termos de Habermas, esta consideração de bens primários é também implicitamente uma consideração de necessidades universalizáveis. A vantagem a ser ganha, supondo que cada participante da posição original tem uma necessidade desses bens particulares, é que com tal suposição, as deliberações dos participantes resultarão num determinado acordo sobre princípios de justiça. O fato de a posição original realmente levar a uma escolha determinada é considerado por Rawls um grande avanço em relação ao formalismo de Kant, embora ao mesmo tempo retenha um *status* moral kantiano.[10]

A abordagem de Rawls, em *A Theory of Justice*, tem sido freqüentemente atacada por críticos (inclusive Habermas) com base em que a lista de bens primários — em particular o bem de maior riqueza e renda — é propensa para a espécie de necessidades cultivada num tipo *específico* de sociedade, isto é, aquele caracterizado por competitividade social e individualismo econômico.[11] Em recentes reflexões sobre sua teoria, Rawls tem tentado revisar sua concepção dos bens primários, a fim de evitar tal propensão, mas — o que é ainda mais importante — parece agora aceitar a crítica contextualista global de que uma avaliação substantiva da justiça como a sua não pode reivindicar universalidade. Como Michael Walzer afirma sucintamente: "Todas as avaliações substantivas da justiça são particulares."[12] Em conformidade com isto, Rawls admite que a sua é uma avaliação de justiça que reivindica validade somente para membros de "sociedades democráticas modernas."[13]

Aqui Habermas concordaria com esse *insight* contextualista, ao menos até o ponto em que se aplica a uma teoria como a de Rawls — isto é, uma teoria que incorpore *qualquer* conjunto substantivo de necessidades.[14] Tal incorporação invariavelmente viola a exigência de reciprocidade (discursivamente interpretada) no sentido que declara de uma vez por todas que algumas vozes potenciais (e as necessidades que expressam) não serão ouvidas adequadamente.

Embora o efeito das críticas de Habermas e dos contextualistas a Rawls sejam assim similares, Habermas, entretanto, pensa que a possibilidade de uma avaliação universalista da justiça ou legitimidade normativa não evapore em conseqüência disso. Mas o universalismo de um princípio de reciprocidade pós-convencionalmente interpretado só pode ser salvo se for desconectado da conceitualização "monológica" que recebeu na tradição formalista de Kant a Rawls, um modelo que inevitavelmente se enreda na espécie de problema particularista que Rawls experimenta.

O ponto de vista apropriado a partir do qual se entende a universalização é, ao contrário, dialógico, de procedimento: "o *procedimento* publicamente seguido de resgatar reivindicações de validade normativas discursivamente". É "somente através da estrutura comunicativa" de "um discurso realmente elaborado", envolvendo todos aqueles afetados por uma norma proposta, que a necessária "*troca de papéis* de cada um com todos os outros (é) forçada sobre nós".[15]

O ponto que Habermas quer trazer à baila, com sua ênfase no discurso real, pode ser ilustrado ainda mais considerando-se uma crítica comum dele. Philip Pettit, por exemplo, argumenta que o apelo que Habermas faz ao procedimento real do discurso trai uma simples confusão entre "a questão cognitiva de qual espécie de normas são justas", por um lado, e o "empreendimento organizacional", pragmático de resolver o problema de normas constitucionais básicas, por outro.[16] A afirmação de Pettit sobre a confusão por parte de Habermas resulta, todavia, de sua aceitação anterior de um modelo de necessidades biológico estrito. Tendo aceito este modelo rígido, Pettit certamente vê a questão cognitiva como uma questão para a qual uma resposta suficiente pode ser dada por um deliberador monológico, visto que a justeza de uma norma surgirá sob a mesma luz para ele como para todos os outros. Mas as deficiências de tal modelo biológico estrito de necessidades já foram salientadas. E uma vez o fundamento certo proporcionado por esse modelo seja posto em questão, a concepção toda de um deliberador monológico é também posta em questão, porque o que ele está representando para si mesmo, como o caráter necessário dos sujeitos de justiça, perdeu agora sua clareza.

II. Uma ética mínima

À luz da discussão acima e da crítica de Rawls, não é de se surpreender que Habermas se refira ao seu projeto discursivo como uma "ética mínima". Sua minimidade é uma função não apenas de sua restrição a questões de justiça (em oposição a todas as questões avaliativas), mas ainda mais de sua admissão de que não pode nos munir de normas de justiça substantivas sem ambigüidade. A ética comunicativa pode nos dirigir somente para uma maneira particular de pensar em procedimentos imparciais para adjudicar de reivindicações normativas.[17]

Uma boa pergunta a ser feita nesta altura é se a perspectiva discursiva é tão indeterminada que chegue a ser relativamente incapaz de proporcionar qualquer orientação ética efetiva para o pensamento e ação políticos. Acho que realmente proporciona alguma orientação importante e nesta seção começarei a indicar exatamente que tipos ela oferece.

No nível mais simples, a questão da "indeterminação" é relativamente fácil de ser liquidada. Simplesmente porque Habermas não proporciona princípios de justiça substantivos completamente determinados, isto não significa que sua posição deva ser inteiramente indeterminada ou vazia. Os critérios processuais de discurso podem ser facilmente encarados como proporcionadores de uma forma de indeterminação constrangida. O que exatamente isto impõe pode ser mostrado com maior clareza examinando-se as coerções específicas, como farei abaixo.

Uma outra forma de interpretar a suspeita de "vazio" poderia ser em termos da questão de se as exigências de uma ética comunicativa são tão abstraídas de contextos sociais concretos a ponto de torná-las incapazes de realmente motivar agentes a se conformar com elas. Esta questão de se as exigências abstratas da ética discursiva poderiam *efetivamente* motivar pessoas está relacionada com a questão de se é *legítimo* impor tais exigências abstratas "irrealistas" aos indivíduos. Desejo discutir esta última questão primeiramente. Ao tratar dela, poderei explicar mais detalhadamente algumas das coerções específicas impostas pela perspectiva de Habermas (A). Estes estando esclarecidos, retornarei à questão da abstratividade e motivação (B).

A. Tem sido argumentado que uma ética pós-convencional como a de Habermas ou a de Rawls, que incorpora critérios muito fortes de eqüidade, é irrealista a ponto de ser de certo modo ilegítima.[18] "Forte" aqui significa simplesmente que um dado agente pode achar que há uma lacuna substantiva entre o que os critérios requerem e o que ele inicialmente percebe ser de seu interesse. Tem sido argumentado contra tais critérios propostos ("véu de ignorância" ou regras de discurso) que são tão fortes a ponto de constituir uma imposição ilegítima sobre o indivíduo. Estes critérios violam o próprio âmago da identidade individual ao colocar coerções não garantidas sobre o que se pode reter com direito como interesses básicos próprios ou empreender como parte do próprio "projeto-fundamento" na vida.[19]

Essa imagem de padrões abstratos, estranhos sendo impostos sobre pessoas concretamente situadas que respiram, agem, realmente guarda ao seu redor um ar inicial de ilegitimidade. Mas este ar pode ser ao menos parcialmente disperso no caso da ética comunicativa. A razão disto repousa na maneira que Habermas conceitualiza a relação entre o discurso prático e a reivindicação de um agente à racionalidade. O grau de reciprocidade exigido pelo discurso não é algo *imposto externamente* sobre agentes, mas sim algo que (como foi mostrado no capítulo 3) é *internamente pressuposto* por eles até o ponto em que fazem reivindicações normativas uns aos outros. As regras do discurso são que os agentes têm de fazer suas reivindicações normativas se conformar, se é que vão sustentar o caráter raciocinado de seus atos ilocucionais. Conceitualizar o problema desta maneira não dissolve, é claro, a dificuldade dos choques entre o indivíduo e as exigências pós-convencionais de eqüidade; indica, todavia, que estas últimas não podem tão facilmente ser lançadas no papel de um conjunto ilegitimamente dominante de coerções abstratas.

Uma questão importante, que precisa ser esclarecida aqui, é o que exatamente é exigido dos indivíduos, quando concordam em levar até o fim as exigências de eqüidade interpretadas discursivamente. Como foi mostrado antes, quando se tenta justificar uma reivindicação normativa, se é obrigado a demonstrar que os interesses que lhe são subjacentes são generalizáveis em vez de meramente particulares. Em alguns casos esta demonstração e um subseqüente acordo poderiam ocorrer facilmente. Por exemplo, regras e leis de trânsito referentes ao assassinato podem ser vistas como apoiadas em interesses generalizáveis na segurança e inviolabilidade das pessoas.[20] Porém, é claro, muitas das questões da ética e da política não são tão passíveis de uma solução simples. O que a ética comunicativa exige que os agentes façam, quando o acordo não é tão facilmente alcançado? As regras do discurso exigem que os agentes reflitam sinceramente sobre as diferentes interpretações necessárias subjacentes aos seus conceitos respectivos, mas conflitantes, sobre quais interesses são generalizáveis.[21] Isto significa que devem exibir uma espécie de flexibilidade crítica constante: uma vontade de reconsiderar e possivelmente modificar suas interpretações de necessidades, quando pareçam manifestar reivindicações mais fracas para a universalidade do que as alternativas. Analisarei as implicações desta coerção logo adiante. A este ponto, porém, a única coisa que é necessário enfatizar é que o resultado de tais reflexões discursivas sobre necessidades não significa necessariamente qualquer consenso (muito menos qualquer revelação a respeito de necessidades humanas "genuínas").

A exigência de flexibilidade, portanto, não proporciona nenhuma fórmula mágica para garantir que os agentes alcancem interesses generalizáveis. Se este for o caso, entretanto, que orientação oferecerá a ética comunicativa quando os agentes parecem ter exibido tal flexibilidade e ainda assim não conseguem chegar a um consenso quanto a interesses? Quando os interesses continuam em conflito — isto é, não se provam suscetíveis de generalização — o recurso a ser empregado é o compromisso.[22]

A posição de Habermas aqui é geralmente mal compreendida num ou noutro grau. Sua referência ao compromisso é usualmente vista com suspeita, dada sua reivindicação aparentemente contraditória de que ele pode nos mostrar um caminho para fora de um pluralismo weberiano "impenetrável" de valores, necessidades e interesses conflitantes.[23] Esta última reivindicação levou críticos a inferir que Habermas, embora fale de compromisso, nutre realmente um profundo desprezo por ele, vendo-o como uma "imperfeição eliminável" resultante das falhas dos indivíduos existentes, que ainda não desenvolveram as necessidades humanas "genuínas" que os membros de uma sociedade "emancipada" teriam.[24] Já mostrei que não há tal agenda oculta na ética comunicativa quanto à questão de necessidades genuínas, de modo que essa interpretação de Habermas é simplesmente errônea.

Mas se é errônea, como pode uma perspectiva discursiva nos levar além de um pluralismo totalmente impenetrável e à necessidade resultante de se resignar a dizer, uma ética de simples contratabilidade, que somente procura bons negócios funcionais entre interesses conflitantes? Tal alternativa pode parecer a única direção a se tomar, se se abandona o forte universalismo da teoria da justiça de Rawls, mas ainda aspira falar de alguns critérios universais mínimos para lidar com disputas normativas. J. L. Mackie, por exemplo, propôs meramente tal simples contratabilidade como a única espécie sustentável de ética mínima.[25] Caso se compare a posição de Mackie quanto à matéria do compromisso com a de Habermas, pode-se ver, ao menos, um efeito do indeterminismo coercitivo do último, o que provê uma penetração parcial de um pluralismo extremo.

Rejeitando critérios fortes, pós-convencionais para acordos eqüitativos, Mackie afirma que devemos ser mais modestos e simplesmente buscar compromissos que se revelem aceitáveis a quaisquer "diferentes pontos de vista efetivos" e interesses que estejam envolvidos.[26] Embora esta recomendação possua em torno de si um atraente ar de realismo, ganha, todavia, tal realismo à custa de um tácito endosso de quaisquer estruturas de desigualdade que possam existir numa dada sociedade. Tal ética atribuirá uma legitimidade desqualificada a compromissos que solidificam inicialmente posições de barganha desiguais.[27] Isto é porque ela não possui nenhuma forma de distinguir compromissos que são aceitáveis *mas* ilegítimos daqueles que são aceitáveis *e* legítimos. Um exemplo dos primeiros seria um acordo que uma pessoa desfavorecida aceita sob razões de *prudência*, mesmo que essa aceitação ocorra sob condições de coerção. O problema, como Habermas o coloca, com uma perspectiva como a de Mackie, é que ela não pode diferenciar adequadamente "reivindicações de validade de reivindicações de poder".[28] Isto é, não consegue fornecer padrões úteis para reconhecer quando arranjos que possam parecer consensuais são realmente função de relações de poder. Este é um aspecto ético crucial de uma abordagem crítica da teoria e prática da política.

De uma perspectiva habermasiana, as "diretrizes básicas para a construção de compromissos devem elas próprias ser justificadas" em termos discursivos. Isto por si só pode suprir um padrão para separar compromissos legítimos dos ilegítimos. Em particular, as ênfases discursivas sobre a igualdade, participação, não-falácia e não-manipulação processuais fornecem critérios em relação aos quais os compromissos têm de ser levados em conta.[29] Estas coerções discursivas a respeito de compromisso não nos dão, contudo, uma fórmula ou método preciso para separar, de modo não-ambíguo, compromissos legítimos de ilegítimos. Em outras palavras, embora se possa dizer que um dado compromisso não deva se apoiar em manipulação ou vantagens unilaterais derivadas de uma posição de barganha desigual, essas prescrições devem sempre ser interpretadas e aplicadas por agentes que operam dentro de uma tradição cultural particular. Assim, por exemplo, não se pode afirmar categoricamente que, porque as reivindicações normativas devam ser avaliadas de uma perspectiva de igualdade, os agentes não possam nunca aceitar reivindicações que impõem relações sociais, que permitem diferentes tipos de desigualdades. O que o indeterminismo coercitivo realmente nos permite fazer, todavia, é *deslocar a carga de prova* em argumentação normativa de onde repousa na ética mínima de Mackie. E deslocando a carga de prova, a ética comunicativa desloca a responsabilidade de abandonar a razão a favor da força. Em alguns casos em que a desigualdade entre agentes existe, uma estrutura como a de Mackie confrontará o agente desfavorecido com a escolha de aceitar uma barganha "legítima", que confirma sua desigualdade, ou de romper o diálogo raciocinado e usar força — isto é, uma escolha que renuncia à reivindicação da legitimidade moral. Na ética comunicativa, por outro lado, é o agente privilegiado que é confrontado com a escolha de ou demonstrar a que grau sua desigualdade pode ser discursivamente justificada ou de contar com a coerção para defender aquela desigualdade — mais uma vez uma escolha que renuncia à reivindicação da legitimidade moral, só que desta vez as mesas estão viradas.

Nesta linha de argumentação, pode-se começar a ver porque o fundamento normativo de Habermas conduz ao que Paul Ricoeur chama de uma hermenêutica da "suspeita".[30] Fornece-nos uma orientação ética para estruturas de desigualdade tais como aquelas estruturas são, ao menos *inicialmente*, sempre submetidas a interpretações que as esclarecem como possíveis estruturas de poder.

B. Os argumentos de Habermas sobre compromisso entram em jogo, como eu disse, em situações nas quais a sincera reflexão dos participantes no discurso não os leva a descobrirem interesses generalizáveis. Desejo voltar-me agora à questão do que o critério da reflexão sincera em necessidades realmente impõe. Que espécie de critério é este e que espécie de orientação ética, se é que tal existe, ele proporciona?

As regras do discurso requerem uma elucidação reflexiva das interpretações de necessidades que estão subjacentes às normas disputadas. Quando cada agente assume esta atitude reflexiva, crítica em relação às normas propostas por um outro agente, força o outro a ser reflexivo autocriticamente a respeito de suas próprias necessidades e sua universalidade. À medida em que necessidades são examinadas à luz dialógica, sem distorção do discurso, os agentes têm a possibilidade de alcançar interpretações mais verdadeiras de suas próprias necessidades particulares bem como daquelas que podem ser partilhadas comunicativamente.[31]

O tipo de flexibilidade de necessidade exigido pela ética comunicativa parece colocar uma exigência bastante pesada sobre a estrutura de personalidade do indivíduo. É realmente plausível esperar que tal auto-análise, com sua "crítica e justificação das interpretações de necessidades [possam] adquirir o poder de orientar ação?[32] Tal exigência é realmente implausível, se se imagina um indivíduo pondo sua total estrutura de necessidades — e assim sua própria identidade — em questão. Infelizmente, Habermas por vezes atribuiu crédito a esse tipo de interpretação da exigência de flexibilidade declarando, por exemplo, que, no caso dos agentes que conseguem tal flexibilidade, "a natureza interna ... é movida para uma perspectiva utópica".[33] Tais declarações radicais, contudo, devem ser tomadas dentro do contexto de outras que mostram um claro reconhecimento dos limites da flexibilidade. Os indivíduos não podem mudar suas estruturas de necessidades básicas de uma forma camaleônica. A atitude hipotética, discursiva que os agentes podem assumir em relação a uma norma contestada, realmente exige reflexão sobre a relação entre aquela norma e a satisfação de necessidade que ela implica. Mas este tipo de questionamento seqüencial, trazido à tona em situações de reivindicações disputadas, não é a mesma coisa que o proveitoso questionamento cabal de toda a estrutura de necessidades de alguém. Não é simplesmente psicologicamente plausível conceber a indivíduos de vontade livre desejando — sob o imperativo da razão discursiva — esta última espécie de experiência. A ética discursiva, Habermas admite, não exige tal "atitude hipotética" radical com relação à "própria forma da vida e história da vida em termos de que [agentes] construíram sua identidade."[34]

A fim de ter uma idéia mais clara do que Habermas realmente tem em mente com sua noção de interpretações de necessidades flexíveis, é necessário voltar-se para o que ele tem a dizer sobre a questão da "identidade" tanto individual quanto coletiva. Por "identidade", Habermas quer dizer "a estrutura simbólica que permite a um sistema de personalidades assegurar continuidade e consistência".[35] Numa tentativa de integrar pesquisa em psicologia do ego à sua própria análise de competência interativa, Habermas postula três estágios básicos da formação da identidade individual correspondentes aos três níveis de desenvolvimento nos domínios da cognição, interação e consciência moral (discutido no capítulo 3). Ele distingue "identidade natural", "identidade do papel" e "identidade do ego". A última destas é obviamente a mais importante para nossas preocupações de momento, visto que é a única estrutura simbólica na qual uma pessoa pode satisfazer tanto as exigências psicológicas de consistência quanto as exigências pós-convencionais de ética discursiva.

No primeiro nível a criança desenvolve uma "identidade natural" baseada em sua capacidade de distinguir a si mesma do seu ambiente, mas ela não distingue ainda entre os objetos físicos e sociais de seu ambiente. Esta identidade natural se rompe quando "a criança assimila as generalidades simbólicas de uns poucos papéis fundamentais em seu ambiente familiar e, mais tarde, as normas de ação de grupos expandidos". O resultado é uma "identidade de papel simbolicamente sustentada" correspondente ao nível II. Na adolescência, os indivíduos geralmente substituem sua identidade de papel limitada à família por uma identidade de papel limitada a grupos mais abstratos; "tipicamente a grupos definidos ocupacionais e de *status*, geralmente em conexão com papéis de membros, sejam eles regionais, nacionais, políticos ou lingüístico-culturais".[36]

Finalmente, no nível III,

"os desempenhadores de papéis [são] transformados em pessoas que podem afirmar suas identidades independentemente de papéis concretos e sistemas particulares de normas. Estamos supondo aqui que o jovem adquiriu a importante distinção entre normas, por um lado, e princípios de acordo com os quais podemos gerar normas, por outro lado — e assim a capacidade para julgar de acordo com princípios. Ele leva em consideração que formas de vida tradicionalmente estabelecidas podem se revelar como sendo meras convenções, como sendo irracionais. Assim ele precisa retrair seu ego por trás da linha de todos os papéis e normas particulares e estabilizá-lo somente através da capacidade abstrata de se apresentar com credibilidade em qualquer situação, como alguém que pode satisfazer as exigências de consistência mesmo em face de expectativas de papéis incompatíveis e pela passagem por uma seqüência de períodos contraditórios na vida".[37]

Um ego, do qual se espera que julgue qualquer norma dada à luz de princípios internalizados, isto é, considerá-los hipoteticamente e prover justificações, não pode mais vincular sua identidade a papéis e conjuntos de normas pré-dados particulares. *Agora a continuidade só pode ser estabelecida através da própria realização integrante do ego.* Esta capacidade é paradigmaticamente exercida quando a criança em crescimento desiste de suas primeiras identidades, que estão vinculadas a papéis familiares, em favor de identidades mais e mais abstratas ligadas finalmente às instituições e tradições da comunidade política. *Ao ponto em que o ego generaliza essa capacidade de* superar uma velha identidade e construir uma nova e aprende a resolver crises de identidade, restabelecendo, em um nível mais elevado, o equilíbrio abalado entre si mesmo e uma realidade social alterada, a identidade de papel é substituída pela identidade do ego.[38]

A linguagem de identidades "velha" e "nova" aqui não deveria ser tomada num sentido totalmente disjuntivo, mas sim num sentido dialético de substituição e preservação, no qual o velho é integrado na estrutura do novo. O conceito de identidade-ego não se refere tanto ao conteúdo da nova identidade como se refere à capacidade integrativa necessária para construí-lo e mantê-lo.

Embora a estrutura simbólica da identidade-ego emerja primeiramente nas experiências conflitantes da adolescência, se enraíza solidamente no indivíduo somente no grau em que a capacidade integrativa, que resolveu aqueles conflitos, não permaneça mais inativa daí por diante. Em situações novas de conflito, o indivíduo tem de recorrer a essa capacidade integrativa "para organizar a si mesmo e suas interações — sob a orientação de princípios e modalidades gerais de procedimento — numa história de vida única".[39]

A referência a situações de conflito é crucial, porque chama a atenção para o fato de que a mais desenvolvida estrutura de auto-identificação não estabiliza a si mesma apenas como um resultado de alguma dinâmica interna. A capacidade integrativa, que a estrutura da identidade-ego torna disponível, só é mais desenvolvida quando uma mudança no ambiente social cria uma situação em que o caráter substantiva da identidade de alguém não está mais em equilíbrio com aquele ambiente. E tais fenômenos indutores de desequilíbrio podem ser de muitos tipos, por exemplo um dilema moral que surge na vida pessoal de alguém. Habermas, entretanto, está muito mais interessado em dilemas que são induzidos por fenômenos que têm uma significação coletiva e, assim, um impacto na "identidade coletiva". O elo entre o nível individual e o nível coletivo é crucial pois

> "as características de auto-identificação têm de ser reconhecidas intersubjetivamente, se a identidade da pessoa tiver que receber uma sólida base. Aquilo que distingue o eu dos outros tem de ser reconhecido pelos outros. A unidade simbólica da pessoa, produzida e mantida pela auto-identificação, repousa, por sua vez, no pertencer à realidade simbólica de um grupo, na possibilidade de uma localização dentro do mundo desse grupo."[40]

Essa preocupação pela identidade coletiva está entrelaçada com o problema da motivação. Diferentemente de Kohlberg, que afirma sem rebuços que o indivíduo "que conhece o bem, quer o bem", Habermas considera a conexão entre identidade e discernimento moral, por um lado, e ação, mais problemática, por outro. Se não houver identidade coletiva complementar, adequada "então a moralidade universalista bem como as correspondentes estruturas do ego, terão de permanecer uma mera exigência; isto é, particular e ocasionalmente podem ser realizadas sem se tornar substancialmente determinativas para a vida social."[41]

Devido às raízes intelectuais da Escola de Frankfurt, não chega a surpreender ver Habermas se concentrando na interação do individual e o coletivo em situações de conflito. O tipo de tese que ele deseja formular nesse sentido é que as bases familiares, tanto da identidade individual quanto da coletiva, em sociedades industriais avançadas, estão sendo postas em questão por fenômenos associados com o desenvolvimento sistemático dessas sociedades. O rápido ritmo da transformação social e a deterioração das tradições nas sociedades industrializadas contemporâneas estão criando condições nas quais os pontos fixos, em torno dos quais a identidade tradicionalmente se cristalizou, estão sendo postos cada vez mais em questão.[42] Não é preciso olhar para os argumentos específicos de Habermas para se impressionar com as dimensões desse problema. Muitos outros indagaram: em que grau pode a identidade dos membros de sociedades industrializadas continuar a se cristalizar em torno das características de "individualismo possessivo", quando os custos ecológicos resultantes se tornam cada vez mais claros? De modo semelhante, qual o grau de adequação de identidades coletivas definidas quase exclusivamente em termos de unidades políticas *nacionais* e *territoriais,* quando a tecnologia da guerra e processos industriais nos ameaça tanto com a rápida aniquilação *global* quanto com crises *globais* a longo prazo (por exemplo, o "efeito-estufa")?

No entanto, à medida que as amarras de tais pontos de referência, tradicionalmente fixados para a identidade moderna, começam a se afrouxar, a infra-estrutura cognitiva das tradições morais, políticas e legais modernas não se afrouxa. Uma consciência moral pós-convencional, argumenta Habermas, continua a apresentar o ego com a expectativa de que as normas deveriam ser julgadas "à luz de princípios internalizados".[43] Dada esta situação, uma identidade, que é tanto estável quanto de acordo com critérios pós-convencionais, tem de ser uma identidade cada vez mais vinculada à experiência de exercitar continuamente a capacidade integrativa de cada um no contexto das transformações, que não podem ser levadas a uma fácil acomodação com as bases familiares da identidade moderna.[44] Agora: parte do que está envolvido no exercício dessa capacidade integrativa é uma atitude reflexiva com relação às interpretações de necessidades de cada um. E a partir do que já foi dito, fica claro que uma das mais importantes dimensões de tal reflexão é a sensibilidade crescente a maneiras nas quais as interpretações de necessidades possam ser internamente relacionadas a formas de vida, que provavelmente se tornarão cada vez mais frustrantes e destrutivas no futuro.

A significação do mencionado acima para a ética comunicativa é que a exigência de flexibilidade de necessidades pode agora ser vista não como mera exigência abstrata; ao contrário, é uma exigência que está intimamente relacionada a dificuldades concretas que os indivíduos enfrentam ao lidar com a pressão social e cultural contemporânea. Isto significa que a aparência das motivações que sustentam uma ética comunicativa possui alguma base concreta, histórica.[45] Esta linha de argumento será retomada no último capítulo.

Inventariando agora o que foi dito neste capítulo sobre a forma particular de pós-convencionalismo oferecida pela ética comunicativa, pode-se ver que ela parece evitar muitos dos problemas atribuídos freqüentemente às filosofias morais e políticas universalistas. Particularmente, as idéias de núcleo de reconhecimento intersubjetivo e igual consideração tornam o universalismo da ética comunicativa um universalismo que não é "imperialista" no sentido de sempre ameaçar reprimir o "outro". Isto pode ser percebido em todos os seus conceitos-chaves: na ênfase no discurso real; na conexão do critério de interesses generalizáveis ao compromisso e, finalmente, na interpretação dada às exigências de um ego maduro, autônomo. A abertura ao "outro" aparece, de modo especial, claramente no último destes conceitos. Neste sentido é interessante ver como Habermas compara o eu kantiano com a estrutura do eu compatível com a ética comunicativa. O primeiro eu opera a serviço de uma ética formal, universalista do dever, dominando cada nova situação submetendo-a ao teste do imperativo categórico. O que permanece carente de exame, todavia, são os valores culturais predominantes e as interpretações de necessidades às quais eles dão origem. Estes sempre influenciarão o processo de teste; isto é, como o imperativo categórico deve ser interpretado numa dada situação dependerá, ao menos parcialmente, do modo como as necessidades são interpretadas. Por exemplo, não é difícil ver um pai americano do século XIX proibindo sua filha adolescente de estudar medicina, alegando que não é apropriado para mulheres, dada a sua "natureza", assumir profissões. Tal pai podia, em sã consciência, determinar sua proscrição como uma lei universal.

Se não estou enganado, é precisamente a ameaça de tal repressão do "outro" e suas reivindicações potenciais o que anima os críticos contemporâneos das filosofias morais e políticas universalistas. O universalismo parece inevitavelmente suportar uma noção de autonomia definida em termos da rígida independência do ego das situações que o confrontam — e assim algum tipo de isolamento das reivindicações do outro, particularmente quando têm um caráter radicalmente diferente. Este "rigorismo moral", evidente em Kohlberg e Kant, tem de ser comparado, afirma Habermas, com a imagem de autonomia que pode derivar das noções de identidade-ego e interpretação comunicativa da reciprocidade. A reflexividade e flexibilidade críticas em relação a interpretações de necessidades exigidas por essas noções não podem ser realizadas através de um estilo monológico, independente de situação de cognição e julgamento. Pelo contrário, somente pode conseguir seu direito no diálogo que exige

> "sensibilidade, barreiras contra insucesso, dependência — em síntese, um estilo cognitivo marcado como dependente de campo, que o ego, a caminho da autonomia, primeiramente superou e substituiu por um estilo independente de campo de percepção e pensamento".[46]

No centro da ética comunicativa, portanto, está a imagem da conversação aberta, isto é, uma conversação na qual se é obrigado a ouvir outras vozes.[47] Tal conversação em última instância, deve ser encarada como um "processo de aprendizado contínuo", no qual diferentes experiências são partilhadas nos processos de reconhecer mais claramente quem somos e quem queremos nos tornar.[48]

Essa obrigação de ouvir, de ser aberto possui um caráter duplo. Por um lado, temos a abertura formal do discurso prático. Mas seguir as regras do discurso não promove, por si só, o tipo de personalidade que é existencialmente aberta à reflexividade crítica em relação a necessidades. Por isso, diz Habermas, temos de olhar para a dimensão estética. Formas de comunicação, para as quais fluem a experiência estética e a imaginação, não são redutíveis ao discurso. As primeiras permanecem, entretanto, num "relacionamento interno" com o discurso, pois sem elas a exigência de reflexividade e flexibilidade não teria muito potencial para lançar nova luz sobre necessidades e possíveis formas de vida diferentes daquelas que prevalecem numa dada sociedade.[49] Contrariamente à experiência cotidiana, na qual os valores culturais tradicionais funcionam como "matrizes de acordo com as quais as necessidades são modeladas", na experiência e crítica estéticas, é permitido acesso mais livre "às possibilidades interpretativas de ... tradições culturais."[50] Deste ponto de vista, a experiência estética possui o potencial para ajudar a evitar "uma estagnação das estruturas do discurso prático."[51]

Neste ponto, o apelo de Habermas à dimensão estética poderia parecer um tanto abrupto e sua conexão com os temas da ética discursiva um pouco planejada. Uma vez tenha eu elucidado sua concepção de modernidade e seus problemas, porém, a conexão entre a razão comunicativa e a dimensão estética tornar-se-á mais aparente.

III. Uma voz diferente na conversação

Agora que algumas das idéias-chaves da ética comunicativa foram dissecadas, é importante considerar o que é um dos mais provocativos reptos recentes à tradição kantiana e ver a que ponto gera dificuldades para a posição de Habermas. O repto vem do trabalho de Carol Gilligan sobre as qualidades particulares do pensar moral nas mulheres.[52] O objeto imediato de sua crítica é o trabalho de Kohlberg. Ela compara o foco de Kohlberg na "ética de justiça" kantiana que enfatiza direitos, eqüidade, reivindicações de equilíbrio, separação e autonomia com seu próprio foco na ética da "responsabilidade e cuidado", que se concentra na compaixão, evitar do dano, sensibilidade-contexto, conectividade e interdependência.[53] O trabalho de Kohlberg e a tradição kantiana como um todo, tendem a negligenciar essa segunda voz da moralidade que fala, Gilligan afirma, mais claramente na experiência das mulheres. Esta unilateralidade levou não só a uma compreensão inadequada do desenvolvimento moral, no sentido de que as mulheres são freqüentemente julgadas como deficientes em termos de desenvolvimento, como também a uma concepção inadequada do estágio mais elevado, ou mais maduro do julgamento moral. Gilligan argumenta que tal estágio deveria ser marcado por uma integração das duas vozes: a da eqüidade e autonomia individuais, por um lado, com a do cuidado e conectividade, por outro.[54]

Habermas discutiu o pesquisa de Gilligan e parece aceitar muito de sua substância, ao menos até o ponto em que proporciona alguns fundamentos empíricos para questionar a conceitualização do ponto de vista moral, que informa a reconstrução de Kohlberg do desenvolvimento moral. Entretanto, quando o ponto de vista moral é reinterpretado nas linhas sugeridas pelo modelo comunicativo, Habermas acha que o trabalho de Gilligan pode então ser visto como assaz compatível com o modo como ele quer prever o progresso do juízo moral.⁵⁵ Como já mostrei, a interpretação comunicativa do mais elevado estágio da moralidade renuncia ao "rigorismo moral" e à certeza do juízo associados à ética kantiana em geral e às formulações de Kohlberg em particular. Muito do ímpeto da crítica de Gilligan corre em paralelo com os *insights* da ética comunicativa. Isto é particularmente evidente na visão de Gilligan de uma concepção madura da moralidade na qual "o diálogo substitui a dedução lógica como modo de descoberta moral" e o núcleo processual do que é "um processo de comunicação para discutir a posição do outro e discernir a cadeia de conexões através da qual as conseqüências da ação se estendem."⁵⁶

Com base no seu modelo comunicativo, então, Habermas deseja essencialmente postular que as duas vozes de moralidade, representadas por Kohlberg e Gilligan podem ser interpretadas como aspectos diferentes de uma única voz mais rica. Nessa disposição, Habermas traça todo o debate em termos do "problema da mediação entre *Moralität* e *Sittlichkeit*", isto é, entre a parte da moralidade que lida com critérios de justiça universalistas e o julgamento abstrato de ordens institucionais, por um lado, e a parte que encerra relações concretas e configurações de valor peculiares a dadas formas de vida, por outro.⁵⁷ Num "mundo da vida racionalizado" moderno, argumenta Habermas, questões morais devem, "em primeira instância", ser formadas "como questões de justiça". Mas esta formação, por si só, não produz soluções determinadas para problemas morais, que exigem apenas ser "implementados" em situações concretas de conflito. Este erro, perpetuado por Kohlberg, omite o que é um problema inevitável: "reintroduz... respostas desmotivadas a questões descontextualizadas de volta à prática."⁵⁸ É este problema que o trabalho de Gilligan, adequadamente compreendido, ajuda a esclarecer. É um problema de "habilidade hermenêutica", de relacionar critérios abstratos, gerais a situações específicas, uma habilidade que conta essencialmente com a "sensibilidade ao contexto".⁵⁹

Neste ponto, poder-se-ia começar suspeitar que Habermas está de algum modo reduzindo a significação da segunda voz, dando-lhe um papel subordinado. Mas esta imagem de um papel superior e inferior aqui é má interpretação do modelo comunicativo. Não há sentido em que um ou outro papel possa reivindicar um *status* superior. Isto pode ser visto se olharmos para um elemento-chave daquilo que ser sensível ao contexto requer dentro do modelo comunicativo. Emoções tais como cuidado e compaixão, que são integrantes da segunda voz, também são integrantes da ética comunicativa, porque permanecem numa "relação interna" com a espécie de realizações cognitivas esperadas dos participantes do discurso. Isto é, há "condição(ões) emocional(ais)" necessária(s) para as operações cognitivas pós-convencionais de outros seriamente envolvidos no diálogo moral, bem como de imaginar o dano que normas alternativas possam realmente acarretar para as necessidades e interesses dos outros. Em outras palavras, uma ética comunicativa é mutilada se opera num vácuo emocional.⁶⁰

Se se toma os argumentos de Habermas sobre compatibilidade para ser persuasivo, é importante, todavia, não interpretá-los como de algum modo *incluindo* os *insights* de Gilligan num modelo comunicativo. Um modelo comunicativo pode realmente identificar as deficiências do rigorismo moral e, assim fazendo, identificar os pontos nos quais a tradição formalista tem de *se abrir* para uma outra dimensão da experiência moral (exatamente como tem de se abrir para a dimensão da experiência estética, como foi indicado antes). Mas ela não pode, por si mesma, nos munir de qualquer consideração dessa dimensão. A razão para isto é que, dentro do modelo comunicativo, o domínio da moralidade adquire visão *direta* somente à medida em que os sujeitos confrontam as reivindicações de cada um no discurso. Em outras palavras, o modelo principia, como diz Gilligan, com a experiência de diferença e separação, muito mais do que com a experiência de apego e relacionamento.[61] Se este for o caso, tem-se de concluir que qualquer tentativa de aprofundar os *insights* de Habermas naquilo que uma orientação comunicativa realmente impõe, terá de fazer uso exaustivo de fontes como Gilligan, que exploram o lado social do ser humano, não em termos de reivindicações de linguagem e normas contestadas, mas em termos de nosso caráter como criaturas, constituídas por relações concretas e a necessidade de prover atento cuidado, a longo prazo, para seus jovens.[62]

IV. O modelo comunicativo e a teoria política: um elo inicial

Neste capítulo e nos precedentes, expliquei as idéias da ação e racionalidade comunicativas e mostrei como orientam nossas reflexões morais. Em outras palavras, o modelo do sujeito de Habermas foi esboçado junto com de algumas de suas implicações morais. Ademais, argumentou-se que a orientação moral derivada da posição de Habermas está um tanto próxima da orientação que os críticos do universalismo abraçam, embora tendam a pensar que só pode ser conseguida rompendo-se com todas as formas de universalismo.

Deve-se enfatizar novamente que falar de uma orientação moral mínima aqui não é falar de normas de ação substantivas, sem ambigüidade, mas sim de uma concentração da atenção moral-política e priorização de questões a serem feitas em situações de conflito. Esta concentração e correspondente prioridade tornar-se-ão mais nítidas uma vez eu tenha esboçado a teoria de Habermas de evolução social e modernidade, bem como a interpretação correlata de capitalismo contemporâneo. Antes de me ater a tais assuntos, todavia, quero conferir algum sentido a como a compreensão de ação e razão do modelo comunicativo pode produzir interpretações provocativas de outros conceitos básicos.

Considere-se o debate sobre o conceito de poder, ao menos como ele tem sido realizado na teoria política anglo-americana desde a década de 60. Originalmente verbalizado em termos de modelos pluralistas ou elitistas e processos de tomada de decisão e não-tomada de decisão, esse debate tem, desde então, dado origem a amplas reflexões filosóficas e metodológicas.

Muitas definições de poder estão conceitualmente relacionadas ao conceito de interesse. Em termos bem simples, um exercício de poder por parte de um agente é de alguma forma contrário aos interesses de algum outro agente. Pluralistas argumentaram que o único meio sensato de atribuir interesses a um agente é se ele expressar uma preferência por alguma alternativa política disponível. Esta forma de operacionalizar o conceito de interesse — e assim também o poder — é defendida tanto no terreno científico quanto no moral.⁶³ Cientificamente, esta forma de pensar sobre interesses está ligada de modo mais fácil a análises de poder empiricamente verificáveis; do ponto de vista moral, caminha livre do autoritarismo latente que inevitavelmente parece espreitar por trás de qualquer tentativa de atribuir interesses "reais" a pessoas que divergem de seus interesses expressos — com esta lacuna sendo explicada em termos de ideologia ou falsa consciência.

Críticos dos pluralistas têm argumentado contrariamente que os conceitos de interesses reais e consciência manipulada não são tão facilmente abscondidos sob o tapete do teórico social.⁶⁴ Análises de poder que empregam esses conceitos podem ser conduzidas de tal modo que sejam empiricamente verificáveis, pelo menos até certo ponto.⁶⁵ Com relação a implicações morais, os críticos argumentaram que os pluralistas simplesmente fecharam seus olhos conceituais a inúmeras maneiras nas quais os interesses são moldados de forma sutil, mas efetiva, por processos sociais, de modo a manter o *status quo* numa sociedade existente.⁶⁶ E não é necessário pagar esse preço, afirmam os críticos, se pudesse ser encontrada uma maneira de conceitualizar interesses reais que não se prestasse à manipulação autoritária.

É neste ponto que o modelo comunicativo de Habermas é particularmente útil. Ele proporciona dois componentes-chave de qualquer conceitualização defensável de interesses reais: algum modelo do agente e alguns critérios para pensar sobre condições que promovem ou obstam o exercício de sua racionalidade. Entre os críticos do pluralismo, William Connolly desenvolveu provavelmente a melhor amostra desse tipo de análise. Entretanto, quero argumentar que sua estrutura pode receber maior coerência, se for repensada em termos comunicativos.

Connolly argumenta que, quando estamos considerando arranjos políticos coletivos, podemos dizer de um indivíduo, A, que:

> "A política X é mais do interesse real de A do que a política Y, se A, ao experimentar os resultados tanto de X como Y, escolhesse X como o resultado que preferiria para si mesmo.⁶⁷"

Então Connolly frisa que essa definição é apenas uma "primeira aproximação" e está ciente de que poderia ser interpretada simplesmente como uma regra de cálculo útil para um agente político estreitamente auto-interessado, preocupado em ser tão eficiente quanto possível no esclarecimento e perseguição reflexivos de seu auto-interesse.⁶⁸ A maneira de Connolly evitar este tipo de interpretação é argumentar que o modelo exclusivamente estratégico-racional do homem que pressupõe não caracteriza adequadamente "nossas idéias compartilhadas sobre pessoas e responsabilidade." Estas idéias têm uma certa forma, que pode ser entendida reconstruindo "as hipóteses e compromissos de profundidade embutidos na linguagem e relações da vida social". Em outras palavras, Connolly quer reivindicar que o modo como sua definição dos interesses reais de um agente deve ser entendida pode ser refreado por um "argumento transcendental vagamente limitado" sobre agentes e responsabilidade.⁶⁹

Entre as reivindicações específicas que ele faz sobre como interesses reais deveriam ser interpretados, Connolly inclui as noções de que é do interesse real de um agente "desenvolver a *capacidade* de agir como uma pessoa moralmente responsável e levar em consideração não suas "carências particulares" mas seu(s) "interesse(s) de ordem mais elevada ... como um ser social", isto é, seu interesse em como políticas alternativas ou fomentam ou solapam formas de vida que incorporam relações humanas mutuamente gratificantes.[70]

Está claro que a curta definição de Connolly é só o início de uma rica consideração das condições e critérios adequados para deliberar sobre interesses reais. Para seu crédito ele não oferece uma estrutura normativa fechada da qual deriva uma reivindicação substancial sobre interesses reais; pelo contrário, ele tenta integrar cuidadosamente em sua consideração uma dimensão de normatividade e intersubjetividade. Embora haja muito discernimento nessa análise, ela resulta, entretanto, num quadro de agente e responsabilidade ao qual falta um certa coerência. Simplesmente não se fica muito certo de como todas as peças conceituais se encaixam e por que.[71]

É precisamente essa coerência que o modelo comunicativo oferece. Seu núcleo é a reivindicação do agente à racionalidade em disputas sobre arranjos coletivos propostos e como essa reivindicação o torna intersubjetivamente responsável para com os outros. E as condições para deliberar sobre interesses são tais que exigem que o agente cultive seu potencial reflexivo em relação ao que inicialmente poderia tomar como sendo seus interesses e as necessidades nas quais se baseiam. Ademais, a dimensão normativa é mais nitidamente demarcada no modelo comunicativo, com seu conceito de interesse generalizável. Em disputas relativas a arranjos coletivos, o agente que mantém sua reivindicação diante da razão tem de admitir que tem um real interesse de se comprometer com alternativas que incorporam interesses generalizáveis. Esta é uma dimensão importante do que significa ser moralmente responsável. Ao mesmo tempo, no entanto, como tentei demonstrar, esse modelo não decreta que não se pode ter interesses reais reflexivamente esclarecidos que sejam particulares.

O modelo de Habermas é também útil porque interpreta as condições para deliberação sobre interesses como uma estrutura de *comunicação*. Esta orientação é particularmente apropriada para uma perspectiva teórica, que visa suplementar o foco exclusivo do pluralista sobre choques manifestos entre interesses. Se é para se incluir estudo da ideologia no estudo do poder, então se precisa de uma orientação geral da qual se possa partir para falar sobre os tipos de coisas que constituem manipulações diretas e indiretas da consciência. A noção de uma situação de discurso ideal constitui precisamente tal orientação; com base nela, pode-se começar a focalizar os modos pelos quais algumas estruturas de comunicação são "sistematicamente distorcidas".[72]

Isto significaria que, quando um teórico interpreta uma situação de grupo, um de seus focos de atenção será a possível lacuna entre a autocompreensão dos indivíduos desse grupo — expressa em termos de sistemas de símbolos dominantes — e a própria compreensão hipotética do teórico de como esses indivíduos poderiam interpretar sua situação social e interesses sob condições que mais estreitamente se aproximam daquelas do discurso prático.[73] É, claro, agora, que esta espécie de indagação será um tanto especulativa. Entretanto, isto não significa que a imaginação do teórico crítico possa degenerar. Como mencionei antes, pode haver testes empíricos para as interpretações oferecidas, como o estudo de John Gaventa do poder nos Apalaches ilustrou amplamente.⁷⁴ Ademais, dada a orientação moral fornecida pelo modelo comunicativo, a atribuição do pesquisador de interesses não possui selo de infalibilidade e, assim, não é suscetível da perversão autoritária. Como Habermas enfatizou reiteradamente, a validade de interpretações críticas não pode ser inteiramente divorciada do assentimento daqueles aos quais as interpretações são dirigidas:

> "O esclarecimento que não termina em discernimento, isto é, em interpretações livremente aceitas, não é esclarecimento algum.⁷⁵

Se se mantém as coerções acima mencionados em mente, pode-se compreender o sentido em que Habermas prossegue, vendo uma livre analogia entre um diálogo psicanalítico e um político entre o teórico crítico e os destinatários de suas interpretações. Em tal "crítica terapêutica", alguma hipótese de maior discernimento, e portanto autoridade, da parte do teórico é inevitável; mas, dada a estrutura ético-comunicativa circundante, tal hipótese não pode legitimamente sustentar qualquer forma de política autoritária.⁷⁶

Nesta seção, tentei mostrar como o modelo comunicativo pode esclarecer a análise do poder de um modo que será útil à teoria política. Deve-se enfatizar, todavia, que essa análise permanece limitada por estar vinculada a uma estrutura de ação puramente teórica. O fenômeno do poder tem de ser também vinculado a coerções estruturais que operam na vida social. A compreensão destes requer, como será mostrado no próximo capítulo, que se recorra a uma estrutura teórica de sistemas.

5. MODERNIDADE, RACIONALIZAÇÃO E CAPITALISMO CONTEMPORÂNEO

No capítulo 3 foi mostrado porque um simples apelo à intuição de locutores competentes nas sociedades *modernas* não é adequado para sustentar a forte posição universalista que Habermas quer manter. Ele está claramente ciente desse fato e a busca de um suporte mais adequado é o que oferece o ímpeto filosófico de sua ambiciosa teoria de modernidade formulada em *The Theory of Communicative Action*. O que tenta realizar aí é uma demonstração de por que a modernidade, com sua clara manifestação de estruturas de racionalidade comunicativa, deveria ser vista como um desenvolvimento *progressivo*, isto é, uma demonstração de porque a modernidade representa uma realização universalmente significativa no aprendizado humano, diferentemente de um modo de organizar a vida social e cultural, que é *simplesmente* diferente da ou incomensurável com a pré-modernidade.

Em sua obra anterior, Habermas tentou tornar essa perspectiva progressivista plausível como parte de uma proposta "reconstrução do materialismo histórico", integrando *insights* marxistas com os do estruturalismo genético. Visando este objetivo, esboçou a idéia de uma teoria de evolução social que postulava processos de aprendizado social, não só na esfera das forças produtivas, como fez Marx, como também na esfera de estruturas normativas: visões de mundo, instituições e tradições culturais.[1] A tarefa de tornar convincente uma teoria de tal abrangência é imensa; afirma, com efeito, ser capaz de explicar, numa maneira lógico-desenvolvimental, transformações nas forças produtivas e estruturas normativas a partir das próprias origens da sociedade humana até o presente.[2] Em *The Theory of Communicative Action*, de um modo geral restringe sua atenção a problemas que, desde Weber, caíram na rubrica de racionalização e modernidade.

A meta específica que Habermas adota aí de demonstrar porque a modernidade representa um avanço significativo no aprendizado humano coloca-o numa relação um tanto incômoda com seus precursores na tradição frankfurtiana da teoria crítica. Horkheimer e Adorno, em *The Dialectic of Enlightenment*, adotaram uma análise que condenava a modernidade de modo tão pleno, que não parecia permanecer aberta nenhuma perspectiva sob a qual pudesse ser vista como verdadeiramente progressiva. Embora Habermas queira fazer justiça a essa crítica, sente, porém, que o método particular escolhido por Horkheimer e Adorno é tanto infrutífero teoricamente quanto desprovido de equilíbrio em sua avaliação da modernidade. O verdadeiro desafio, sustenta ele, está em conceitualizar a modernidade de um modo que não supere seus custos nem a celebre não-criticamente da maneira que a ciência social corrente fez. O modelo comunicativo permite que esse desafio seja atendido, pois abre o fenômeno da modernidade para uma leitura mais complexa, leitura que localiza tanto o *potencial* universal, racional manifestado nas "modernas estruturas de consciência" quanto o *uso* "seletivo" ou "unilateral" desse potencial nos processos societais de racionalização ou modernização ocidentais.[3]

No sentido mais amplo, o projeto de Habermas é aquele que resolve o que ele toma como o problema subjacente daquela moderna autoconsciência, que emergiu primeiramente no fim do século XVIII, depois da marca de maré cheia do Iluminismo. À medida em que a corrosividade da consciência moderna na religião e tradição se tornava cada vez mais evidente, essa consciência começou a se provar como autoalienante. A consciência moderna está marcada desse ponto em diante, por uma busca de "autoconfiança" ou uma busca por alguns padrões que são colocados em disponibilidade por aquela consciência e ainda podem outorgar alguma orientação normativa para ela na vida moderna. A modernidade, em outras palavras, *"tem de criar sua normatividade a partir de si mesma"*.[4] E é intenção de Habermas desenvolver exatamente tais padrões que permitirão que a modernidade interprete a si mesma de um modo que é autocrítico, mas que concede alguma base para a autoconfiança normativa.

Sua interpretação da modernidade será elucidada como se segue. Primeiramente, mostrarei como o modelo comunicativo lhe permite extrair novos *insights* sobre processos de racionalização do trabalho de Max Weber (seção I). Estes *insights*, que derivam de sua perspectiva em teoria da ação, têm então de ser combinados com uma perspectiva de sistemas dentro de uma teoria de "dois estágios" da sociedade (seção II). Somente desta forma podem as "patologias" de uma sociedade racionalizada ser adequadamente esclarecidas. Ele se refere aqui à "colonização do mundo da vida" (seção III) e o "empobrecimento cultural" da sociedade (seção IV) e vincula estes fenômenos a uma análise de novas formas de oposição no capitalismo contemporâneo (seção V). Mediante a análise dessas patologias e suas causas e efeitos, o projeto de Habermas se move para o que identifiquei, no capítulo 1, como a dimensão hegeliana-marxista de reflexão crítica. Esta é a dimensão em que, em primeiro lugar, o valor heurístico positivo do modelo comunicativo para análise social concreta é demonstrado e, em segundo lugar, as implicações normativas do modelo são formuladas em interpretações que proporcionam alguma orientação ético-política mínima para agentes sociais.

I. Estruturas modernas de consciência e a realização de um "mundo da vida" racionalizado

Nesta seção, quero examinar como Habermas usa a noção de razão comunicativa como chave para uma reconstrução sistemática do desenvolvimento de estruturas modernas de consciência e porque ele pensa que esse desenvolvimento pode ser entendido como um ganho em racionalidade para a espécie humana. Indicarei, primeiramente, porque Habermas se volta para a consideração de Weber da racionalização como seu ponto de entrada nessa complexa questão e, então, mostrarei como ele modifica Weber de acordo com o modelo comunicativo. Em seguida, será mostrado porque o conceito de "mundo da vida" tem de ser integrado necessariamente na teoria da ação comunicativa a fim de superar a compreensão de racionalização de Weber e seus paradoxos.

O que atrai Habermas para Weber é que, embora ele renunciasse às filosofias da história dos séculos XVIII e XIX, com sua fé ingênua no progresso linear e a universalidade da razão ocidental, todavia, os temas de razão, universalidade e modernidade permanecem entrelaçados em seu trabalho de um modo que não é mais típico da teoria sociológica contemporânea.[5]

A despeito do nome de Weber estar indissoluvelmente ligado à racionalidade e racionalização, o fato é que suas idéias são "torturantemente delineadas", espalhadas por todo seu trabalho e freqüentemente expressas de maneira ambígua.[6] Em especial, o conceito de racionalização é usado em muitos sentidos à medida em que Weber traça aquele longo processo de desenvolvimento do colapso das formas mágico-míticas de ver o mundo à emergência da ética protestante, que permitiu que a racionalidade intencional [*Zweckrationalität*] fosse motivacional e institucionalmente ancorada de um tal modo que a racionalização capitalista pudesse finalmente decolar. Não é matéria simples juntar todos os enunciados de Weber num avaliação coerente, multidimensional dos diferentes sentidos e graus de racionalização envolvidos nesse processo.[7]

Habermas acha que tal consideração só pode ser dada se mudanças significativas forem feitas. A raiz do problema é que a estrutura teórica de Weber é restrita demais para abranger adequadamente a gama de fenômenos da qual esperava dar conta. A tarefa que Habermas se coloca, portanto, é repensar a teoria de Weber, usando os recursos do modelo comunicativo para superar as dificuldades dessa teoria. O propósito último desse empreendimento não é, contudo, simplesmente o propósito interpretativo de gerar maior coerência; é, antes, o fornecimento de uma consideração mais rica do que Weber via como os custos da modernização ou racionalização: a perda da liberdade numa sociedade cada vez mais burocratizada e a perda de significado ou unidade num mundo inteiramente desencantado.[8]

Habermas caracteriza sua abordagem a Weber como "uma investigação flexível e um deliberado aproveitamento".[9] Indubitavelmente os especialistas muito encontrarão para contestar nesse tratamento de Weber. Para os propósitos de momento, porém, não vou me envolver com tais problemas, mas apenas conferir sentido à audácia dessa abordagem e ao papel que desempenha no projeto global de um programa de pesquisa crítica.

Da perspectiva de Habermas, a análise de Weber da racionalização é interessante em três níveis diferentes. Primeiro, no seu estudo sociológico da religião, Weber analisou aquele processo de desencanto, no qual a visão mágico-mítica do mundo entrou em colapso sob a influência do que ele chamava de "religiões mundiais" (cristianismo, judaísmo, hinduísmo, budismo e islamismo). A marca de qualidade universal destas visões de mundo metafísico-religiosas é que representam o cosmos como um todo coerente, significativo, dentro do qual uma explicação para o sofrimento é dada tanto quanto orientações para o tipo de conduta de vida que é necessária para conquistar a salvação com esse sofrimento. O que interessava particularmente a Weber era o como esse processo de racionalização universal acontecera no Ocidente para dar origem também a um processo de "racionalização societal", isto é, uma rápida elevação do grau ao qual áreas da vida social, especialmente a economia e a administração, eram organizadas de acordo com os critérios de racionalidade formal, intencional. Foi a "ética protestante" que respondeu a essa questão para Weber, porque permitiu à conduta de vida ascética, metódica do cristianismo, que existira primeiramente apenas em mosteiros medievais, exteriorizar-se para áreas extra-religiosas de atividade social.[10]

Desta maneira, Weber ligou a racionalização ao nível de visões de mundo com uma segunda forma societal de racionalização. Como seu interesse explicativo estava concentrado neste último processo, não é de se surpreender que tenha deixado sua discussão do primeiro processo num estado relativamente não-desenvolvido. Aliás, argumenta Habermas, a discussão de Weber do desencanto e visões de mundo religiosas faz uso de "um conceito complexo, mas grandemente não-esclarecido de racionalidade".[11] O conceito de *Zweckrationalität*, que é a chave para a análise da racionalização societal, simplesmente não é complexo bastante para abranger o primeiro processo de racionalização.

Esta dificuldade se combina com uma outra que surge num terceiro nível de racionalização: onde a racionalização de visões de mundo resulta numa diferenciação de várias "esferas de valor" culturais. A idéia aqui é que o mundo social moderno "é composto de um grande número de províncias distintas de atividade, cada uma possuindo sua própria dignidade inerente e suas próprias normas imanentes."[12] A emergência dessas diferentes esferas com sua "lógica interna" diferente é algo de que Weber falou primeiramente para frisar que a lógica diferente estava fadada ao conflito irreconciliável, por exemplo, o conflito entre uma ética de "fraternidade", por um lado, e os valores da arte e do erótico ou as exigências de uma vida econômica capitalista, por outro. Em síntese, essa diferenciação e conflito representaram um aspecto do que Weber via como a perda irrecuperável de unidade de significado no mundo moderno.

A discussão de Weber da racionalização no nível de esferas culturais de valor está longe de ser satisfatória. Por exemplo, que *status* possui a afirmação de irreconciliabilidade? Parece, às vezes, que Weber avança essa proposição como uma verdade metafísica. E o que significa exatamente afirmar que as esferas de valor possuem uma autonomia ou "lógica interna" (*Eigengesetzlichkeit*)? Como alguém comentou recentemente, a análise de Weber, aqui, no máximo "desafia a fácil caracterização" e no mínimo "mais obscurece do que esclarece seu diagnóstico de modernidade."[13]

Habermas inicia sua reinterpretação dos três níveis de racionalização focalizando as mudanças realizadas nas estruturas de consciência pela ascensão das religiões mundiais. De acordo com Habermas, o conceito de racionalização de Weber nesse nível permanece bastante não-esclarecido, porque ele focalizava, com demasiada tendência para uma única finalidade, o traçar a conexão entre a religião e a emergência última de um certo tipo de *ética* econômica. Falhou assim na dissecação de outras dimensões da racionalização ao nível de visões de mundo. Podia ter dirigido a atenção, por exemplo, para a diferenciação entre visões de mundo religiosas e visões de mundo mágicas, em termos de mudanças nas estruturas *cognitivas*. A investigação desta dimensão da racionalização poderia ter focalizado a atitude teórica contemplativa, que aparece primeiramente (ao menos no Ocidente) na clássica cosmologia grega. Ademais, a investigação de Weber da importância da ética protestante em promover uma orientação metódica, ascética na vida social em geral podia ter sido combinada com uma investigação dos fenômenos culturais, que ajudaram a mudar a atitude teórica de sua orientação puramente contemplativa para os domínios da ação, resultando na emergência das ciências experimentais modernas.

Amalgamar a noção de uma racionalização de visões de mundo com especulações tais como estas exige que se possua uma estrutura teórica clara, em termos da qual *insights* sejam gerados sistematicamente. Weber parece não ter tido uma tal estrutura e Habermas argumenta que a mais forte candidata a esse papel é a estrutura que combina o estruturalismo genético de Piaget com o modelo comunicativo. Habermas, portanto, vê a experiência do desencanto como estruturalmente paralela à mudança, que Piaget observava nas crianças, de uma consciência "egocêntrica" para uma "descentrada". O desencanto significa assim uma ruptura de uma consciência "sociocêntrica" de um mundo mágico-mítico sem emenda e a construção de uma consciência descentrada, que reconhece demarcações claras entre os mundos natural, social e subjetivo. A demarcação dos conceitos de mundo formais também significa aumentar o reconhecimento do sistema diferenciado de reivindicações de validade correspondentes aos três mundos.[14]

Essa mudança pode ser descrita como um processo de racionalização, porque amplia a capacidade de aprendizado da humanidade. Executa isto porque mune os agentes dos meios conceituais para construir uma perspectiva reflexiva ou *autocrítica*, isto é, o "andaime categórico" constituído pelo sistema das relações de três mundos e correspondentes reivindicações de validade torna possível uma consideração e avaliação articuladas de interpretações alternativas de qual é o caso, o que é legítimo e o que é auto-expressão autêntica. É este potencial de aprendizado de modernidade complexo, multidimensional que Habermas deseja enfatizar, não simplesmente o domínio de modalidades formais, operacionais de cognição, conduzindo à capacidade de fazer ciência e tecnologia. Quanto a esta última, ênfase logocêntrica, aliás, é o que amiúde tem levado a "uma auto-interpretação não-crítica do mundo moderno, que é fixada no conhecer e dominar a natureza externa."[15]

Para que esse potencial de aprendizado ampliado, que emerge com a racionalização de visões de mundo, seja liberado, tem que ser cristalizado em "formas especializadas de argumentação" separadas, que são institucionalizadas em correspondentes esferas de ação culturais. Aqui se vê como Habermas deseja reinterpretar a noção de Weber de esferas de valor culturais. Embora Weber parecesse ter várias dessas esferas em mente, Habermas argumenta que só podemos distinguir nitidamente três: ciência e tecnologia, moralidade e lei, e arte e literatura.[16] O fato de apenas três poderem ser separadas reflete o fato de que a idéia da lógica interna diferente somente pode ser tornada plausível mapeando-a no sistema triplo de reivindicações de validade.

Uma vez isto entendido, pode-se ver a estreiteza do foco de Weber em apenas um aspecto de racionalização cultural: a emergência da ética protestante. Este foco restringiu a investigação de tal racionalização de duas maneiras. Primeira, semelhante tipo de análise de potencial de aprendizado podia ter sido realizado para a emergência tanto da ciência moderna quanto da arte moderna. E segunda, a análise de Weber do aprendizado na esfera ética foi dirigida somente para descobrir as pré-condições culturais para o capitalismo; sua investigação podia ter sido ampliada até a questão da emergência das estruturas da ética pós-convencional em geral e sua corporificação nos fundamentos da lei moderna. O ponto global de Habermas, aqui, é demonstrar que Weber "não esgotou a extensão sistemática de sua abordagem teórica."[17]

O modelo comunicativo concede assim a Habermas o que ele considera ser uma compreensão mais profunda daquele processo de racionalização cultural, que começa com o desencanto e se realiza na fixação institucional de formas especializadas de argumentação. Esta institucionalização assume a forma de:

> "(a) o estabelecimento de um empreendimento científico no qual problemas empírico-científicos podem ser tratados de acordo com padrões de verdade interna, independentemente de doutrinas teológicas e separadamente de questões básicas prático-morais; (b) a institucionalização de um empreendimento artístico no qual a produção da arte é gradualmente libertada de laços culto-eclesiásticos e palaciano-patronais, e a recepção das obras de arte por um público desfrutador de arte constituído por leitores, espectadores e ouvintes é mediada através da crítica estética profissionalizada; e finalmente (c) o tratamento intelectual profissional de questões de ética, teoria política e jurisprudência nas faculdades de direito, no sistema legal e na esfera pública legal."[18]

É em relação a este processo global de racionalização cultural que Habermas deseja firmar sua reivindicação universalista, uma reivindicação que é claramente mais forte que qualquer coisa que Weber tinha em mente.[19] Ele afirma que:

> "Se não moldamos o racionalismo ocidental da perspectiva conceitual da racionalidade intencional e domínio do mundo, se, ao invés disto, tomamos como nosso ponto de partida a racionalização de visões de mundo que resulta num entendimento descentrado do mundo, então temos de encarar a questão da possível existência de um estoque formal de estruturas universais de consciência expressas nas esferas de valor culturais que desenvolvem, de acordo com sua própria lógica, sob os padrões abstratos da verdade, retidão normativa e autenticidade. São ou não são as estruturas do pensamento científico, representações legais e morais pós-tradicionais, e arte autônoma, à medida em que desenvolveram na estrutura da cultura ocidental a posse daquela "comunidade de homens civilizados", que está presente como uma idéia regulativa? A posição universalista não tem de negar o pluralismo e a incompatibilidade de versões históricas da "humanidade civilizada", mas considera esta multiplicidade de formas de vida como limitada a conteúdos culturais e afirma que toda cultura tem de partilhar certas propriedades formais da moderna compreensão do mundo, se se trata realmente de atingir uma certo grau de 'atenção consciente' ..."[20]

Darei mais detalhes a favor da defesa que Habermas dá a essa reivindicação universalista no capítulo seguinte. De momento, o que é importante ver é que ele deseja propor que é só depois de se ter adequadamente conceitualizado esse processo universalmente significativo da racionalização cultural que se pode compreender corretamente o processo de racionalização societal. Para Weber, não havia, é claro, nada inevitável quanto ao primeiro processo dar origem ao último e, aliás, o importante para Weber era mostrar que apenas com o aparecimento do protestantismo houve uma forma de ética pós-convencional, que permitiu que a conexão ocorresse. Entretanto, no pensar de Weber, uma vez ocorrida a conexão, a racionalização societal tinha somente um curso possível a tomar: a expansão de esferas de ação intencional-racional através da sociedade. Em outras palavras, a racionalização societal foi *identificada* com crescente racionalização intencional. Mas para Habermas, tal identificação não é necessária. Pode-se, argumenta, abrir a questão de se a racionalização intencional é apenas *um* caminho possível para o desenvolvimento daquele aquele *potencial* mais amplo para a racionalização da ação, que é posto em disponibilidade com a cultura da modernidade.[21] Talvez, de modo a expressá-lo de maneira ligeiramente diferente, a *modernização* ocidental constitua apenas uma utilização unilateral do potencial de racionalidade da *modernidade*. A mais importante implicação, que fluiria de tal reconceitualização, é que se poderia ver agora o nosso dilema contemporâneo — perda da liberdade, perda do significado — contra o fundo das "possibilidades projetadas contrafatualmente" para organizar a ação social diferentemente.[22]

A fim de abrir adequadamente o espaço conceitual para tais linhas de pensamento, é necessário efetuar duas importantes mudanças teóricas. Por um lado, a teoria da ação comunicativa tem de ser integrada a um relato do mundo da vida; e, por outro, o quadro teórico-de-ação de análise tem de ser suplementado por um quadro teórico de sistemas.

A noção de "mundo da vida" [*Lebenswelt*] tem de ser introduzida para ligar a teoria da ação mais convincentemente aos processos de racionalização. Isto significa compreender não apenas como ações particulares poderiam ser julgadas como racionais, mas como o potencial de racionalidade tornado disponível na cultura moderna é "alimentado nas" ações particulares, tornando assim possível "uma conduta de vida racional" em geral.[23]

Habermas percebe que o processo de chegar a um entendimento em situações específicas tem de acontecer contra o "horizonte de um mundo da vida" constituído por "convicções de fundo ... mais ou menos difusas, não-problemáticas". Do ponto de vista da ação orientada por compreensão, o mundo da vida "armazena o trabalho interpretativo de gerações precedentes" e funciona assim como um "contrapeso conservador para o risco de desacordo que aparece com todo processo real de alcançar uma compreensão ..."[24] As coisas que se tornam problemáticas numa seqüência de ação comunicativa devem, assim, ser vistas apenas como aspectos particulares que são temporariamente suspensos de um horizonte partilhado, não-problemático, definindo qual é o caso, o que deveria ser feito e como expressões e obras de arte autênticas precisam ser avaliadas.

O que distingue realmente a avaliação de Habermas do mundo da vida é oferecido com a introdução do conceito de "mundo da vida racionalizado". O sistema formal de relações de mundo e reivindicações de validade correspondentes acabam por constituir, no mundo moderno, "estruturas gerais" do mundo da vida, isto é, estruturas que permanecem as mesmas até mesmo dentro de "mundos da vida e formas de vida particulares" diferentes. Quando estas estruturas básicas de consciência moderna são institucionalizadas em esferas culturais diferenciadas (como foi indicado acima), ocorre uma mudança crucial na relação entre ação e mundo da vida:

> "Até o ponto em que a produção institucionalizada de conhecimento, que é especializado de acordo com reivindicações de validade cognitivas, normativas e es-

téticas, penetra no nível de comunicação cotidiana e substitui o conhecimento tradicional em suas funções de interação-orientação, há uma racionalização da prática cotidiana que somente é acessível da perspectiva da ação orientada para alcançar o entendimento — uma racionalização do mundo da vida que Weber negligenciou, se comparado com a racionalização dos sistemas de ação como a economia e o Estado. Num mundo da vida racionalizado a necessidade de alcançar o entendimento é preenchida cada vez menos por um reservatório de interpretações tradicionalmente garantidas imunes à crítica; ao nível de um entendimento do mundo completamente descentrado, a necessidade de consenso tem de ser preenchida mais e mais freqüentemente pelo acordo arriscado, porque racionalmente motivado."[25]

Num mundo da vida racionalizado, então, o "andaime formal" das modernas estruturas de consciência pode ser cada vez mais usado pelo indivíduo como uma estrutura em termos da qual novas experiências são acomodadas ao estoque de convicções de fundo substantivas, não-problemáticas, que constituem seu mundo da vida. Na medida em que isto ocorre, as próprias capacidades críticas de cada agente são cada vez mais integradas à reprodução contínua daquele mundo da vida. E isto significa uma orientação cada vez mais racionalizada para a ação social, pois agora tais ações são guiadas cada vez menos por prescrições normativas fundamentadas em fontes opacas de autoridade.[26] Em suma, Habermas introduz uma segunda dimensão para a racionalização societal, dimensão que transpira "mais nas estruturas implicitamente conhecidas do mundo da vida do que nas orientações de ação explicitamente conhecidas (como sugeriu Weber)".[27]

Este *insight* precisa ser mais desenvolvido, todavia, antes que se possa entender e repensar adequadamente os custos e paradoxos da racionalização que Weber identificou. Em particular, a relação entre a ação comunicativa e o mundo da vida deve ser mais elaborada, de modo que execute uma conexão mais convincente com uma questão básica da teoria social: como a sociedade reproduz a si mesma tanto simbólica quanto materialmente? Dentro da estrutura teórica de Habermas, a questão da reprodução simbólica é a seguinte questão: como é reproduzido o mundo da vida? E enquadrando as coisas, este caminho também põe em relevo a importância da ação comunicativa para a teoria social. A atenção deve se concentrar agora no papel que ela desempenha na reprodução do mundo da vida, isto é, em como a ação comunicativa gera padrões contínuos de relações sociais e a integração dos indivíduos neles. Em síntese, a ação comunicativa se torna agora interessante como "um princípio de sociação ("sociation")".[28] E uma das marcas de qualidade da modernidade é o papel ampliado deste princípio na organização da reprodução simbólica da sociedade.

Para compreender este processo de reprodução adequadamente, entretanto, a noção do mundo da vida tem de receber uma articulação suplementar. A noção difusa de um "fundo não-problemático" é simplesmente não-diferenciada demais como se apresenta. Procurando uma forma de elaborar esta noção, Habermas descobre que nenhuma teoria existente do mundo da vida abarca satisfatoriamente a extensão do que realmente constitui o fundo não-problemático da ação. Diferentes pensadores focalizaram o mundo da vida como um depósito *cultural* ou como uma fonte de expectativas sobre a ordenação das relações *sociais*, ou como um meio (*milieu*) fora do qual são formadas *competências individuais* para o discurso e a ação.²⁹ Habermas, por outro lado, deseja enfatizar o fato de que parte do que constitui um mundo da vida racionalizado é sua "diferenciação estrutural" precisamente destas três dimensões: cultura, sociedade e personalidade. A conexão desta diferenciação com a racionalização ampliada é explicada por Habermas como segue:

> "Em relação à *cultura e sociedade*, a diferenciação estrutural indica um desligamento crescente de visões de mundo das instituições; em relação à *personalidade e sociedade*, uma expansão do espaço disponível para a geração de relações interpessoais; e em relação à *cultura e personalidade*, indica que a renovação de tradições é sempre mais fortemente dependente da prontidão dos indivíduos para a crítica e capacidade para inovação. O ponto final destas tendências evolucionárias é: para a cultura, uma condição que permite a revisão contínua de tradições que se tornaram flexíveis e reflexivas; para a sociedade, uma condição que permite a dependência de ordens legítimas de procedimentos formais para a ... justificação de normas; e para a personalidade, uma condição que permite a estabilização continuamente autodirigida de uma identidade-ego altamente abstrata."³⁰

Essas tendências evolucionárias podem ter lugar, afirma Habermas, somente na medida em que a ação comunicativa funcione como o meio para a reprodução do mundo da vida. O que ele quer dizer com isto é que orientações de ação racionalmente motivadas são sustentadas somente quando os diferentes aspectos de sociação são mediados por processos de entendimento, nos quais os agentes assumem uma atitude performativa em relação às diferentes reivindicações de validade levantadas em "interpretações cognitivas, expectativas morais, expressões e valorações". É somente quando os agentes assumem tal atitude, como o fazem quando se envolvem na ação comunicativa, que uma "transferência de validade" [*Geltungstransfer*] racional através do espaço e tempo sociais é possível.³¹

Podemos ver que, como conseqüência da diferenciação estrutural do mundo da vida em cultura, sociedade e personalidade, temos também de pensar em termos de processos diferenciados de reprodução. Estes processos são identificados por Habermas como, respectivamente, "reprodução cultural, integração social e socialização". O primeiro processo é avaliado pelo grau de "continuação de conhecimento válido"; o segundo pelo grau de "estabilização de solidariedade de grupo"; e o terceiro pelo grau de "formação de agentes responsáveis".³²

Cada um destes três processos de reprodução gera recursos para a manutenção não apenas do componente estrutural diretamente correspondente do mundo da vida, mas para os três componentes. Esta relação complexa está representada na figura 1. Farei outras referências a esta figura mais adiante.

O desenvolvimento indicado acima do conceito de mundo da vida e de sua inter-relação com a ação comunicativa é necessário, como eu disse, para que Habermas considere a reprodução simbólica da sociedade. A ação comunicativa agora pode ser compreendida como um meio de sociação através do qual esse processo ocorre. No entanto, para compreender a reprodução material da sociedade, deve-se trocar a teoria de ação pela teoria de sistemas, que prevê ações estratégicas guiadas por imperativos sistêmicos. Estes imperativos operam através dos "meios de-lingüistificados ("de linguistified media")" do dinheiro e poder, como mostrarei posteriormente. De momento, o que é importante entender é simplesmente que, na visão de Habermas, não se pode abarcar o paradoxo da racionalização sem mudar o foco teórico do nível simples de diferentes tipos de ação para o nível mais complexo de diferentes princípios de sociação operando nos processos simbólico e material de reprodução social. Weber tentou explicar o paradoxo mostrando como orientações de ação intencionais-racionais começaram cada vez mais a solapar as orientações de ação racionais de valor do protestantismo em que estavam originalmente embutidas e que tornaram, em primeiro lugar, sua expansão radical possível. Habermas, por outro lado, quer argumentar que a relação paradoxal existe não como pensou Weber *"entre diferentes tipos de ação"*, de orientação mas sim

> *"entre princípios de sociação* — entre o mecanismo de comunicação lingüística que é orientado para reivindicações de validade — um mecanismo que emerge em pureza crescente a partir da racionalização do mundo da vida — e aqueles meios de direção de-lingüistificados (dinheiro e poder) através dos quais sistemas de ações orientadas pelo sucesso são diferenciados".[33]

	Componentes estruturais		
Processos de reprodução	Cultura	Sociedade	Personalidade
Reprodução cultural	Esquemas interpretativos suscetíveis de consenso ("conhecimento válido")	Legitimações	Padrões comportamentais influentes em autoformação, metas educacionais
Integração social	Obrigações	Relações interpessoais	Associações legitimamente ordenadas
Socialização	Realizações interpretativas	Motivação para ações conforme normas	Capacidade para interação ("identidade pessoal")

Figura 1. Recursos fornecidos pelos processos de reprodução para manutenção dos componentes estruturais do mundo da vida (Fonte: REPLY, p. 279, ligeiramente modificado).

Antes de me voltar para a introdução da perspectiva de sistemas, desejo fazer uma pausa e tratar de duas questões que são levantadas pela introdução de Habermas do conceito de um mundo da vida racionalizado, que é reproduzido através do meio da ação comunicativa. O primeiro problema é que ambos os conceitos, mundo da vida racionalizado e ação comunicativa, parecem possuir um *status* ambíguo; os dois aparentemente descrevem algo sobre a vida moderna e prescrevem um certo modo em que deveria ser vivida. A significação do papel de prescrição ou normativo realmente só ficará plenamente evidente depois que eu apresentar a perspectiva de sistemas e dissecar a noção de Habermas de uma racionalização unilateral da sociedade moderna. Essa análise mostrará como a lógica de integração de sistemas invade esferas da vida previamente integradas pela ação comunicativa. Mas o problema de que quero tratar agora é um problema que pode ser tratado à parte desse choque entre diferentes princípios de sociação. Este problema diz respeito ao modo pelo qual a própria sociação comunicativa funciona na vida moderna. Habermas poderia ser interpretado como oferecendo uma visão um tanto cegamente congratulatória. Com isto quero dizer que se poderia entender que ele está afirmando que nossa vida cotidiana, moderna é, na verdade, permeada por uma crítica rematada de todas as tradições e normas, visto que nossas vidas são tão profundamente estruturadas pelas expectativas de uma modalidade comunicativa de ação, contando com os recursos de um mundo da vida racionalizado. Ideal e realidade, assim sendo, coincidem. Fosse esta a posição de Habermas, certamente encobriria muitas formas de dominação da vida moderna.

Esta é, todavia, uma leitura equivocada. A existência de um mundo da vida racionalizado não significa que toda ação comunicativa fará uso igual de seu potencial. Instituições sociais com freqüência funcionam de uma forma tal que a ação comunicativa opera apenas para reproduzir "consenso assegurado normativamente". Por exemplo, a instituição da família tradicional tem operado de uma maneira tal que os papéis das mulheres foram durante muito tempo excluídos da espécie de escrutínio normativo, que foi dirigido para outras áreas da sociedade moderna, onde algo mais intimamente parecido com um "consenso comunicativamente atingido" ou discursivo era esperado.[34] É este tipo de consenso que é o ideal normativo: aquele que respeita igualmente cada indivíduo como uma fonte de reivindicações e opiniões e que conta plenamente com os recursos de um mundo da vida racionalizado. Um "consenso normativamente assegurado", por outro lado, é aquele que bloqueia de algum modo o processo de diálogo comunicativo, crítico.

Entendida desta maneira, a posição de Habermas não é cega a uma gama inteira de formas de dominação da vida moderna, que são significativas, mas não são adequadamente entendidas apenas como patologias que emergem do choque dos dois princípios de sociação, formas tais como o racismo e a opressão das mulheres. Todavia, uma coisa é dizer que a posição de Habermas não é cega a esses fenômenos; outra, é dizer que oferece os fundamentos para a suficiente compreensão deles. Para isto, deve-se simplesmente olhar para teorias mais especificamente focalizadas. Voltarei a esta questão e tentarei lançar mais luz sobre a mesma na seção V, depois que alguns dos outros componentes-chaves da análise da modernidade tiverem sido desenvolvidos.

Há uma segunda questão que surge da conjunção da idéia do mundo da vida com aquela de um processo de racionalização. Para compreender o problema, é útil pensar em termos de uma distinção entre o que Dallmayr chama de uma visão "fraca" *versus* uma visão "forte" do mundo da vida. A visão fraca retira "sua inspiração principalmente da fenomenologia schutziana (e husserliana)". Dentro de tal estratégia teórica, o mundo da vida aparece como algo semelhante a uma rede simbólica no interior da qual sujeitos interagem. Isto pode ser comparado com a visão "forte" que tem "suas raízes em Gadamer (e Heidegger)", em cuja obra o caráter preconsciente e pré-subjetivo do mundo da vida é mais densamente enfatizado.[35]

A avaliação de Habermas do mundo da vida possui características que pareceriam fazê-la cair na categoria fraca. Isto é mais sensivelmente evidente em sua referência ao sistema de reivindicações de validade como uma estrutura formal do mundo da vida, que está cada vez mais à disposição consciente de sujeitos modernos. A significação disso para os proponentes da visão forte, tais como Dallmayr, é que ela constitui um ponto-chave no trabalho de Habermas, onde figuras do pensamento tradicionais, centradas no sujeito, ainda dominam. A alteridade novamente se torna simplesmente um campo que é cada vez mais ocupado pelo sujeito racional. Neste sentido, o pensamento de Habermas permite que o mundo da vida seja "firmemente eclipsado e finalmente absorvido" à medida em que os agentes o reproduzem de um modo cada vez mais consciente e crítico.[36]

Tal julgamento radical não é, a meu ver, garantido. O mundo da vida jamais se torna totalmente transparente na visão de Habermas. Certamente os processos de aprendizado, que ele associou à modernidade, permitem a reprodução do mundo da vida numa maneira mais consciente, mas este processo tem limites. Talvez a melhor forma de perceber tal coisa é se considerarmos como a racionalidade comunicativa opera sobre os valores substantivos e as interpretações de necessidades, que estão corporificadas num mundo da vida partilhado. Como foi mostrado no capítulo anterior, tais valores e interpretações de necessidades são constitutivos de qualquer concepção da boa sociedade. A racionalização comunicativa de reivindicações normativas entre agentes pode colocar certos limites naquilo que pode contar para eles como uma boa sociedade, mas ela própria não dispõe de recursos suficientes para a geração de um ideal substantivo da boa sociedade. Em resumo, juízos normativos sobre justiça não podem incluir juízos de avaliação sobre a boa sociedade. Estes últimos sempre contam com fontes que nunca podem ser tornadas totalmente conscientes ou ser totalmente racionalizadas.

A posição de Habermas aqui poderia mostrar falhas em muitos terrenos. Poder-se-ia, por exemplo, solicitar uma melhor avaliação de como os juízos normativos racionais interagem com os de avaliação. Mas realmente me parece que ele reconhece um nítido limite nos primeiros e que este limite ilustra que, em ao menos uma dimensão, o mundo da vida não é tragado por processos de racionalização.

II. Teoria de sistemas e racionalização

Na seção precedente foi mostrado como o modelo comunicativo e a estrutura do estruturalismo genético fornecem uma interpretação de certas maneiras distintivas, nas quais a vida moderna é estruturada. Identificando a consciência moderna e um mundo da vida racionalizado e gerando uma ampliação da capacidade de aprendizado, Habermas enfatiza os aspectos *capacitadores* desses fenômenos estruturais para a ação humana. Isto significa que, quando ele se volta para a teoria de sistemas como um recurso para compreender outros modos nos quais a vida moderna é estruturada, ele já tem uma perspectiva que lhe permite sublinhar como esses outros fenômenos estruturais podem gerar *coerções* cruciais sobre a racionalização da ação.[37] Sua análise dessas coerções toma a forma de uma reinterpretação da perda da liberdade e perda do significado impostos pela modernização. Habermas conceitualiza esta perda em termos de ameaças sistêmicas à infra-estrutura comunicativa, através da qual o complexo processo de reprodução simbólica ocorre. "Esta infra-estrutura comunicativa é ameaçada por duas tendências, que estão entrelaçadas e reforçam mutuamente: pela *reificação sistemicamente induzida* e o *empobrecimento cultural*."[38]

Quando Habermas apresentou pela primeira vez a idéia de uma perspectiva combinada de mundo da vida-sistemas em *Legitimation Crisis* (A Crise da Legitimação) não foi capaz de ir além de um início rudimentar.[39] O tamanho alentado de *The Theory of Communicative Action* é devido substancialmente a seu esforço contínuo em desenvolver uma integração convincente dessas duas abordagens teóricas.

De certo modo, Habermas entende sua tentativa de ligar uma ação ou perspectiva do mundo da vida com uma perspectiva de sistemas como acompanhando a análise de Marx. Este último, com sua metáfora de base e superestrutura, também esteve lutando com o problema de como compreender a interconexão entre os processos de reprodução material e simbólica. Habermas, como Marx, está especialmente interessado no impacto dos imperativos da reprodução material na vida cotidiana, bem como no papel que a ideologia desempenha na maneira pela qual esses imperativos são entendidos.

— Embora a própria análise de Marx seja instrutiva de algumas maneiras, a tradição do marxismo ocidental não acrescentou nada que seja diretamente útil a este projeto. A análise de Lukács do fenômeno da reificação é até certa, como o é a leitura distintiva de Horkheimer e Adorno da patologia da racionalização. Estes últimos, todavia, estão ligados, como estava Weber, tanto a uma concepção inadequada da ação quanto a uma maneira inadequada de compreender a estruturação sistêmica da vida moderna. O que é necessário, segundo Habermas, não é simplesmente uma crítica da razão instrumental tal como Horkheimer e Adorno desenvolveram, mas sim uma "crítica da razão funcionalista", que só pode ser obtida quando uma perspectiva de sistemas é integrada com um modelo comunicativo de ação. Do ponto de vista teórico resultante, a noção-chave de reificação pode então ser reinterpretada como "deformações do mundo da vida", que são *"sistemicamente induzidas"*.[40]

Quando Habermas fala de razão funcionalista, está falando da racionalidade como conceitualizada dentro da teoria de sistemas. Um sistema se torna mais racional à medida em que sua complexidade aumenta, isto é, à medida em que sua faixa de adaptação às transformações ambientais é ampliada. Sob esta luz, o desenvolvimento evolucionário das sociedades pode ser entendido como uma crescente diferenciação de estruturas sociais, que amplia a capacidade de reprodução *material*. O problema específico que Habermas quer esclarecer é como o desenvolvimento do capitalismo, com seus sub-sistemas diferenciados de economia e administração, pode ser compreendido tanto como um *avanço* evolucionário a partir de uma perspectiva de sistemas como também um fenômeno que metodicamente *solapa* os processos pelos quais um mundo da vida racionalizado é simbolicamente reproduzido.

O caminho que Habermas escolhe para unir as perspectivas de sistemas e mundo da vida é focalizar como cada uma joga luz nos diferentes modos nos quais os agentes são sociados ou coordenados entre si. É preciso distinguir:

> "mecanismos de coordenação de ação que trazem *orientações de ação* de participantes ao acordo entre si, de mecanismos que estabilizam as conexões de ações não-pretendidas através da teia funcional de *conseqüências de ação*. A integração de um sistema de ações é produzida, num caso, por um consenso normativamente assegurado ou comunicativamente atingido e, no outro, por uma regulação não-normativa de decisões individuais, que opera fora da consciência dos agentes. Esta distinção entre uma integração *social**, operando sobre orientações de ação, e uma integração de *sistemas* da sociedade, que opera atrás de orientações de ação, exige uma diferenciação correspondente no próprio conceito de sociedade ... Sociedade (pode ser) concebida da perspectiva do participante de fazer com que sujeitos ajam como o mundo da vida de um grupo social. Por outro lado, a sociedade pode ser concebida da perspectiva do observador de alguém não envolvido como meramente um sistema de ações, no qual as ações obtêm um valor funcional de acordo com sua contribuição para a manutenção do sistema".[41]

Entre os teóricos sociais contemporâneos, Talcott Parsons foi aquele que concentrou a maior atenção no problema de unir uma estrutura de sistemas e ação. Embora tenha feito a pergunta certa, Habermas afirma que suas respostas nunca foram satisfatórias. Em seu primeiro trabalho, não pôde desenvolver uma teoria adequada de como orientações de ação são sociadas visto que aderiu a um conceito de ação *zweckrational*; e em seu trabalho posterior, a própria estrutura da ação foi submersa dentro de sua estrutura de sistemas. Quando isto ocorreu, não houve forma na qual Parsons pudesse conceitualizar patologias da modernização, visto que não havia mais modo algum de conceitualizar como o mundo da vida poderia ter características estruturais que fossem *resistentes* aos imperativos funcionais.[42] O trabalho posterior de Parsons, portanto, partilha de falhas que Habermas atribui a todas as tentativas de reduzir a sociedade ao modelo de um sistema orgânico.

Tais tentativas interpretam a distinção entre a continuidade ou ruptura na vida de uma sociedade do mesmo modo que se pensaria sobre a sobrevivência ou destruição de um organismo. Esta analogia, entretanto, é enganosa porque não consegue compreender que a manutenção ou continuidade de uma sociedade é algo que é experimentado por seus membros não apenas em termos de vida física constante, mas também em termos de categorias que constituem alguma concepção da vida *boa* e *identidade* coletiva.[43] Este fenômeno empiricamente importante somente pode ser compreendido a partir de uma perspectiva não-sistêmica. Sistemas de ação, diferentemente de sistemas orgânicos,

---

* A terminologia de Habermas é um pouco confusa aqui. Como foi indicado antes, ele usa o termo "integração social" (*sozial Integration*) para nomear *um* dos três aspectos de sociação comunicativa. Mas também usa o termo num sentido mais amplo, como um sinônimo para sociação comunicativa. É este último sentido que é expresso nesta citação, bem como em *LC*, parte I. Para evitar confusão, usarei o termo em seu primeiro sentido somente, daqui em diante.

"são inacessíveis à observação e têm de ser desvendados hermeneuticamente, isto é, da perspectiva interna dos membros. As entidades que se supõem incluídas sob conceitos de sistemas da perspectiva externa de um observador, têm de ser identificadas *primeiramente* como mundos da vida de grupos socialmente identificados e compreendidas em suas estruturas simbólicas. A lógica interna da reprodução simbólica do mundo da vida (que discutimos sob os pontos de vista de reprodução cultural, integração social e socialização) dá origem a *limites internos* para a reprodução da sociedade ... As ... estruturas em termos das quais a identidade de uma sociedade se levanta e cai, são estruturas de um mundo da vida e, portanto, são acessíveis exclusivamente a uma análise reconstrutiva que é dirigida ao conhecimento intuitivo dos participantes".[44]

Assim, para Habermas, qualquer teoria social que submerge a perspectiva da ação dentro da perspectiva de sistemas será falha. O mesmo, porém, é verdadeiro quanto a qualquer teoria social que adote uma estratégia conceitual puramente interpretativa ou hermenêutica.[45] O problema é como conceitualizar exatamente a relação entre as duas perspectivas. Basicamente Habermas argumenta que a conexão adequada pode ser feita somente quando "se desenvolve o conceito de sistema fora do conceito de mundo da vida". Esta decisão metodológica se destina a permitir que a teoria social abranja o que Habermas argumenta ser uma transformação no "o próprio objeto", isto é, uma transformação que a vida social sofre na experiência de desencanto e modernização.[46]

O processo de desencanto se realiza, como vimos, nas estruturas diferenciadas de um mundo da vida racionalizado, onde as ações são cada vez mais coordenadas, mais por acordo consensual do que por prescrições normativas. Com esta mudança progressiva na maneira das ações ser sociadas há, todavia, um aumento correspondente no potencial para dissenso e instabilidade. Este problema, contudo, pode ser enfrentado porque as modernas estruturas de consciência também delimitaram, de forma clara, uma atitude objetivista tanto para o mundo social quanto para o natural. Esta nítida diferenciação entre ação orientada pelo sucesso, por um lado, e ação comunicativa, por outro, abre "um espaço livre para subsistemas de ação racional intencional". E a generalização progressiva de tais orientações estratégicas em torno dos meios do dinheiro e do poder significa que a coordenação da ação pode ser cada vez mais cortada ou "desacoplada" de "contextos de mundo da vida ... nos quais processos de compreensão estão sempre embutidos". Em outras palavras, o alcance da sociação guiada por imperativos sistêmicos pode ser tremendamente ampliado.[47]

Assim, a emergência de um mundo da vida racionalizado não apenas libera "o potencial de racionalidade da ação comunicativa" como é também uma condição necessária para um novo nível de diferenciação de sistemas, caracterizado pelo desenvolvimento de uma economia capitalista e uma forma moderna de administração.[48] Estes últimos desenvolvimentos e sua significação para a reprodução material não podem ser compreendidos adequadamente a menos que a perspectiva *interna* se alargue para *incorporar* o ponto de vista *externo* de um observador. Esta mudança de atitude metodológica ocorre por meio de "uma objetivação dos limites ... do conceito de mundo da vida", que permite que as conexões funcionais latentes entre ações se tornem temáticas.[49]

A estratégia teórica de Habermas lhe permite reconceitualizar a afirmação de Weber de que os processos de racionalização da modernidade são profundamente paradoxais. Este paradoxo pode, agora, ser visto como um resultado do fato de que "a racionalização do mundo da vida torna possível um tipo de integração sistêmica que entra em competição com o princípio integrante de alcançar compreensão e, sob certas condições, possui um efeito desintegrativo sobre o mundo da vida".[50] Pode-se agora compreender o sentido pleno da observação de Habermas, citada anteriormente, de que o paradoxo da racionalização se relaciona não com diferentes tipos de ação, sejam eles racionais de valor ou comunicativo-racionais ou estratégico-racionais, mas sim com diferentes princípios de sociação.

III. Os custos da modernização: "colonização do mundo da vida"

No próprio pensamento de Marx, há uma compreensão parcial do fenômeno que Habermas chama de "desacoplamento" de esferas de ação sistemicamente integradas daquelas integradas por ação comunicativa. Marx se preocupou com o processo pelo qual o subsistema econômico da sociedade capitalista instrumentalizava formas tradicionais de vida, transformando trabalho concreto em unidades de força de trabalho abstrato. Este processo, bem como a reificação das relações de mercado, que atribuía a elas uma vida quase natural, se tornaram na terminologia de Habermas a "mediatização" do mundo da vida e o desacoplamento do sistema econômico. E agora a finalidade da estrutura de Habermas é, certamente, não apenas nos fornecer novos rótulos para aqueles fenômenos, mas também fornecer uma perspectiva da qual certas deficiências do trabalho de Marx podem ser identificadas e da qual uma melhor compreensão possa ser atingida com respeito aos problemas do capitalismo avançado.[51]

Antes de dar atenção a estas diferenças, entretanto, é importante frisar um elo-chave entre a tradição marxista e a análise de Habermas. Este elo é que ambos vêem a luta de classes como a causa última para o crescimento "hipertrófico" ou "desequilibrado" de imperativos de integração sistêmica.[52] Vendo a luta de classes como o fator causal básico, Marx concentrou sua análise nos processos de reificação econômica. Este foco, argumenta Habermas, é a "fraqueza decisiva" na teoria de Marx, a "supergeneralização de um caso especial da inclusão do mundo da vida sob imperativos de sistema". Embora a causa de reificação possa surgir na esfera do trabalho e capital, o processo de reificação e seus efeitos também é experimentado em outras esferas da vida. Aqui Habermas colhe alguma inspiração em Lukács, ao menos no grau em que este último se tornou ciente da importância de "efeitos colaterais não específicos de classe" do processo de modernização capitalista.[53] A figura 2 fornece uma estrutura dentro da qual esses efeitos podem ser decifrados.

O foco de Habermas em dois subsistemas, dois meios e quatro papéis-chaves dá-lhe um campo de ação expandido que pode sofrer os efeitos de reificação da expansão da integração sistêmica. Marx analisou esses efeitos somente em apenas um papel (nº 1); Weber acrescentou outro (nº 3). Entretanto, para abranger as verdadeiras dimensões da perda de liberdade no capitalismo avançado, deve-se considerar todos os quatro papéis e sua relação de mudança, bem como a relação de mudança entre os dois subsistemas. Logo me dedicarei a estas questões, depois de observar as outras fraquezas que Habermas encontra em Marx.

Duas outras deficiências em Marx resultam de sua falha no conceitualizar os avanços da modernidade de um modo que lhes permita ser analiticamente separadas de sua utilização unilateral em processos de modernização capitalista. Esta falha levou Marx, primeiramente, a subestimar o lugar evolucionário dos subsistemas dirigidos por meios como as chaves para a ampliação da reprodução material. Esta subestimação o levou, também, a pensar que a abolição do capitalismo era sinônimo para uma total reabsorção desses subsistemas no mundo da vida. Daí não conseguiu compreender, diferentemente de Weber, "que *toda* sociedade moderna, independentemente de como sua estrutura de classes é produzida, tem de exibir um alto grau de diferenciação estrutural".[54]

A estrutura de Marx também não fornece critérios para diferenciar entre "a destruição de formas de vida tradicionais" e a deformação de "formas de vida póstradicionais". No enraizamento de formas de vida tradicionais, Marx vê somente o começo de um processo de reificação do mundo da vida. Ele não dispõe de recursos para conceitualizar a modernidade de um modo que permita a alguém ver *tanto* a *reificação* do mundo da vida *como* sua *diferenciação estrutural*. Assim sua análise não é suficientemente sensível para mostrar como as patologias do capitalismo diferem *relativamente ao grau de racionalização do mundo da vida*. A reificação de um mundo da vida extensivamente racionalizado deve ser medida somente em relação às "condições de sociação comunicativa" e não em relação a "um passado de formas de vida pré-modernas nostalgicamente conjurado, freqüentemente romanceado".[55]

Mundo da vida: ordens e papéis institucionais		Relações de troca e meios de troca	Subsistemas dirigidos por meios
Esfera privada	1. Empregado	Força de trabalho (P) → ← Renda (D)	Sistema econômico
	2. Consumidor	← Mercadorias e serviços (D) Demanda(D) →	
Esfera pública	3. Cliente	Impostos (D) → ← Realizações organizacionais (P)	Sistema administrativo
	4. Cidadão	←Decisões políticas (P) Lealdade da massa (P) →	

Legenda: (D) dinheiro
(P) poder

Figura 2. Relações entre sistema e mundo da vida de uma perspectiva de sistemas. (Fonte: TKH, p. 473, ligeiramente modificado.)

O tipo de reificação que Habermas quer esclarecer ocorre à medida que a expansão de integração sistêmica começa a solapar funções essenciais à reprodução de um mundo da vida *racionalizado*. A mediatização do mundo da vida assume a forma de uma "*colonização* do mundo da vida", quando os meios sistêmicos do dinheiro e do poder começam a deslocar a sociação comunicativa em esferas de ação de centro nas quais os três processos de reprodução simbólica ocorrem: transmissão cultural, integração social e socialização. A "infra-estrutura comunicativa" de um mundo da vida racionalizado é constituída por ação orientada por compreensão que cria um contexto racional para a "transferência de validade" através desses três processos. Tal transferência de motivação racional (no sentido comunicativo) só é possível, como vimos, quando os agentes assumem uma atitude performativa diante de outros sujeitos e suas reivindicações de validade. Ação que é coordenada por dinheiro ou poder, por outro lado, requer somente uma atitude objetivante e uma orientação para o sucesso.[56]

É a colonização desses processos de reprodução do mundo da vida que gera as patologias peculiares do capitalismo avançado. E Habermas está afirmando que há um certo "limiar" no qual a mediatização, em nome da ampliação da reprodução material, começará necessariamente a gerar efeitos colaterais patológicos.[57] E tal limiar foi atravessado nas sociedades industriais avançadas.

A fim de esclarecer esta tese, é necessário examinar várias questões. (1) Por que Habermas diz que a sociação comunicativa "não pode ser substituída" pela sociação através do dinheiro ou do poder em áreas centrais da reprodução do mundo da vida?[58] (2) Como é a pressão em relação à colonização ligada a uma análise das qualidades específicas do capitalismo avançado? (3) O que Habermas quer dizer exatamente com colonização do mundo da vida?

(1) Que tipo de argumento concede base à afirmação um tanto categórica de que os três processos de reprodução do mundo da vida *não podem* ser inteiramente reduzidos aos meios de dinheiro e do poder? Poderia parecer que Habermas está fazendo a reivindicação de que o mundo da vida é, de algum modo, "por natureza" inalteravelmente resistente a um tal processo de invasão.[59] Mas esta não é, na verdade, a melhor interpretação do que ele está dizendo. A força do "não pode" na sentença acima é, de preferência, aquela derivada do modelo do sujeito que forma o núcleo de seu programa de pesquisa. Uma redução total, sistêmica do mundo da vida não pode ocorrer no sentido de que seria incompatível com a conceitualização do sujeito humano desse programa. Em outras palavras, o "não pode" logra seu sentido em termos da teoria. A teoria especifica a centralidade da ação comunicativa para a reprodução da vida social e cultural. Na realidade, a continuação dessa centralidade é, em última instância, uma "questão aberta".[60]

Habermas realmente deseja, é claro, oferecer alguma evidência de que a colonização do mundo da vida é um fenômeno que gera efeitos patológicos e novas formas de movimentos sociais de oposição. Isto significa que ele pretende que sua estrutura teórica forneça uma interpretação do porque a colonização deveria encontrar resistência observável. O destino final desta resistência, entretanto, é incerto. Mas o ponto importante é que o programa de pesquisa de Habermas não relega essa resistência ao *status* de eventos marginais *desde o início*, como fazem programas baseados ou no modelo de agente estratégico ou num puro funcionalismo de sistemas.⁶¹ O modelo comunicativo nos permite interpretar tais fenômenos de um modo que os liga a questões morais e políticas cruciais para agentes modernos.

Como eu disse no capítulo 1, um critério legítimo para um programa de pesquisa nas ciências sociais é a adequação de seu modelo do sujeito à luz de nossos juízos morais mais reflexivos. A abordagem de Habermas, na medida em que nos ajuda a perceber mudanças estruturais no mundo da vida e pressões sobre ele, propicia um modo de interpretar os sentimentos difusos de perda e deslocamento, que experimentamos sob o impacto da vida contemporânea. Embora esta interpretação teórica tenha de ser, é claro, mostrada para "ajustar os fatos" da vida social contemporânea em algum sentido, possui, entretanto, uma dimensão inquestionavelmente *prática* — isto é, moral e política. O que está "realmente" em jogo nas mudanças que Habermas enfatiza não pode ser totalmente divorciado das decisões dos agentes sobre que tipos de seres eles se assumem ser.

(2) A análise de Habermas dos dois subsistemas dirigidos por meios em *The Theory of Communicative Action* depende de sua discussão do capitalismo avançado em *Legitimation Crisis*. Nesta última, ele focalizou, como fazem muitos marxistas contemporâneos, o papel ampliado do sistema político no controle do desenvolvimento do capitalismo. Uma de suas preocupações específicas é esclarecer como o sistema político, à medida em que expande sua esfera de ação a fim de evitar crises econômicas, acha a si mesmo cada vez mais sujeito a imperativos contraditórios. Por um lado, suas ações têm de estar de acordo com os interesses de classe do capital em contínua acumulação e, por outro lado, com a exigência da população de que o sistema político expresse valores democráticos universalistas. Este dilema é o núcleo dos problemas de legitimação do capitalismo avançado. Ademais, este fermento em relação à legitimação, quando combinado com o colapso da ideologia burguesa clássica (especialmente a crença na integridade das relações de mercado), dá origem a uma declínio nas síndromes de motivação (orientação de realização, individualismo possessivo, etc.) que são necessários a uma economia capitalista.⁶²

Em *The Theory of Communicative Action*, Habermas utiliza uma teoria amplamente reconceitualizada de sistema e mundo de vida para reformular sua análise dos efeitos colaterais gerados pelas estratégias do capitalismo contemporâneo, para evitar o desequilíbrio econômico. A colonização do mundo da vida começa quando

> "desequilíbrios críticos na reprodução material (isto é, as crises de direção acessíveis à análise teórica de sistemas) só podem ser evitadas ao custo de distúrbios da reprodução simbólica do mundo da vida (e isto significa crises "subjetivamente" experimentadas, ameaçadoras de identidade ou patologias)".⁶³

Para entender a forma que tais distúrbios assumem, é necessário voltar à figura 2, que ilustra os papéis sociais-chaves envolvidos em relações de sistema-mundo da vida. Habermas, como muitos outros críticos radicais, argumenta que o capitalismo avançado tem tido relativo sucesso em tornar inócua a luta de classes na esfera da produção, e em cada vez mais neutralizar a esfera pública como um lugar de participação efetiva dos cidadãos.⁶⁴ O que diferencia a posição de Habermas é como ele analisa as compensações que o capitalismo oferece em troca desse controle sobre os papéis de *empregado* e *cidadão*. A compensação vem sob a forma de recompensas de conformidade com o sistema, que são canalizadas para os papéis de *consumidor* privado e *cliente* público do Estado do bem-estar. É esta mudança e seus efeitos que Habermas acha que não foram adequadamente compreendidas por marxistas ou ninguém mais:

> "Quanto mais efetivamente a luta de classes, que uma economia de iniciativa privada desenvolve dentro de uma sociedade, puder ser represada e mantida latente, mais persistentemente os problemas serão pressionados para o primeiro plano, o que não prejudica *de imediato* interesses que são calculáveis sobre a base de classe".[65]

Esta mudança constitui uma expansão nitidamente nova de integração sistêmica. É distintiva porque agora a expansão é às expensas de áreas de centro de sociação comunicativa, "de centro" porque é dentro dessas esferas de ação que os processos de reprodução do mundo da vida ocorrem. Habermas está afirmando, portanto, que as patologias específicas do capitalismo contemporâneo surgem à medida em que os meios do dinheiro e do poder se infiltram cada vez mais em esferas da vida social nas quais tradições e conhecimento são transferidos, laços normativos são de modo intersubjetivo estabelecidos e pessoas responsáveis são formadas.

(3) Visando tornar esta tese mais concreta, Habermas se volta para o fenômeno da crescente "juridicização" [*Verrechtlichung*] da vida social. Este termo apareceu recentemente na teoria social alemã para descrever o grande aumento de regulamentos legais dentro do Estado do bem-estar social e os efeitos que este fenômeno exerce sobre clientes que estão sujeitos a tais regulamentos. Na literatura a que Habermas se refere se reconhece cada vez mais que essa nova extensão da lei, embora freqüentemente surja em nome da expansão de direitos sociais, possui uma tendência aparentemente inevitável de criar um *novo tipo de dependência* entre o cliente e o sistema de administração.[66]

O problema que surge a partir da explosão dos regulamentos legais no Estado de bem-social é "gerado fora da própria estrutura de juridicização." Como as garantias sociais do Estado de bem-estar social são burocraticamente implementadas, há uma inevitável "pressão para a redefinição de situações da vida cotidiana". Essa redefinição ocorre primeiramente em relação ao cidadão individual, que é induzido a definir sua existência pública cada vez mais em termos de relacionamentos estratégico-racionais, aquisitivos, com a burocracia. Habermas sugere que essa redefinição subjetiva de vida pública pode ter um efeito deletério a longo prazo na propensão dos cidadãos de se envolver em várias formas de ação cooperativa social e política.[67] Não obstante, essa espécie de redefinição não é tão importante quanto o redefinir objetivo do mundo da vida do cliente, que surge do fato de que a juridicização requer um processo incessante de "abstração compulsória" das situações da vida cotidiana. Isto não é simplesmente uma necessidade cognitiva para que situações cotidianas sejam classificáveis sob categorias legais, mas uma necessidade prática para que o controle administrativo possa ser exercido. A juridicização exerce assim uma influência *reificante* sobre o mundo da vida, o qual, quando combinado com a ampliação das reivindicações à *especialização* de trabalhadores sociais e outros administradores nas categorias de vida recentemente redefinidas, produz um domínio de dependência insidiosamente expansivo. Este domínio vem incluir o modo pelo qual definimos e normalizamos áreas da vida tais como relações de família, educação, velhice, bem como saúde física e mental e bem-estar.[68]

Quando Habermas descreve a ameaça colocada pela expansão dessa "rede de relações de clientes" sobre áreas de centro do mundo da vida, é difícil não pensar no trabalho de Foucault e sua imagem de uma sociedade cada vez mais "carcerária".[69] A descrição de Habermas do papel da reificação e especialização na definição, categorização e organização da vida cotidiana guarda uma forte semelhança com a análise de Foucault de como os "discursos" associados à crescente organização da vida moderna criam novas maneiras de subjugar as pessoas, enquanto ostensivamente ampliam sua liberdade e bem-estar.

Há duas diferenças cruciais aqui, entretanto, entre os dois teóricos e envolvem o ponto de vista do qual tais formas de dependência são compreendidas. Foucault usa a metáfora da escrita ou inscrição para descrever o processo da elaboração de discursos. Esta inscrição é constituída como poder, não em relação a alguma concepção do sujeito, mas em relação simplesmente às "reivindicações" de "corpos e prazeres".[70] Um problema com esta concepção emerge rapidamente, quando se começa a tentar avaliar o que tais reivindicações poderiam ser e como podiam se tornar a base de qualquer ação coletiva possível em oposição aos discursos de modernidade dominantes. Do ponto de vista de Foucault, parece inevitável que a própria tentativa de articular as reivindicações de corpos e prazeres deve constituir a iniciação do novo discurso, em última instância indistinguível daquele que está substituindo.[71] Ademais, pensar nestas reivindicações no contexto de ação coletiva possível é meramente se preparar para uma forma nova, mais insidiosa de regenerar subjugação através da autodisciplina coletiva.

Foucault, assim, nos deixa primeiramente com um ponto de vista normativo, que não pode ser articulado, mas em relação ao qual podemos meramente gesticular. Em segundo lugar, não fornece nenhum modo de pensar coerentemente sobre a ação política coletiva. Embora queira realmente louvar a "resistência local" espontânea, em última instância não dispõe de nenhum modo de distinguir uma Ku Klux Klan de um movimento Solidariedade polonês.[72]

Para Habermas, por outro lado, a dependência gerada pelo fenômeno de reificação é constituída a partir de dentro do modelo comunicativo do sujeito e da noção associada de um mundo da vida estruturalmente diferenciado. A metáfora da colonização chama a atenção, como o faz a metáfora da inscrição, para o caráter molestador do que está acontecendo. Mas a primeira nos alerta para algo mais também. Ganhamos um sentido pleno do fenômeno que Foucault e Habermas querem abarcar somente se fizermos uma coerente avaliação, não apenas das estratégias e organização das forças coloniais, mas também do que significa a colonização do ponto de vista da consciência dos colonizados. Esta espécie de significação torna-se aparente em Habermas, dada sua consideração da sociação comunicativa, onde agentes definem e coordenam interação com base naquelas capacidades críticas, interpretativas a sua disposição num mundo da vida racionalizado. Ademais, com relação à ação coletiva, embora eu tenha frisado o caráter mínimo da ética comunicativa, realmente parece-nos claro que ela fornece, de certo modo, melhores fundamentos para fazer juízos sobre a legitimidade e ilegitimidade de diferentes movimentos sociais e políticos.

Mesmo se a estrutura geral de Habermas permitisse esboçar algumas importantes distinções, ainda não seria claro como ele distingue entre diferentes formas de juridicização. Certamente não faria muito sentido ver a expansão da lei escrita na modernidade como tendo *in toto* o tipo de qualidades negativas que Habermas quer enfatizar em relação à juridicização na previdência estatal. Para tratar deste problema, ele propõe que os aspectos "de garantia de liberdade" e "de redução de liberdade" da lei sejam distinguidos, indagando-se, num dado caso, se as leis possuem uma "força regulativa" ou "constitutiva" em relação aos processos reprodutivos do mundo da vida. Habermas está usando aqui uma distinção filosófica familiar entre tipos de regras. As regulativas *regulam* alguma atividade contínua, preexistente, por exemplo regras para condução segura. Regras constitutivas, por outro lado, *constituem* alguma forma de atividade, por exemplo, as regras do xadrez. Habermas deseja argumentar que a lei cada vez mais assume um caráter constitutivo na sociedade contemporânea.[73]

Quando processos de juridicização têm um caráter regulativo, "eles se prendem a instituições preexistentes do mundo da vida", no sentido de que novas leis "permanecem num *continuum* com normas éticas e [meramente] modificam esferas de ação comunicativamente estruturadas; conferem uma forma obrigatória sancionada pelo Estado a esferas de ação que já são informalmente constituídas". Aqui poder-se-ia pensar em direitos constitucionais básicos ou direito penal. Quando processos de juridicização possuem um caráter constitutivo, entretanto, estão seguindo imperativos dos sistemas econômico e administrativo ao constituir novas esferas de ação ou reconstituir as preexistentes. Um exemplo do constituir novas esferas de ação poderia ser a legislação original e ratificações administrativas nos E.U.A., que governam a construção, a localização e a segurança de usinas nucleares. Um exemplo do reconstituir esferas existentes de ação seria a maior parte das leis e regulamentos da previdência.[74]

Esta distinção entre regulativo e constitutivo é paralela a um segundo critério que Habermas usa, aquele entre a lei que é "capaz de justificação material" e a lei que "só pode ser legitimada através de procedimento"[75]. No primeiro caso, visto que a lei está embutida no contexto do mundo da vida, é mais compreensível para o indivíduo médio e tem de ser defendido por elites nos terrenos materiais. No último caso, a lei se torna bem menos compreensível e mais fácil de ser defendida puramente com base em que tem sido apropriadamente promulgada por elites competentes e responsáveis. E por trás destas reivindicações de competência e responsabilidade, Habermas vê claramente decisões guiadas pelos imperativos de controle administrativo e acumulação de capital.

Embora Habermas use o problema da juridicização para ilustrar sua tese da colonização, é importante lembrar que está se referindo a um processo que estrutura não somente a relação de administração para com o *cliente*, como também a relação de economia para com o *consumidor*. Aqui o problema é o consumismo cada vez mais intensivo na vida privada: a "mercadização" e redefinição crescentes de áreas novas da vida privada através da intrusão do valor de troca. Lazer, vida familiar, relações sexuais e mesmo o senso de cada um do eu e seu desenvolvimento como ser humano cada vez mais se tornam alvos da "mercadização", à medida em que somos apresentados a novos e mais amplos pacotes pré-selecionados de *scripts* comportamentais, psicológicos e sexuais.[76]

Aqui de novo, a análise de Foucault pode ser útil em um nível. Por exemplo, sua discussão do discurso de liberação sexual na sociedade contemporânea como uma forma nova, mais imperceptível de (autocontrole) e dependência é bastante provocativa[77]. Mas esta exposição da cultura popular de terapia psicossexual precisa ser ligada a uma análise desse novo discurso como parte de um processo de "mercadização", no qual se diz cada vez mais a cada um que se tem de comprar as orientações adequadas para o uso da mente e do corpo de cada um.

IV. Os custos da modernização: 'empobrecimento cultural'

A companhia teórica da reinterpretação de Habermas da perda de liberdade de Weber como uma colonização do mundo da vida é uma reinterpretação da perda de significado como um processo de "empobrecimento cultural".[78] Weber viu esta perda na modernidade como o resultado *inevitável* do processo de desencanto, levando em última instância à secularização, com seu efeito corrosivo nas tradições e sua desintegração da vida em esferas culturais diferentes, cada uma cada vez mais divorciada das outras. Habermas, por outro lado, deseja construir a hipótese de que ao menos alguns dos efeitos patológicos que Weber enumera podem ser interpretados diferentemente e de um modo que pode mostrá-los como não sendo inevitáveis. Esta interpretação alternativa é resumida na afirmação de que "não é a diferenciação e o desenvolvimento de esferas de valor culturais de acordo com sua própria lógica [que] conduzem ao empobrecimento cultural da vida cotidiana, mas a desintegração elitista de culturas de especialistas dos contextos de prática cotidiana". Em síntese, não são as estruturas diferenciadas de um mundo da vida racionalizado que são em si mesmas o problema, mas sim o fato de que formas de argumentação cada vez mais especializadas se tornam a salvaguarda protegida dos *experts* e conseqüentemente perdem contato com os processos de compreensão da maioria dos indivíduos. Assim, como o processo de reificação, o processo de isolar especialização exerce um efeito deformador na vida cotidiana, pois agora aquela participação na transferência de validade, que um mundo da vida racionalizado abria para todos os locutores competentes, é cada vez mais curto-circuitada.[79]

Embora Habermas não dedique tanta atenção ao fenômeno do empobrecimento cultural quanto ao de colonização, não é demasiado difícil especular sobre o que ele tem em mente. É comum lamentar que a ciência e a tecnologia como empreendimentos estão bastante afastadas do mundo do cidadão médio. Similarmente, a arte em muitas de suas formas tem se tornado cada vez mais incompreensível para aqueles fora de um círculo relativamente pequeno. Finalmente, na esfera legal-moral, Habermas está presumivelmente se referindo a coisas tais como o fato de que os profissionais são quase uma necessidade, mesmo na mais simples das matérias legais; ou o fato de que planejadores e *experts* em política tomam uma ampla gama de decisões com profundo impacto normativo sobre a vida cotidiana, reivindicando no processo ter alguma espécie de justificação "científica".

Se as reivindicações associadas a esta tese do crescimento de culturas de especialistas não constituem particularmente novidade, a elas foi dado um tratamento interessante, quando Habermas analisa as implicações deste fenômeno para o problema da ideologia. Num certo sentido, ele afirma, a ideologia está agora realmente morta. Este sentido de ideologia é o que Marx focalizou: aquelas interpretações globais da vida social, que estavam enraizadas em idéias metafísicas ou religiosas e que mistificavam o que realmente estava em jogo na expansão "hipertrófica", impulsionada por classe da integração sistêmica. Tais interpretações contavam com, ao menos, algumas categorias de crenças, especialmente religiosas, permanecendo parcialmente imunes do efeito corrosivo do escrutínio racional. Mas à medida em que este escrutínio cada vez mais se voltava para todas as crenças, as ideologias começaram a perder sua força. Tal é o efeito, argumenta Habermas, da persistente "lógica de racionalização cultural". Vivemos agora numa "cultura definitivamente desencantada", na qual essas ideologias não têm nenhuma maneira de sustentar, a longo prazo, seu poder de convencimento.[80]

Se a ideologia neste sentido clássico sofreu uma desintegração, isso não significa que a oposição entre integração social e sistêmica deveria se tornar cada vez mais aparente? Para Habermas a resposta é negativa. E aqui é onde o fenômeno do empobrecimento cultural entra em cena. No capitalismo avançado, esta desintegração de culturas de especialistas ajuda a gerar um "equivalente funcional" para ideologias. Este último teve de facilitar a integração social de uma maneira positiva, provendo uma certa estrutura interpretativa global para aspectos centrais da vida social. Hoje, entretanto, esta função é executada negativamente, no sentido de sistematicamente impedir o "conhecimento cotidiano" de mesmo alcançar o "nível de articulação" de uma ideologia. O que Habermas parece estar argumentando aqui é que, à medida em que o isolamento de culturas de especialistas cresce, cresce também a incapacidade do indivíduo médio de fazer uso efetivo do arsenal cognitivo da modernidade cultural. "O poder de sintetização da *consciência cotidiana* lhe é roubado, tornando-a *fragmentada*." O cidadão de uma sociedade industrial avançada é realmente bombardeado com quantidades maiores de informação, mas o conhecimento que resulta desta permanece "difuso" e difícil de ser empregado de maneiras críticas.[81] O ataque desta linha de argumentação é que:

> "No lugar da falsa consciência, hoje aparece a consciência *fragmentada*, que impede o esclarecimento a respeito do mecanismo da reificação. As condições para uma *colonização do mundo da vida* são consequentemente preenchidas: logo que é despido de seu véu ideológico, o imperativo de subsistemas independentes pressiona, *a partir do exterior*, o mundo da vida e compele à assimilação, como senhores coloniais numa sociedade tribal. [E] as perspectivas da cultura nativa são tão dispersas, que não podem ser suficientemente coordenadas a ponto de permitir que as atividades da metrópole e mercado mundial sejam decifradas de um ponto de vista periférico".[82]

Apresentado este problema do capitalismo avançado, a "crítica de ideologia" tradicional perde sua base, visto que dependia de partir dos ideais positivos projetados dentro de uma ideologia.[83] A crítica da ideologia neste sentido tem de ser substituída pela crítica do empobrecimento cultural e fragmentação da consciência cotidiana. E para esta tarefa, o modelo comunicativo e a idéia associada do potencial racional da modernidade fornecem a base crítica.[84] Estas concepções em conjunto dão a Habermas um ponto de vista abrangente do qual ele pode dar substância à sua idéia de "distorções sistemáticas de comunicação". O que deve ser explicado sob esta rubrica é como a organização do conhecimento e deliberação prática na sociedade contemporânea sistematicamente solapam o potencial de um mundo da vida racionalizado.

Infelizmente, Habermas não faz nada mais do que esboçar abstratamente o problema da consciência fragmentada como um fenômeno do capitalismo avançado. Inúmeras questões importantes surgem a partir desse esboço, as quais não são tratadas por ele muito satisfatoriamente. Um dos problemas é que ele meramente estima que culturas isoladas de especialistas, e a consciência fragmentada são "funcionais" para o capitalismo avançado. Embora sugestiva, esta reivindicação, porém, não produz muito a favor do esclarecimento dos processos sociais reais pelos quais esses dois fenômenos são ativamente promovidos e reproduzidos. Ademais, chamar a atenção para o aumento do papel dos especialistas pareceria exigir que atenção fosse dada a questões como qual seria precisamente o papel que tais especialistas desempenham na estrutura de classes. Formam eles, por exemplo, uma "nova classe" de alguma espécie?

Uma outra questão importante que surge aqui é que relação tem o novo pensar de Habermas da ideologia e patologia com a discussão das crises de legitimação e motivação em *Legitimation Crisis*. Num sentido geral, a intenção de sua nova linha de pensamento parece clara, embora as implicações específicas que dela fluem não sejam claras. Ao dizer que a intenção geral é clara, quero dizer que Habermas parece voltar-se para a direção de ver mais elasticidade no capitalismo avançado do que o fez em *Legitimation Crisis*. O capitalismo agora é visto como capaz de bloquear déficits de motivação e legitimação com mais eficiência.

Um aspecto desta mudança se torna aparente se compararmos o novo modo de pensar ideologia de Habermas com seu tratamento anterior deste tópico. Em *Legitimation Crisis*, a ideologia burguesa clássica também era vista como sofrendo um processo irreversível de desintegração. E essa desintegração (junto com o fato de que a ideologia nova não pode ser administrativamente fabricada sob encomenda) foi uma chave para o aparecimento de um déficit de legitimação, que Habermas previu para o capitalismo avançado.[85] Embora esta previsão tenha se resguardado com algumas ressalvas, parecia, contudo, prometer um futuro no qual o contraste entre estrutura de classes e valores democráticos, universalistas, se tornaria cada vez mais aparente a amplos segmentos da população. Agora, todavia, esta consciência crítica emergente parece mais problemática. Habermas se convenceu de que o desenvolvimento desta consciência é séria e sistematicamente impedido pela desintegração das culturas de especialistas e a resultante fragmentação do pensamento cotidiano.[86]

Se essa mudança geral no pensamento de Habermas é clara, aspectos específicos dela, como afirmei, são menos transparentes. Ele parece querer integrar o trabalho mais antigo com o mais recente da maneira seguinte. *Em Legitimation Crisis*, não conseguiu distinguir adequadamente entre os dois pontos de vista dos quais os distúrbios nas permutas entre sistema e mundo da vida (veja a figura 2) podem ser representados. Tais distúrbios, que surgem devido às "estruturas inflexíveis" do mundo da vida, podem ser representados do ponto de vista do sistema como "desequilíbrios", e do ponto de vista do mundo da vida como "patologias".[87] Neste último caso, estamos preocupados com problemas imediatos, que surgem a partir de deformações sistemicamente derivadas dos três processos de reprodução do mundo da vida. Visto que as estruturas do mundo da vida possuem uma certa inflexibilidade, as deformações dão origem a sintomas patológicos. No caso de "desequilíbrios", estamos preocupados com aqueles efeitos, se os há, que essas patologias têm sobre o equilíbrio dos subsistemas econômico e político.

Esta nova distinção entre diferentes tipos de crises pode ser plenamente desenvolvida se a aplicamos ao material da figura 1. Tal figura representa a contribuição que os três processos de reprodução do mundo da vida (reprodução cultural, integração social e socialização) dá aos três componentes estruturais do mundo da vida (cultura, sociedade e personalidade). Se considerarmos agora os tipos de crises ou patologias do mundo da vida, que podem aparecer quando os processos reprodutivos são perturbados pela colonização do mundo da vida e o isolamento das culturas de especialistas, poderemos deduzir o que aparece na figura 3.

Representadas aqui estão nove espécies de crises ou patologias, que podem surgir dentro da perspectiva do mundo da vida. Quaisquer destas podem ser vistas como uma fonte potencial de desequilíbrios para os subsistemas econômico e político. E em *Legitimation Crisis*, Habermas se concentrou na eliminação da legitimação (nº 4) e da motivação (nº 6) exatamente como tais fontes potenciais. Em seu trabalho mais recente, entretanto, ele também está interessado em outras patologias.

Embora essas outras patologias se movam agora para uma posição de importância, Habermas não oferece uma análise suficientemente completa a ponto de ser muito satisfatória. Como eu disse antes, o impulso geral de sua nova linha de pensamento caminha no sentido de ver mais modos nos quais o capitalismo avançado possa evitar dar de encontro com crises de motivação e legitimação. Quando se tenta obter mais especificidade em relação o a tais estratégias de evitação e suas implicações, entretanto, as coisas se tornam mais incertas. Relativamente pouco é realmente dito e as coisas que são ditas talvez não sejam inteiramente compatíveis.[88] Na seqüência tentarei reconstruir o que *acho* que Habermas está dizendo e especular a respeito de algumas implicações disso.

Distúrbios no domínio da	Componentes estruturais			Dimensão avaliativa
	Cultura	Sociedade	Pessoa	
Reprodução cultural	1.Perda de significado	4.Eliminação da legitimação	7.Crise na orientação e na educação	Racionalidade do conhecimento
Integração social	2.Insegurança da identidade coletiva	5.Anomia	8.Alienação	Solidariedade dos membros
Socialização	3.Colapso da tradição	6.Eliminação da motivação	9.Psico-patologias	Responsabilidade da pessoa

Figura 3 — Fenômenos de crise conectados com distúrbios na reprodução.
(Fonte: REPLY, p. 280).

Habermas continuou a afirmar que crises econômicas potenciais para o capitalismo avançado são tornadas inócuas por desempenhos de direção de um Estado em expansão. Esta expansão tem o efeito de politizar mais e mais áreas da vida social, particularmente à medida em que tanto tradições pré-burguesas quanto ideologias clássicas burguesas estão cada vez mais debilitadas. Tal politização tem o potencial de gerar conflitos que poderiam, em última instância, levar a uma condição de anomia (nº 5), isto é, uma total desintegração das instituições sociais. Contudo, muito antes desta hipótese limitante ocorrer, haverá uma eliminação da legitimação a partir do Estado (nº 4) e da motivação a partir do sistema econômico (nº 6)[89]. Esta prognose, como mencionei antes, foi a que Habermas formulou em *Legitimation Crisis*.

Em sua obra recente, não argumenta que essas tendências a crises são eliminadas, mas sim que a emergência de uma consciência crítica, que é especialmente necessária para a eliminação da legitimidade do sistema político, é mais difícil de obter do que ele originalmente pensou. Isto é porque, à medida em que os processos da colonização do mundo da vida e o isolamento da especialização se expandem, seu efeito coletivo é o de solapar o desenvolvimento do pensamento e ação críticos. Já indiquei como Habermas entende a patologia de perda do significado ou empobrecimento cultural (nº 1) como um equivalente funcional para a ideologia clássica. Mas também é importante ver que os processos de colonização da mundo da vida têm um papel similar a ser desempenhado.

Esses processos têm o efeito de atenuar os perigos do desequilíbrio, que poderiam surgir a partir da anomia ou eliminação da legitimação e motivação, por meio do "esgotamento dos recursos restantes", que a integração social provê para a *cultura* e *personalidade*.

> "Cultura e personalidade são atacadas em benefício de uma estabilização superadora de crise da sociedade ... Os resultados desta substituição [são que] em lugar de ocorrências anômicas (e em lugar da ... eliminação da legitimação e motivação) surgem os fenômenos da alienação e a insegurança da identidade coletiva [patologias nº 2 e 8]."[90]

A fim de entender o que Habermas está falando aqui é útil voltar à figura 1. Nela estava indicado que o recurso que a integração social provê para *cultura* é "obrigações", pelo que ele quer dizer que uma sociedade bem integrada é aquela na qual fortes ligações são formadas com os valores de centro de uma cultura. A ligação a tal conjunto de valores é o que provê os agentes com um senso de identidade coletiva. O recurso que a integração social provê para *personalidade*, por outro lado, é "associações", com o que Habermas quer dizer um senso de pertencer a grupos sociais e sociedade como um todo.[91] Distúrbios na provisão destes recursos por reificação sistemicamente induzida assumem a forma da desintegração da identidade coletiva e alienação. Estas patologias resultam do modo no qual as novas dependências de cliente e consumidor são criadas. São geradas, como mostrei, por processos de reificação nos quais a vida cotidiana é cada vez mais submetida a imperativos externos de contínua redefinição, recategorização e reorganização.

Para Habermas, então, alienação, desintegração da identidade coletiva e empobrecimento cultural ou perda de significado são todos patologias do mundo da vida, que ajudam a obstar a emergência da consciência e ação críticas. O efeito destas patologias pareceria assim ser o fato de o Estado ser aliviado de parte da pressão para legitimar suas ações. O tipo de solidariedade necessária para movimentos de oposição é impedido pela crescente experiência de alienação e isolamento. E o tipo de transformações cognitivas necessário para desenvolver interpretações que desafiem a legitimidade da ação do Estado é solapado pela fragmentação da consciência.

Em *Legitimation Crisis*, o Estado parecia rumar para a dificuldade, porque tinha de implementar imperativos econômicos, baseados em classes e ainda assegurar, ao mesmo tempo, aceitação normativa geral em termos de critérios universalistas. Agora, entretanto, os processos de reificação e fragmentação são vistos como diminuindo a necessidade de o Estado contar com uma base de "acordo normativamente assegurado e comunicativamente atingido". O lado inverso deste fenômeno é que "o alcance de tolerância [sistêmica] para atitudes meramente instrumentais, indiferença e cinismo é expandido".[92] E estas atitudes seriam os tipos que se esperaria fossem cultivados a partir das três patologias discutidas (nᵒˢ 1, 2 e 8).

Infelizmente, Habermas não faz muito para investigar as implicações potenciais dessa mudança para o capitalismo avançado, mais especificamente em relação às formas particulares que poderiam aumentar a elasticidade desse sistema. Por exemplo, poder-se-ia especular que uma ênfase renovada em atitudes instrumentais como o individualismo possessivo, quando combinado com uma indiferença crescente quanto a se a ordem política é legítima, podia apontar na direção de um futuro do qual já estamos tendo um vislumbre.[93] A popularidade dos regimes de Thatcher e Reagan parece se apoiar, ao menos parcialmente, numa nova ênfase no individualismo possessivo dentro de alguns segmentos da população, combinado com uma crescente indiferença em relação à situação do segmento inferior. Este fenômeno, com freqüência denominado de crescimento de "duas Grã-Bretanhas" (uma com empregos e perspectivas, a outra sem), pode agora ser visto como algo que é cada vez mais aceitável ao ponto da "primeira" Grã-Bretanha (ou América) simplesmente suspender seu compromisso com a norma básica, segundo a qual valores democráticos têm de ser universalizados. Ademais, é pouco provável que pessoas com tais atitudes fiquem particularmente aborrecidas pelo uso criterioso de repressão contra a "segunda" Grã-Bretanha (ou América). Se este tipo de hipótese for correta, o Estado no capitalismo avançado está realmente ganhando espaço crescente para manobrar e afirmar controle.

Tipos similares de efeitos poderiam também ser postulados em relação a uma combinação de atitudes instrumentais com um crescente cinismo para com a legitimidade do Estado ou o mercado como um distribuidor justo de oportunidades. Pode-se encarar o crescimento de coisas tais como a evasão de impostos e a economia informal como evidência dessa síndrome de atitudes. Embora à primeira vista tais fenômenos pudessem parecer indicar desafios para o Estado, tem se argumentado que esse tipo de comportamento dos cidadãos também leva a novos tipos de conformidade em relação ao sistema político. Isto é, conforme o número daqueles envolvidos em atividades questionáveis cresce, também pode crescer o número dos que desejam manter um perfil público coerentemente baixo e evitar quaisquer orientações políticas radicais.[94]

Especulações como essas indicam alguns dos tipos de focos que o programa de pesquisa de Habermas enfatizaria para a teoria social. Ele sugere um grande número de outras áreas de investigação, tais como meios de massa e cultura de massa, nas quais novos *insights* poderiam ser gerados com base em sua análise da modernização e suas patologias.[95] Finalmente, ele também sugere que essa análise exige que procuremos, segundo novas direções, as fontes de possível oposição social ao capitalismo contemporâneo. Embora, como indiquei, Habermas veja a emergência de novos modos pelos quais a oposição possa ser solapada, ele, entretanto, também vê algumas novas fontes de oposição potencial.

V. Novos movimentos sociais

O fenômeno do que chegou a ser chamado de "novos movimentos sociais" apresenta um exemplo particularmente bom do valor heurístico do modelo comunicativo para análise social e política concreta. Como mostrou Jean Cohen, a compreensão de Habermas de racionalidade, ação e modernidade fornece uma estrutura melhor para a compreensão de tais movimentos sociais do que outros paradigmas teóricos existentes.[96]

Desde a década de 60, têm surgido grupos que muitos observadores consideram como sendo grupos que exibem caraterísticas distintas daquelas de outros movimentos sociais típicos da sociedade moderna. Enquadram-se nesta categoria nova os movimentos feministas, o ecologismo radical, o ativismo pela paz, os gays, grupos de autonomia local e vários outros movimentos contraculturais. As características comuns destes grupos, que parecem novos, são seu "radicalismo autolimitante" e sua preocupação distintiva com questões de identidade de grupo.[97] São autolimitantes no sentido de que rejeitam os elementos "totalizantes" da moderna teoria revolucionária: sujeitos revolucionários coletivos falando em nome de toda a sociedade e procurando assumir a economia e o Estado. Contudo, também não seguem o padrão de comportamento de grupo de interesses. Como diz Habermas, para novos movimentos sociais, política não é primordialmente uma matéria

> "de compensações que o Estado providência pode fornecer. Diferentemente, a questão é como defender ou restabelecer modos de vida em risco, ou como pôr em prática modos de vida reformados. Em suma, os novos conflitos não são impulsionados por *problemas de distribuição*, mas dizem respeito à *gramática das formas de vida*".[98]

Este caráter é um tanto defensivo bem como o é foco na luta pela capacidade de construir suas próprias identidades sociais, que tornam esses movimentos um tanto anômalos do ponto de vista daquelas teorias do comportamento coletivo, cujo núcleo é construído a partir de noções estratégicas de ação e racionalidade. Tais teorias desfrutam do maior sucesso na explicação do comportamento coletivo ofensivo (ou diretamente influenciador ou procurando controlar o Estado), o que é empreendido por grupos estabelecidos para os quais a identidade é menos que um problema central, contínuo.[99]

Por outro lado, tentativas para compreender novos movimentos sociais com base num paradigma "orientado por identidade" são também um tanto insatisfatórias.

Pois aqui a ação é reduzida a ser simplesmente expressiva ou dramatúrgica nos termos de Habermas. Esta dimensão da ação é, está claro, importante nos novos movimentos sociais, mas a superenfatização sobre ela na estrutura analítica não consegue dar a extensão adequada para as dimensões estratégicas do comportamento desses movimentos à medida em que interagem com instituições estabelecidas, em suas tentativas de assegurar algum espaço autônomo para articulação da identidade.[100]

O modelo comunicativo de Habermas fornece a melhor estrutura disponível, não apenas para construir explicações do comportamento de novos movimentos sociais, como também para compreender porque tais movimentos surgiram e para interpretar o que, num nível geral, está em jogo nas lutas nas quais se envolvem. Em termos de seu comportamento, o modelo comunicativo é o único suficientemente complexo para oferecer alguma compreensão da mistura peculiar de ação estratégica, guiada por norma (especialmente sua qualidade universalista) e expressiva ou dramatúrgica na qual tais grupos se envolvem. Em termos de entendimento do porque tais movimentos surgiram e da interpretação do que está em jogo em suas lutas, Habermas dirige nossa atenção para sua interpretação da modernidade e modernização, mais particularmente para as noções de sistêmico *versus* sociação comunicativa e de um processo unilateral de racionalização societal *versus* um mundo da vida racionalizado.

Na perspectiva de Habermas, os novos movimentos sociais estão reagindo contra a crescente colonização do mundo da vida e o empobrecimento cultural.[101] Esta perspectiva permite entender a qualidade defensiva peculiar que tais movimentos exibem. Por um lado, há uma reação defensiva contra a usurpação do Estado e da economia na sociedade, algo que é similar aos movimentos de reação tradicionalistas. Por outro lado, o comportamento de novos movimentos sociais não pode ser entendido simplesmente como uma reação contra "a destruição de formas de vida tradicionais", mas sim como uma reação contra a deformação de "formas de vida pós-tradicionais" tornada possível por um mundo da vida racionalizado. Proteger as condições de "sociação comunicativa" possível significa gerar espaço para uma construção mais autônoma de identidade de grupo e deliberação política.[102]

Este tipo de análise, por sua vez, permite deduzir distinções úteis entre vários movimentos sociais contemporâneos. Por exemplo, o despertar recente do fundamentalismo religioso, especialmente nos E.U.A. é em certo sentido novo, mas o modelo de Habermas nos permite reconhecer porque não deveria ser classificado entre os novos movimentos sociais. Isto porque, embora esse fundamentalismo seja uma reação contra a destruição de formas de vida tradicionais pelo grande governo e uma América corporativa dedicada ao marketing de um estilo de vida "permissivo", a articulação dessa reação é toda integrada, de modo demasiado polido, em modalidades novas de colonização interna. A identidade do fundamentalismo religioso é cada vez mais definida por uma estratégia corporativista mediada pela televisão, estratégia de marketing de um novo consumo "consagrado" de produtos, serviços e imagens.[103]

A perspectiva de Habermas produz também um entendimento do caráter autolimitante dos novos movimentos sociais. O tipo de consciência e comportamento que são compatíveis com condições de maior espaço para a sociação comunicativa não suporta programas revolucionários totalistas, seja para gerar uma ideologia revolucionária tradicional, seja para esmagar as instituições do capitalismo. O problema é menos aquele de construir uma ideologia revolucionária, coletiva, para combater a ideologia produzida pelo capitalismo do que aquele outro de superar a colonização e fragmentação da consciência, criando folga suficiente no sistema para a articulação autônoma constante de identidades plurais pelos grupos envolvidos.

Quanto às instituições do capitalismo, os novos movimentos sociais têm uma apreciação de seu caráter ambíguo. O Estado-providência, por exemplo, é tanto um veículo para a universalização dos direitos quanto uma ameaça para a capacidade das pessoas de controlar a direção de suas próprias vidas. Compare-se aqui a atitude do movimento feminista com uma economia capitalista. Uma vez despido de seu preconceito tradicionalista contra as mulheres, é um veículo para a obtenção de independência material e auto-afirmação; mas é também uma força poderosa para uma homogeneização externamente codificada da consciência feminina.

Tal sensibilidade para com ambigüidade é precisamente o que é apropriado à nossa situação contemporânea, do modo que é analisado por Habermas. Muitos dos benefícios da vida contemporânea têm uma relação intrínseca com a diferenciação e a hierarquia das estruturas de economias e Estados modernos. E, entretanto, este processo de racionalização de sistemas ameaça nossa integridade como seres críticos, independentes, capazes de moldar a direção de nossas vidas coletivas de uma maneira democrática.

Estas são algumas das maneiras pelas quais o modelo comunicativo exibe seu valor heurístico para o estudo de uma categoria de ação coletiva, que é apenas precariamente compreendida a partir da perspectiva de outros programas de pesquisa. Mas, é claro, este modelo também proporciona *insights* sobre esses movimentos, que têm implicações normativas distintas para sua autoconsciência e ação.

Em *Legitimation Crisis*, Habermas previu a ascensão de uma política crítica, mas realmente não deu idéia da forma que ela assumiria. Foi-nos deixado para especular que, de algum modo, haveria uma reemergência de uma "esfera pública" crítica, cujo declínio ele traçara em seu primeiro livro sobre o desenvolvimento do capitalismo liberal.[104] A obra mais recente de Habermas permite que essas especulações assumam uma forma uma pouco mais clara. A clareza a ser ganha aqui não é em relação à probabilidade de sucesso de uma política crítica. Quanto a isto Habermas é, como eu disse, provavelmente menos otimista do que foi quando escreveu *Legitimation Crisis*.[105] O que está se tornando mais claro é o tipo de autocompreensão normativa que uma política crítica precisa.

O novo pensar de Habermas sobre uma esfera pública, crítica do discurso e da ação é caracterizado pela afirmação de que deve haver uma clara e duradoura demarcação entre essa esfera e o sistema político formal. A "esfera pública política, na qual sociedades complexas ganham uma distância normativa de si mesmas e são capazes de assimilar coletivamente experiências de crises", têm de ser conceitualizada como sendo exatamente tão distinta do sistema *político* quanto este é do sistema econômico. Isto porque o primeiro sistema precisa operar através do "meio administrativo-legal" e, como mostrou a análise da colonização, carrega uma tendência inevitável para a "normalização" no sentido de Foucault.[106] A criação de esferas públicas críticas, autônomas, tem de ser entendida agora como a "formação de impedimentos de limiar ... e o embutimento de sensores na permuta entre mundo da vida e sistema". A noção geral da característica de autolimitação dos novos movimentos sociais é desenvolvida aqui numa prescrição normativa, segundo a qual eles entendem sua tarefa mais fundamental como sendo lutar num "conflito de fronteira" [*Grenzkonflikt*] interminável entre o mundo da vida e os sistemas político e econômico.[107]

Infelizmente, Habermas não elaborou essa imagem de política crítica detalhadamente. Restou-nos o que parece ser uma visão inteiramente negativa das possibilidades da política. Novos movimentos sociais deveriam continuar a evitar tanto grandes esquemas revolucionários quanto o caminho de integrar a si mesmos nas atividades normais de instituições estabelecidas. Ademais, deveriam ser cautelosos mesmo com sua organização interna. Pois renunciar às qualidades horizontais, comunicativas de interações políticas *grass-roots* e atravessar "o limiar para a organização ... formal" impõe um crescimento no grau no qual a política interna será inevitavelmente organizada através de um "meio legal-administrativo".[108]

Habermas tem sido criticado por ver apenas esse potencial negativo, político em novos movimentos sociais. Cohen acha "irônico" que Habermas não considere esses movimentos como sendo "portadores de uma nova identidade coletiva, capaz de institucionalizar os potenciais positivos da modernidade [que ele identificou] ou de transcender a política expressiva e particularista."[109] Penso que Cohen está equivocado sobre Habermas não ver novos movimentos sociais como, entre outras coisas, os portadores potenciais de uma identidade coletiva que parcialmente se sobrepõe e parcialmente se estende além da esfera de suas identidades de grupo mais particulares. Mesmo sendo sua posição aqui às vezes mais implícita do que explícita, é justo dizer que ele considera novos movimentos sociais como a melhor esperança para uma institucionalização mais "equilibrada" dos potenciais da modernidade. Esboçarei os contornos dessa imagem da política mais positiva — embora ainda institucionalmente vaga — no próximo capítulo.

6. AS DUAS TAREFAS
DA TEORIA CRÍTICA

No fim de *The Theory of Communicative Action*, Habermas sugere que a teoria crítica tem dois tipos de tarefas: a filosófica e a sócio-científica. Referi-me a elas como as faces quase-kantiana e hegeliana-marxista da teoria crítica, ou a heurística negativa e positiva de um programa de pesquisa crítico. A primeira dessas tarefas é a de desenvolver "uma teoria da racionalidade", que constitui um modelo mínimo do sujeito. Isso, por sua vez, permite um esclarecimento do conceito de modernidade que Habermas sente pode "assegurar a moderna compreensão do mundo de sua universalidade". A última tarefa, por outro lado, começa com a análise da modernidade em relação aos processos ocidentais de racionalização societal e passa à construção das teses de colonização do mundo da vida e empobrecimento cultural. O fio a ser apanhado aí pelos teóricos sociais críticos é o que investiga as patologias, desequilíbrios e novas formas de movimentos de oposição no capitalismo avançado.[1]

Neste capítulo tratarei ainda mais cuidadosamente de como se pode compreender essas duas tarefas. Na primeira seção, considerarei a freqüente acusação de que Habermas está oferecendo uma nova forma de fundamentalismo filosófico, que interpreta mal a correta relação entre a filosofia e as ciências empíricas e entre a filosofia e a cultura. Esta questão conduzirá a uma consideração das dificuldades de reivindicar que a "moderna compreensão do mundo" possui o tipo de significação universal que Habermas a ela atribui. O foco inicial aqui será para sua afirmação de que as três formas especializadas de argumentação (empírico-teórica, moral e estética) e suas esferas de valor culturais correspondentes representam aquela organização de consciência dentro da qual o conhecimento pode ser mais eficientemente acumulado. Esta discussão do potencial de aprendizado de modernas estruturas conduzirá, então, nas duas seções seguintes, a um exame da reivindicação de Habermas de que tais estruturas também permitem uma compreensão adequada dos "processos de desaprendizado" que têm acompanhado a modernização, em particular a subjugação tanto da natureza "externa" quanto da "interna".[2]

I. Um universalismo não-fundamentalista

Em filosofia, uma posição fundamentalista é a que afirma que a filosofia pode, por algum método, demonstrar a validade absoluta, universal de alguma concepção de conhecimento ou moralidade. Esta visão de que há estruturas conceituais ou morais a-históricas existindo, por assim dizer, sobre as cabeças de agentes históricos concretos é uma visão que tem cada vez mais caído na má reputação geral. Suspeita-se com freqüência que o trabalho de Habermas abriga alguma variante de fundamentalismo e isto muito embora, com a mesma freqüência, venha afirmando que sua posição é uma posição não-fundamentalista.[3]

Como a tarefa quase-kantiana que Habermas endossa difere do fundamentalismo kantiano tradicional? Este último atribui à filosofia o papel de "porteiro"

[*Platzanweiser*] em relação às ciências empíricas, porque o método transcendental de Kant sustenta mostrar a essas ciências seu lugar e limites no teatro do conhecimento humano possível. Habermas, por outro lado, prevê somente um papel quase-transcendental para a reflexão filosófica. Isto significa elucidar não as condições de todo conhecimento possível, mas sim as "várias condições para a validade de expressões e desempenhos significativos". A legítima esfera da reflexão filosófica é agora reduzida e redefinida. Estende-se apenas ao desenvolvimento de:

> "reconstruções racionais do *know-how* dos sujeitos, que estão incumbidos de produzir expressões válidas e que confiam em si mesmos para distinguir intuitivamente entre expressões válidas e inválidas. Este é o domínio de disciplinas tais como a lógica e a metamatemática, a epistemologia e a filosofia da ciência, a lingüística e a filosofia da linguagem, a ética e a teoria da ação, a estética, a teoria da argumentação, etc. Todas estas disciplinas têm a intenção comum de fornecer avaliações do conhecimento pré-teórico e o comando intuitivo, digamos, dos sistemas de regras por meio do qual sujeitos competentes geram e avaliam expressões e desempenhos válidos, tais como inferências corretas, bons argumentos, descrições, explicações ou previsões verdadeiras, sentenças gramaticais, atos de discurso bem-sucedidos, ações instrumentais, efetivas, avaliações adequadas e auto-expressões autênticas."[4]

Em síntese, a esfera tradicional da filosofia teórica deve agora ser assumida por "ciências reconstrutivas". A questão que imediatamente surge com essa mudança, entretanto, é como exatamente essas ciências reconstrutivas diferenciam a si mesmas epistemologicamente da filosofia, por um lado, e da ciência "normal", por outro.[5]

Em relação à filosofia, essa questão pode ser respondida examinando-se que fundamentos existem para decidir se uma reconstrução particular é válida. Certamente Habermas deseja reivindicar que suas reconstruções particulares de ação e racionalidade possuem um *status* universalista, mas claramente mostra que essa reivindicação não é fundamentalista. A validade de suas reconstruções pode ser avaliada de duas maneiras. Primeiramente, podem ser avaliadas num sentido heurístico: quão bem concedem "coerência" conceitual através de uma gama de teorias e interpretações. Em segundo lugar, podem ser indiretamente testadas examinando-se quão bem essas teorias e interpretações enfrentam a evidência empírica.

> "É importante ver que reconstruções racionais, como todos os outros tipos de conhecimento, têm apenas um *status* hipotético. Podem muito bem partir de uma amostra falsa de intuições; podem obscurecer e distorcer as intuições corretas, e podem, ainda com maior freqüência, generalizar demais casos particulares. São carentes de maior corroboração. O que aceito como uma crítica antifundamentalista de todas as fortes reivindicações a *priori* e transcendentalistas não impede, porém, tentativas de colocar reconstruções racionais de competências supostamente básicas em julgamento e testá-las indiretamente, empregando-as como *input* em teorias empíricas."[6]

A natureza hipotética, não-fundamentalista das reconstruções racionais de Habermas talvez possa ser exibida com maior clareza, se pensarmos nelas, como sugeri antes, como integrantes de parte do núcleo de um programa de pesquisa de ciência social. Assim, o sucesso ou fracasso ao longo do tempo da teoria do desenvolvimento moral de Kohlberg, por exemplo, ou da teoria do capitalismo avançado de Habermas, lança luz indireta de avaliação sobre a validade das reconstruções de ação e racionalidade. Se o estado de tais teorias mostrar que o programa está "degenerando", então o núcleo, da mesma forma, será cada vez mais colocado em questão.[7] Interpretado desta maneira, é fácil compreender o que Habermas quer dizer quando afirma que a especulação filosófica pura só pode desempenhar o papel de "guardador de lugar" [*Platzhalter*] temporário para projetos reconstrutivos que, por sua vez, só têm um *status* hipotético.[8]

Se é permitido a Habermas diferenciar a ciência reconstrutiva da filosofia fundamentalista dessa maneira, ainda nos resta a questão: o que diferencia agora a ciência reconstrutiva epistemologicamente da ciência normal? Esta questão tem alguma significação para Habermas, porque tanto ele quanto seus predecessores da Escola de Frankfurt despenderam boa parte de seu tempo defendendo sua própria reflexão filosófica como uma atividade necessária para lograr alguma distância crítica, reflexiva do que viam como os perigos de uma ciência concebida de modo positivista.[9] O problema agora é se, à medida em que Habermas cada vez mais distancia seus esforços reconstrutivos da filosofia fundamentalista, oblitera também, no fim, a distinção entre tais esforços e os da ciência normal.

Parece claro que Habermas deseja manter realmente essa distinção e de algum modo impedir que a ciência reconstrutiva seja inteiramente absorvida dentro da esfera do interesse técnico, cognitivo, que define a ciência comum. Tal absorção tornaria seu projeto inteiro tão positivista como outros que ele criticou em suas obras anteriores. Habermas tentou justificar essa distinção argumentando que a reconstrução de competências básicas num conjunto explícito de regras é mais puramente descritiva do que a ciência normal no sentido de que não impõe uma estrutura teórica ao mesmo grau. Entretanto, esta forma de justificar a distinção não se revelou muito persuasiva para os críticos, que não vêem nenhuma base real para distinguir ciência reconstrutiva e normal; ambas estão vinculadas em última instância a hipóteses falíveis.[10]

Talvez algo como o tipo de distinção que Habermas quer manter pudesse ser estabelecido, se se refletisse na natureza do núcleo de um programa de pesquisa de ciência social. Como foi mostrado no começo do capítulo 1, as conceitualizações que constituem o núcleo têm de fornecer um mínimo modelo do sujeito. Agora o modelo é, está claro, indiretamente testado à medida em que as teorias e interpretações que informa são testadas diante da evidência empírica. Mas, como foi argumentado antes, parece plausível ver tais modelos fortemente subdeterminados por tal evidência. As implicações normativas do modelo também têm de enfrentar os padrões de nossos juízos morais mais reflexivos. E estes juízos refletem mais um interesse cognitivo prático do que um interesse técnico. A implicação disto para Habermas é que lhe poderia facultar algumas razões para continuar a diferenciar epistemologicamente entre os seus esforços reconstrutivos e a ciência normal, visto que os primeiros não podem ser pressentidos simplesmente como servindo um interesse cognitivo técnico.[11]

Mesmo que se aceite os argumentos de Habermas sobre como a reflexão filosófica dentro do seu projeto não desempenha mais o papel de "porteiro" [*Platzanweiser*], há uma outra base para a suspeita de que esse projeto abriga ainda tendências fundamentalistas. Aqui seria argumentado que a filosofia também não desempenha o papel de "supremo juiz" [*obersten Richters*] da cultura. Não pode oferecer juízos absolutos, de uma posição a-histórica, sobre o que são formas de conhecimento ou razão privilegiadas e não privilegiadas.[12] O problema específico na hipótese de Habermas é que ele pareceria estar formulando uma categorização a-histórica, não tão diferente de Kant. Razão pura, razão prática e juízo são convertidos no trabalho de Habermas como três reivindicações de validade distintas (verdade, legitimidade e autenticidade). Ademais, argumenta-se também que o tratamento dessas reivindicações especializadas tem de ser institucionalizado nas esferas culturais correspondentes (as quais são distintas e em algum sentido privilegiadas em relação a outras esferas), se é para o potencial racional das modernas estruturas de consciência ser coerentemente realizado nas interações sociais.

Em que sentido Habermas fornece algum fundamento filosófico absoluto para as constelações culturais do mundo moderno? Em nenhum sentido, ele argumentaria. A filosofia não traz aqui nenhuma estrutura de validação a-histórica, independente. As três esferas culturais (ciência e tecnologia, lei e moralidade, estética), representando "três momentos da razão", emergiram na modernidade como uma matéria de fato histórico; "cristalizaram-se sem o auxílio da filosofia".[13] A tarefa filosófica aqui é a de esclarecimento reflexivo desse fenômeno e suas implicações. Parte dessa tarefa será de elucidar a lógica interna de argumentação característica de cada uma das três esferas culturais; em outras palavras, fornecendo a autoconfiança de que elas realmente representam distintos "momentos" ou "complexos" da razão.

Embora Habermas admita que não tenha desenvolvido semelhante teoria de argumentação completamente amadurecida de sua análise da pragmática universal, deu uma ilustração provisória de algumas das implicações que tal teoria acarretaria. Elas estão representadas na figura 4. Aí ele tenta integrar sua própria estrutura de atitudes pragmáticas formais e conceitos de mundo formais com o pensamento de Weber sobre a distinção entre as três esferas culturais de valor. A figura visa ilustrar essas combinações de atitudes pragmáticas formais e conceitos de mundo que formam férteis complexos de racionalidade, isto é, aqueles que são "suficientemente produtivos do ponto de vista de adquirir conhecimento, para permitir, nos termos de Weber, um desenvolvimento de esferas de valor culturais com sua própria lógica interna".[14]

Na figura 4 os complexos geradores de conhecimento da racionalidade são aqueles dentro das linhas negras mais densas (1.1, 1.2, 2.2, 2.3, 3.3, 3.1). Isto, é claro, implica que outras combinações de atitudes e conceitos de mundo (os marcados com "x") não possuem formas de argumentação correspondentes, distintas, capazes de gerar conhecimento. Por exemplo, o fato de a combinação 2.1 ser vazia indica "um ceticismo referente à possibilidade de dar uma forma racional a relações fraternais com uma natureza não-objetivada — por exemplo, sob a forma de uma filosofia da natureza que pudesse competir com as modernas ciências da natureza".[15]

A estrutura anterior foi recebida com ceticismo, mesmo por críticos favoráveis a ela. McCarthy argumentou que não é tão fácil para Habermas separar claramente seus complexos privilegiados de racionalidade dos outros. O ceticismo de Habermas sobre os compartimentos vazios na figura 4 é baseado grandemente em sua reivindicação de que nos privilegiados há uma "*acumulação* de conhecimento".

Todavia, como McCarthy destaca, não é de modo algum claro em que sentido o conhecimento é gerado de uma maneira cumulativa, por exemplo, na argumentação estética. E se isto não é claro, não é tão fácil para Habermas fazer uma tal distinção clara entre o potencial de aprendizado de ao menos um de seus complexos privilegiados e aqueles marcados com "x".[16]

As observações de McCarthy levantam assim dois problemas-chaves para a estrutura de complexos de razão privilegiados e desprivilegiados: 1) a possibilidade de que ao menos um dos complexos marcados com "x", tal como uma nova conceituação da relação do homem com a natureza, pode ser articulada de uma tal maneira que se torne um veículo do aprendizado; e 2) a suspeita de que a noção de Habermas de aprendizado estético não possa ser adequadamente articulada.

Atitudes básicas \ Mundos	1 Objetivo	2 Social	3 Subjetivo	1 Objetivo
3 Expressivo	Arte			
1 Objetivante	↑ Racionalidade cognitivo-instrumental Ciência Tecnologia	Tecnologias sociais ↓	X	
2 Conformativo a normas	X	↑ Racionalidade moral-prática Lei	Moralidade ↓	
3 Expressivo		X	↑ Erotismo	Racionalidade estético-prática Arte

Figura 4 — Complexos de racionalização.
(Fonte: TCA, p. 238; cf. REPLY, p. 249.)

Embora esses problemas sejam levantados no contexto específico de reivindicações associadas com a figura 4, levantam debates que estão no núcleo do que considero como sendo as duas linhas mais fundamentais de críticas que têm sido dirigidas contra a consideração global de razão e modernidade de Habermas. O ataque destes reptos é de que as estruturas diferenciadas da consciência moderna, o que Habermas liga ao potencial de aprendizado, são extremamente *menos capacitadoras* e extremamente *mais coercitivas* do pensamento e ação humanos do que permite Habermas. Em particular, essas estruturas nos cegam para o que nós, como modernos, temos "*desaprendido* [*verlernt*] em nossos processos de aprendizado".[17]

Tal crítica propõe, por um lado, que as estruturas ocidentais de consciência, que privilegiam uma relação cognitivo-instrumental com a natureza *exterior*, são em última instância culposas por destruição ambiental.[18] Também se argumenta, por outro lado, que tais estruturas estão intimamente envolvidas na sujeição da natureza *interior*: uma atrofia de nossas capacidades estético-expressivas. Este tipo de argumento sobre modernidade e experiência estética foi feito bastante provocativamente por Foucault com sua análise da subjugação do corpo e suas propostas para uma nova "estética da existência". Estas duas linhas de pensamento localizam, portanto, a fonte da crise da modernidade não exatamente em processos unilaterais de modernização, mas sim no próprio núcleo do modo do sujeito moderno de aprender sobre o mundo e com ele se relacionar.

Embora Habermas esteja preocupado em responder a esses reptos, está ciente de que as respostas que até agora deu não são extremamente convincentes. Está convencido, todavia, que esses reptos possuem dificuldades teóricas internas que mitigam a força deles mesmos.[19] Na realidade, concorda com muito da substância dessas críticas, mas considera absolutamente essencial mostrar que tais *insights* podem ser preservados a partir de *dentro* da perspectiva de modernidade. Esta perspectiva pode esclarecer tais patologias como parte do "processo de desaprendizado" de modernização unilateral, isto é, como fenômenos associados a um desenvolvimento desequilibrado do potencial da modernidade.[20]

Antes de me voltar diretamente para sua resposta aos reptos acima, é necessário esclarecer mais um ponto-chave. Quando Habermas se refere a um caminho *desequilibrado* de desenvolvimento na sociedade ocidental, implica algum tipo de ideal do que um caminho *equilibrado* pareceria. Agora, o que está em questão aqui não é um modelo substantivo da vida boa, que é supostamente derivada da noção comunicativa da razão. Pode-se apenas especificar "certas *condições formais* de uma vida racional."[21] A partir desta perspectiva formalista, pode-se identificar os contornos de um "padrão de racionalização não-seletivo" ou equilibrado:

> as "três esferas de valor culturais têm de ser conectadas com sistemas de ação correspondentes de uma tal maneira que a produção e transmissão do conhecimento, que é especializado de acordo com reivindicações de validade, seja assegurado; o potencial cognitivo desenvolvido por culturas de especialistas tem, por sua vez, de ser passado adiante para a prática comunicativa da vida cotidiana e ser tornado frutífero para sistemas de ação sociais; finalmente, as esferas de valor culturais têm de ser institucionalizadas de uma tal maneira equilibrada que as ordens de vida correspondentes a elas sejam suficientemente autônomas, para evitar estar subordinadas a leis intrínsecas às heterogêneas ordens da vida".[22]

Por conseguinte, os componentes-chaves do modelo de equilíbrio são: a garantia institucional de uma transmissão diferenciada de conhecimento, a minimização do grau em que o conhecimento gerado pelos especialistas permanece isolado das capacidades críticas dos cidadãos e atingir um equilíbrio entre as três esferas culturais que correspondem aos três aspectos diferenciados da razão. Estes dois últimos componentes certamente levantam as mais prementes questões. Quanto ao "desisolamento" da especialização, se poderia dizer que esta é uma meta que tem sido fundamental no trabalho de Habermas desde o próprio começo: "Com o discurso ético como o fio-guia, podemos ... desenvolver a idéia formal de uma sociedade na qual todos os processos de tomada de decisão potencialmente importantes são ligados a formas institucionalizadas de formação de vontade discursiva".[23] Embora tal idéia, a esse nível de abstração, levante inúmeras questões sobre formas institucionais (como os críticos têm freqüentemente notado), trata-se, contudo, de uma idéia absolutamente compreensível.

O segundo componente do modelo de equilíbrio, no entanto, levanta questões que provocam mais perplexidade. Parte do que está em questão aqui é como revigorar e dar mais independência institucionalizada às dimensões estética e prático-moral da vida, que têm sido cada vez mais levadas à tutela dominante do cognitivo-instrumental durante os processos de modernização. Mas há algo mais em jogo aqui, pois o problema não é simplesmente uma independência adequada para cada esfera de valor cultural. Tem de haver também uma interdependência, pois os diferentes "momentos" de razão que essas esferas representam são "incompletos em si mesmos". A diferenciação precisa ser temperada por "uma interação equilibrada do cognitivo com o moral e o estético-expressivo".[24] Este último ponto complementa aquele que se relaciona com o problema de reconciliar culturas de especialização com a prática comunicativa cotidiana. Ambos procuram tratar do sentido de perda de integridade ou unidade que assombra a modernidade.

É em conexão com a investigação desta questão que Habermas vê uma segunda tarefa para a filosofia (juntamente com aquela do "guardador de lugar"). Como vimos, a filosofia não pode reivindicar a posição de "juiz supremo" da cultura, oferecendo justificação fundamental para a diferenciação das esferas de valor culturais que emerge com a modernidade. No máximo, a reflexão filosófica pode dirigir a si mesma para a investigação de como algum sentido de unidade pode ser obtido dentro de um nível alcançado de diferenciação. Assim, o filósofo somente pode desempenhar o papel de um "intérprete mediador", investigando como colocar culturas de especialização em comunicação com práticas discursivas da vida cotidiana e como assegurar que as diferentes esferas culturais "se comuniquem *entre* si", sem ao mesmo tempo "violar a lógica interna da forma dominante [daquela esfera] de argumentação especializada ou, na verdade, retidão normativa ou harmonia estética".[25]

Claramente o que Habermas tem em mente aqui é desenvolver uma avaliação de algum sentido de unidade ou reconciliação, que seja compatível com o potencial de modernidade, mas incompatível com o curso real de modernização capitalista. Isto lhe permitiria poupar alguma autoconfiança para a modernidade. O sentido preciso dessa visão da unidade da razão não é, entretanto, tornado muito claro. Ele sugere que nós "já" temos "sempre" um certo "conhecimento intuitivo" da unidade nesse sentido, porque nossa ação comunicativa cotidiana sempre nos envolve no definir e agir dentro de situações, de uma tal maneira que "explicações cognitivas, expectativas morais, expressões e avaliações se interpenetram".[26]

Infelizmente Habermas não vai muito além deste apelo um tanto vago à intuição. Não oferece nenhum argumento desenvolvido, como faz com suas outras reivindicações sobre o conhecimento intuitivo de locutores comunicativamente competentes. Só nos restou uma noção do sentido intuitivo de cada agente de que ele poderia distinguir entre formas de vida com base nelas concederem uma interação ou mais ou menos unificadora dos diferentes momentos da razão. Tentarei dissecar mais este pensamento especulativo na próxima seção, no contexto da discussão de como tratar o problema da subjugação da natureza exterior.

Habermas admite honestamente a qualidade meramente de esboço e relativamente insatisfatória de suas reivindicações sobre unidade. Mas sustenta inflexivelmente que aqueles que tentam desenvolver conceitualizações alternativas de unidade ou reconciliação que passam "por trás" ou "por cima" do moderno entendimento do mundo são ainda mais inadequados.

> Tudo isto não constitui realmente um argumento, mas mais uma expressão de ceticismo diante de tantas tentativas fracassadas de se fazer omelete sem quebrar os ovos; para reter ambos os *insights* de Kant e, ao mesmo tempo, retornar ao "lar" [*Behausung*] do qual esses mesmos *insights* nos alcançaram.[27]

O ceticismo que Habermas expressa nesta citação é dirigido aos dois tipos de propostas mencionados antes para a cura das enfermidades da modernidade. O primeiro são remédios para a dominação da natureza *externa* e o segundo são os remédios para a dominação da natureza *interior*.

II. Modernidade e a dominação da natureza "exterior"

Propostas do primeiro tipo sugerem que o único modo adequado de curar a destrutividade do homem moderno em relação ao seu ambiente é repensar radicalmente nossa maneira de conceitualizar a natureza não-humana. Este repensar envolveria alguma rejeição básica de nossa modalidade dominante cognitivo-instrumental de nos relacionarmos com a natureza. Isto poderia incluir a idéia da própria natureza ter uma finalidade última ou a idéia do *status* moral de algumas partes da natureza, tal como os animais. E agora, como foi indicado, Habermas admite que não há nenhum contra-argumento fundamentalista para tais propostas. Ele permanece cético, entretanto, quanto a se o modo adequado de tratar tais problemas como crise ambiental é fazendo uma ruptura radical com as estruturas diferenciadas da consciência moderna. A carga de prova, sugere, pesa sobre aqueles que sugerem tal ruptura. Por exemplo, aqueles que prevêem uma finalidade última para a natureza têm de tornar claro como essa idéia evita nos levar "de volta à metafísica e assim atrás dos níveis de aprendizado alcançados na Idade moderna para um mundo re-encantado."[28]

Em oposição a tal acusação, McCarthy sugeriu que é, na verdade, ao menos possível desenvolver algum tipo de filosofia da natureza que não levaria de volta à metafísica.[29] Este é certamente um importante repto a Habermas, pois sensibiliza um dos perigos em sua posição. Gerar distinções entre modalidades de cognição válidas e inválidas sempre traz consigo o perigo de criar distinções que realmente se convertem em critérios de poder e privilégio. Mas, a menos que se queira negar qualquer diferença entre os dois tipos de critérios, herda-se um processo contínuo de demonstração da validade de algumas distinções propostas e defesa delas contra o contra-argumento. Sob essa luz, a reivindicação de McCarthy é importante, mas a controvérsia só pode ir adiante olhando-se realmente para as implicações que surgiriam de uma plena elaboração de tal nova filosofia da natureza.[30]

Neste ponto, uma senda talvez mais frutífera a ser seguida nessa controvérsia seria indagar como a posição de Habermas permite tratar ao menos algumas das preocupações práticas, que parecem animar esforços para repensar a relação entre os seres humanos e a natureza. Em síntese, podemos prever o desenvolvimento de práticas e instituições que seriam tanto ambientalmente sadias quanto mais apoiadoras de uma orientação ético-comunicativa sem uma nova filosofia da natureza? Por exemplo, estão as comunidades presas, digamos, a um compromisso para formas de energia descentralizadas (como a solar) e tomada de decisão político-econômica possível apenas com base em tal filosofia? Talvez este seja o caso. Talvez o tipo de mudanças sócio-psicológicas necessário para sustentar tais instituições somente poderia ser atingido quando mediado por uma orientação em relação à natureza radicalmente nova, acentuando mais reverência ou respeitabilidade.[31] Por outro lado, a tradição que conduz de Marx à teoria crítica poderia nos tornar um pouco céticos a respeito de superenfatizar o papel de uma nova *filosofia* da natureza. Talvez não tenhamos realmente de encarar uma visão de mundo totalmente nova para imaginar como uma consciência apropriada a instituições radicalmente novas poderia surgir.

Neste sentido, pode-se pensar em crises ambientais crescentes funcionando ao menos um tanto analogamente às crescentes crises econômicas no pensamento de Marx, isto é, como um catalisador prático para reflexão de como os modos nos quais correntemente assaltamos a natureza estão conduzindo a uma forma de vida mais e mais frustrante e autodestrutiva. Num contexto de números crescentes de pessoas que experimentam crescente frustração em suas vidas cotidianas com a escala e organização de formas dominantes de tecnologia, o potencial de interesse em novas práticas e arranjos institucionais poderia se tornar mais premente. E na medida em que um número crescente de pessoas começa a experimentar formas de vida e tecnologia alternativas e se sentem menos frustradas e mais capazes, poder-se-ia ter alguma base sócio-psicológica para um amplo suporte de mudanças sociais em escala cada vez maior.[32] Agora, exatamente como um critério para essas formas alternativas seria seu potencial para fortalecimento e ampliação das capacidades críticas de todos os cidadãos, assim um outro seria seu potencial para ampliação de um sentido de equilíbrio ou harmonia com sistemas naturais. Neste cenário, o suporte para este último valor não exigiria necessariamente uma audaciosa nova filosofia da natureza, mas sim um novo sentido do que ajuda efetivar a satisfação e o bem-estar humanos, um sentido que emergiria da prática reflexiva e corporificaria uma nova apreciação da dimensão estética na vida cotidiana.[33] Imaginar tal forma alternativa de vida e a maneira em que ela poderia atrair um amplo suporte é talvez o melhor modo de conferir alguma persuasão às observações especulativas de Habermas sobre nosso sentido intuitivo do que constituiria uma unidade mais satisfatória das esferas de conhecimento cognitivas, morais e estético-expressivas ao nível da prática cotidiana. É certamente não imediatamente implausível imaginar pessoas vivendo uma tal vida com um alto grau de satisfação e autoconsciência crítica e realizando tal coisa sem dispor de uma tremenda nova, superenvolvente visão de mundo na qual situar sua prática cognitivamente. Embora Habermas não elabore explicitamente o tipo de forma de vida alternativa que sugeri, este parece manifestar algumas das idéias essenciais dele, especialmente a emergência de práticas alternativas nas quais há uma ampliação das dimensões moral-prática e estético-expressiva da vida social cotidiana.

Esta imagem de uma forma de vida mais equilibrada é, certamente, relevante a uma gama de problemas, não apenas aquele da adequada relação com a natureza "exterior". O modelo do equilíbrio é especialmente importante para reconsiderar algumas das questões que foram levantadas sobre novos movimentos sociais no fim do último capítulo. Assim, desejo fazer uma digressão, por um momento, a partir do foco específico sobre natureza "exterior". No capítulo anterior, foi mostrado como a análise da colonização muda o sentido normativo de uma política crítica, democrática:

> "O significado normativo da democracia, num sentido sócio-teórico, pode ser expresso na idéia de que a satisfação das necessidades funcionais de esferas de ação sistematicamente integradas deve encontrar seus limites na integridade do mundo da vida, isto é, nas exigências de esferas de ação que são socialmente [isto é, comunicativamente] integradas."[34]

Mas, como também foi indicado no capítulo anterior, os críticos sugeriram que essa imagem de oposição crítica como um "conflito de fronteira" interminável é demasiado inteiramente negativa. Sugeri, ao contrário, que a visão política de Habermas não é inteiramente negativa. Posso agora tornar tal afirmação mais plausível.

A fonte de uma imagem mais positiva da política é o conceito geral de uma sociedade que faz uso mais equilibrado do potencial de modernidade cultural. Este conceito é utópico de maneiras óbvias, mas Habermas o vê como fundamentado em algumas das práticas e idéias dos novos movimentos sociais.[35] Estes movimentos têm a possibilidade de se tornarem politicamente significativos nesse sentido positivo, ao grau em que começam a reconhecer que sua luta para criar espaço para identidades de grupo autônomas, plurais, deve ligar-se, de um modo reciprocamente enriquecedor, a uma identidade coletiva mais ampla que incorpora o modelo de equilíbrio. Isto é, a luta pela autonomia desses movimentos tem de se tornar um meio amplo de educação política, no qual suas experiências e metas concretas são reflexivamente interpretadas em termos dos critérios de equilíbrio. Isto significa que precisam ser interpretadas, primeiramente, em termos da ampliação de uma nova orientação prático-moral: uma orientação comunicativo-ética associada, como mostrei, a compreensões distintivas de universalidade, igualdade e tolerância. E, de modo similar, a busca de novas modalidades de identidade tem de estar relacionada àquela necessidade de interpretações de necessidades mais flexíveis, a qual está associada a uma tal orientação étnico-política (veja o capítulo 4). Finalmente, esta abertura de interpretações de necessidades precisa ser entendida como parte de um reequilíbrio da modernidade que enfatiza atitudes novas estético-expressivas em relação tanto à natureza exterior quanto à interior (mais sobre esta última na seção seguinte).

Habermas não realizou quaisquer estudos detalhados das idéias e comportamento de novos movimentos sociais, interpretados da perspectiva esboçada. Entretanto, suas observações sobre tais movimentos oferecem certas orientações gerais para especulação. Por exemplo, quando ele fala de grupos envolvidos com "uma crítica do crescimento baseada em *preocupações ambientais e de paz*", está dirigindo a atenção para experimentos com tecnologias e formas de vida alternativas, ecologicamente sadias, que têm o potencial de nos fazer reconsiderar nossa atitude em relação à natureza exterior.[36] E a especulação sobre o efeito crescente de tais movimentos levanta muito plausivelmente problemas de uma identidade coletiva emergente que é compatível com a ética comunicativa. Assim, poder-se-ia sugerir que, embora o movimento ecológico radical seja relativamente pequeno no momento, está, todavia, assentando alicerces e idéias e práticas que poderiam, sob condições de deterioração ambiental mais rápida, obter suporte mais amplo e maior impacto político.[37] Por exemplo, presentemente muito da oposição da classe média ao poder nuclear e o descarregamento de resíduos perigosos apresenta uma qualidade de defesa relativamente cega. Embora possa ferir ligeiramente algumas velhas tradições democráticas de localismo e independência do cidadão, dificilmente constitui um desafio radical com seus *slogans* implícitos de "Joguem esses resíduos químicos no quintal de outra pessoa, não no meu" ou "Coloquem esse reator nuclear no estado vizinho, não no meu". Entretanto, com o avanço da deterioração ecológica, essas formas de oposição podem cada vez mais reconhecer o caráter míope e contraditório de suas posições e se tornar mais suscetíveis de uma reestruturação de suas visões. Isso poderia significar uma abertura maior para as idéias e práticas substantivas daqueles grupos marginais mais radicais. E, identicamente importante, a abertura pode carregar consigo uma reformulação de seu pensamento sobre problemas políticos em termos mais universalistas, mesmo globais. É neste contexto que se deve entender os pensamentos de Habermas a respeito do crescimento de novas formas de identidade coletiva (veja a discussão no capítulo 4). O reconhecimento cada vez maior de desastre ecológico potencial poderia ajudar a expandir as oportunidades para combinar tradições democráticas localistas com um senso de que todos nós somos membros de uma comunidade global ou "sociedade mundial fictícia", como Habermas a chamou.[38] A recente ascensão do movimento de congelamento nuclear nos E.U.A. ajuda a emprestar alguma plausibilidade concreta a essa idéia de uma identidade coletiva, que liga preocupações locais da *vida cotidiana* com preocupações *globais*.

A perspectiva de Habermas também oferece uma estrutura geral para ao menos algum pensar sobre instituições. Muitas propostas institucionais recentes de democratas radicais para reduzir o poder de grandes unidades econômicas e políticas são bastante compatíveis com o pensamento de Habermas; por exemplo, tecnologias de energia *soft* e controle mais local de outras formas de geração de energia; ou democracia do local de trabalho concebida não como um fundamento de um Estado do trabalhador, como simplesmente um espaço para lograr maior controle de nossas vidas cotidianas; ou uso mais amplo de redes de computadores descentralizadas e tecnologia de vídeo para ampliar a informação e capacidade de agir do cidadão médio.[39] Se Habermas realmente oferece alguma orientação geral a favor dessa espécie de prática política descentralizadora, persiste aí, entretanto, uma outra espécie de prática política que é menos claramente definida. A fim de fazer com que a primeira espécie de práticas venha a existir, novos movimentos sociais necessitam do suporte, ao menos até certo grau, de instituições econômicas e políticas existentes. É aqui que a metáfora orientadora de um "conflito de fronteira" interminável deixa de ser muito útil. A visão de Habermas, mencionada no último capítulo, de que novos movimentos sociais devem recuar diante de grandes organizações ou partidos formais, torna impreciso como tais movimentos poderiam conquistar o tipo de suporte que necessitam dos sistemas econômicos e políticos para as transformações institucionais que desejam.

O que Habermas aparentemente acredita nesse sentido é que o comportamento coletivo dos novos movimentos sociais exercerá sua influência sobre o sistema econômico e político *indiretamente* através da opinião pública de massa. Esta noção emerge em sua discussão do uso da desobediência civil pelo movimento alemão ambiental e de paz. Ele argumenta que a desobediência civil de massa é uma resposta legítima apenas em certas condições. A disputa política precisa ser uma disputa que terá conseqüências relativamente irreversíveis ou que envolva uma "confrontação de diferentes formas de vida."[40] Quando tais condições realmente justificam a desobediência civil, a ação tem sempre de manter um "caráter simbólico" e ser executada "somente com a intenção de apelar para a capacidade de discernimento e o senso de justiça da maioria relevante".[41]

O argumento de Habermas aqui é bastante sensato, mas podemos imaginar se a estratégia por trás dessa desobediência civil é adequada à gama total de preocupações políticas dos novos movimentos sociais. O que quero dizer é que, embora a desobediência civil pudesse ser uma importante atividade para ajudar a colocar a opinião pública contra, digamos, a enegia nuclear, seria improvável, sozinha, ser uma adequada estratégia para a meta a longo prazo de promover políticas alternativas específicas. Mesmo se alguém prever um futuro de fontes de energia *soft* relativamente descentralizadas, tal futuro será estruturado de importantes maneiras por instituições políticas e econômicas centralizadas. E se uma das características-chaves dos novos movimentos políticos for sua aceitação de muitos dos aspectos de sistemas liberais, democráticos, então terão de desenvolver formas de interagir com eles para promover certos tipos de políticas. A preocupação de Habermas com os perigos da colonização, que é inerente ao "meio legal-administrativo", tem de ser levada em consideração continuamente; mas pode ser levada longe demais, com o resultado de que novos movimentos sociais serão menos eficientes na consecução das transformações que buscam.

Assim, há uma lacuna distinta na visão positiva de Habermas da política. A lacuna existe entre o nível de uma identidade coletiva nova, ampla, fundamentada num modelo equilibrado de modernidade e o nível de práticas locais ou internas e formação de instituições. Dado o caráter "autolimitante" dos novos movimentos sociais, algo mais no caminho de um repertório político positivo tem de ser elucidado para sua interação com as instituições centralizadas dos sistemas econômicos e políticos.

Tendo feito esta crítica, é importante enfatizar novamente que partes de uma visão positiva realmente existem. Habermas, em absoluto, não nos deixa, como Weber fez, com uma visão do futuro na qual há meramente erupções esporádicas de protesto contracultural contra a jaula de ferro que se expande.[42] Ademais, a noção de uma identidade coletiva fundamentada num modelo equilibrado de modernidade é um avanço significativo sobre as visões de Foucault sobre resistência à subjugação da vida moderna. O modelo de Habermas identifica elementos comuns em novos movimentos sociais, que oferecem, ao menos, a promessa de fundamentos para diálogo e ação coletiva entre eles que ultrapassam o modelo exclusivamente negativo de resistência particularista e local à normalização (voltarei a esta questão a partir de uma direção ligeiramente diferente na seção seguinte).

Em resumo, pode-se dizer que Habermas mantém a promessa de orientação prática na face hegeliana-marxista de sua teoria crítica. Os assuntos iniciais tratados nesta teoria são os novos movimentos sociais, pois estes são os movimentos que lutam com problemas de significação universal para a civilização industrial. A interpretação crítica de modernização de Habermas almeja, assim, ao menos inicialmente ajudar a orientar a autocompreensão desses grupos das seguintes maneiras: (1) esclarecendo (através da análise da colonização interna) ao menos parte do que está em jogo nas lutas desses grupos; (2) abrindo um caminho para entender a modernidade que permita a esses grupos ser radicalmente críticos dela sem ter que rejeitá-la totalmente; e (3) oferecendo o modelo do equilíbrio na vida cotidiana como um guia formal mínimo para práticas e idéias que podem corroer as estruturas reificadas e as culturas de especialistas isoladas da sociedade contemporânea.

Se Habermas realmente pretende que sua análise tenha um efeito esclarecedor sóbre o auto-entendimento de novos movimentos sociais, é certamente importante perguntar como as interpretações que ele oferece são vistas por aqueles mais diretamente associados com as lutas e preocupações de tais movimentos. Pode-se proveitosamente investigar esta questão considerando-se o movimento feminista, visto que algumas feministas têm criticado o que vêem como pontos cegos tanto normativos quanto empíricos em sua teoria. Colocado da maneira mais ampla, a crítica afirma que essa teoria não consegue nos sensibilizar para o "subtexto de gênero" dos papéis e instituições-chaves do capitalismo contemporâneo.[43] A interpretação de Habermas das enfermidades da sociedade em termos do fenômeno de colonização, argumenta-se, tende a cobrir muito do que é de enorme interesse das mulheres. Por exemplo, a distinção diagnóstica-chave entre sistema e mundo da vida tem o efeito de negligenciar o fato de que a família, que Habermas conceitualiza largamente em termos do meio de comunicação, tem sido sempre, no capitalismo, saturada com os meios do dinheiro e do poder. Opostamente, sua conceitualização do Estado e da economia, grandemente em termos dos meios sistêmicos de dinheiro e poder, deprecia o grau no qual estes subsistemas estão ainda estruturados pelo mundo da vida, mais especificamente por normas tradicionais, que fazem esses subsistemas reproduzir a si mesmos de maneiras que reproduzem a dominação masculina.

Muitos destes tipos de crítica podem, eu acho, ser enfrentados, ao menos em parte, lembrando-se que o problema da dominação em Habermas não é conceitualizado como reificação (no sentido de colonização). A base comunicativo-ética de sua análise da modernidade e modernização contém recursos que podem certamente trazer as relações de poder na família ao campo da análise.[44] *The Teory of Communicative Action* pode ser ligeiramente enganosa nesse sentido, pois aí a linha particular de investigação de Habermas leva-o a usar o conceito de poder quase exclusivamente com referência a decisões administrativas no Estado; em outras palavras, o poder é o meio pelo qual essas decisões funcionam. Mas as metas específicas desse texto não deveriam ser retiradas do contexto do resto de seu trabalho, onde o poder é mais amplamente concebido (veja a discussão no capítulo 4, seção IV).

Num sentido, entretanto, a crítica a Habermas, por não esclarecer adequadamente as lutas e preocupações do movimento feminista, é inteiramente procedente. Mas, então, o esclarecimento *adequado* desses fenômenos realmente não deveria ser esperado de um programa de pesquisa, cujo foco principal prático, histórico são mais as crises da modernidade (ou "a nova obscuridade") do que a condição das mulheres. Afirmar isto, todavia, não significa, é claro, que esses focos sejam completamente separados; de fato, Habermas e muitas feministas argumentariam que não são. Se alguém percebe tal sobreposição, então a questão real se torna o grau de esclarecimento recíproco que é legítimo esperar dessas duas perspectivas teóricas. Da perspectiva do programa de pesquisa de Habermas, parece justo ter, ao menos, duas expectativas. Primeiro, deveria ser o caso de as conceitualizações do programa se permitirem, elas mesmas, sem distorção, ser suplementadas por análises mais estreitamente ligadas ao outro foco prático, histórico. Aqui, acho que Habermas emerge toleravelmente bem em relação às preocupações feministas, como indiquei no parágrafo precedente e no capítulo 4, seção III. Em segundo lugar, algumas das análises de Habermas deveriam ser capazes de suplementar ou enriquecer os *insights* gerados por teóricos feministas. Aqui também acho que Habermas se sai muito bem. Por exemplo, com relação à questão dos novos movimentos sociais, seu modelo do equilíbrio e de uma tênue identidade coletiva permitem uma útil interpretação de uma consciência que poderia ser partilhada por todos esses movimentos, à medida em que se envolvem em suas próprias lutas mais específicas (desenvolverei um outro exemplo no fim da próxima seção).

III. Modernidade e a dominação da natureza "interior"

Quero agora me concentrar no pensamento de Foucault de uma maneira mais firme do que fiz até agora. Isto é necessário porque concordo com aqueles que consideram que sua obra levanta *o* repto contemporâneo mais provocativo à teoria crítica.[45] Na seqüência, desejo sugerir primeiramente o que me parece a maneira mais útil de conceitualizar a relação geral entre Foucault e a teoria crítica de Habermas (1). Em seguida me voltarei para a questão mais específica da subjugação da "natureza interior", observando primeiro como Foucault lida com este problema (2) e então como ele poderia ser entendido dentro da estrutura habermasiana (3). Argumentarei que, embora a tentativa de Foucault de tratar o problema da natureza interior pela estetização da subjetividade seja provocativa, deixa-nos, em última instância, com uma forma inadequada de tratar aspectos normativos ou jurídicos da subjetividade. A abordagem de Habermas, por outro lado, permite ao menos algum acesso à dimensão estético-expressiva e é capaz de fazer tal coisa dentro de uma estrutura mais ampla de subjetividade. Um exame desta questão é especialmente importante, porque suas implicações se estendem além de Foucault para lançar dúvida sobre outros críticos da sociedade moderna, que tentam obter alguma base de apoio normativa através da dimensão estético-expressiva.

(1) O que torna o trabalho de Foucault tão desafiador para a teoria crítica? No fundo, é o fato de que suas genealogias, como a de Nietzsche, descobrem o poder operando em estruturas de pensamento e comportamento, que previamente pareciam privadas de relações de poder. Com efeito, Foucault nos mune de um modo incisivo de interrogar as estruturas da cultura. Seus alvos específicos são as estruturas cognitivas e institucionais da vida moderna. Deseja nos mostrar que estruturas que consi-

deramos como sendo inteiramente *capacitadoras* são sempre simultaneamente *coercitivas*. Esta intenção orientadora da totalidade do trabalho de Foucault está claramente expressa no seguinte: "Parece-me que a questão crítica hoje [é:] no que nos é dado como universal, necessário, obrigatório, que lugar é ocupado por tudo quanto é singular, contingente e o produto de coerções arbitrárias?"[46]

Esta questão e o método de análise de Foucault exigem a atenção da teoria crítica, porque esta última sempre afirmou estar de guarda para não confundir novas formas de mistificação com esclarecimento e novas formas de subjugação com emancipação. Esta cautela, mas também seus *limites*, estão expressos na observação de Habermas de que a teoria crítica precisa tentar "formular uma idéia de progresso que seja suficientemente sutil e elástica para não se deixar cegar pela mera aparência [*Schein*] da emancipação. Uma coisa, é claro, ela tem de opor: a tese de que a própria emancipação mistifica".[47] Em termos simples, a teoria crítica não pode desistir da idéia de estruturas culturais mais capacitadoras nem do problema inerentemente correlato da subjetividade — visto que o conceito de capacitação somente tem sentido quando se pode dizer *para quem* essas estruturas são mais capacitadoras.

Embora as orientações filosóficas implicadas nas duas citações precedentes sejam diferentes, essa última pode, porém, sintonizar-se frutiferamente com os *insights* da primeira. O método genealógico de Foucault pode, como sugeri, ser usado para pôr em questão um grande número de fenômenos novos associados às estruturas do capitalismo contemporâneo.[48] Aqui também seu estilo retórico de descrever tais fenômenos com metáforas que associamos a poder e coerção, pode ter um proveitoso efeito de impacto em nos levar a imaginar o que é inicialmente familiar e não-ameaçador como realmente coercitivo e debilitador. Ademais, tal crítica pode ser assestada diretamente para as idéias-chaves dos próprios teóricos críticos, como o próprio Foucault fez, quando esclareceu o lado negativo de um modelo de auto-reflexão psicanaliticamente concebido. Aqui, algumas das primeiras observações de Habermas sobre tornar o eu "transparente" têm uma ressonância extremamente mais problemática e ominosa.[49] E tais questões podem legitimamente ser impelidas mesmo até o nível de indagar sobre as qualidades potencialmente coercitivas da própria situação de discurso ideal.[50]

Entretanto, à medida em que essas questões são esgotadas, surge um ponto em que a questão de *pesar graus de coerção comparativamente a graus de capacitação* tem de ser encarada. Mas este problema só pode ser encarado se Foucault oferecer algumas concepções de subjetividade e normatividade alternativas, à luz das quais se possa envolver nessa espécie de processo de aferição.[51] Habermas pode reivindicar que ele ao menos torna explícitas suas opiniões nesse sentido. A articulação do centro de seu programa de pesquisa expõe tais opiniões ao argumento e à crítica. Tal não é o caso com Foucault.

(2) Embora Foucault às vezes esbarrasse em "novos tipos de subjetividade", ele se mostrou notoriamente relutante em ser muito específico sobre tais tipos.[52] E, no entanto, em alguns de seus últimos ensaios e entrevistas, emerge o esboço de um assunto cujo caráter informava, ao menos implicitamente, a totalidade de seu trabalho genealógico. O que perturbou Foucault a respeito do sujeito racional, auto-reflexivo, autodominador da tradição humanista na filosofia ocidental foi que se torna

demasiadamente fácil uma cumplicidade nessas redes de poder modernas, que subjugam e fornecem *scripts* autoritários para nossos "corpos e prazeres". O poder disciplinador de discursos autoritários sobre, por exemplo, saúde mental ou sexual, pode ser substancialmente ampliado se o sujeito for facilmente atraído para modalidades de *auto* disciplina ou *auto*policiamento.[53]

Do ponto de vista foucaultiano, o sujeito habermasiano auto-reflexivo, responsável partilha desse perigo. Não apenas é sua gênese desenvolvimental uma gênese que distancia a si mesma da "natureza interior",[54] como também é facilmente atraída para redes de "bio-poder" "normalizante"[55] Em ambos os casos, o sujeito habermasiano aparentemente se mostra como inospitaleiro para sua própria alteridade pré-racional, encarnada.[56]

Que modelo do sujeito poderia evitar um tal destino? Em resposta a esta questão, Foucault oferece um modelo no qual o eu reflexivo é mais aberto ao corpo e aos prazeres. Este sujeito é um sujeito orientado não para tornar o corpo e suas necessidades o objeto de *conhecimento* ou *regulamento judicial*, mas sim o objeto de uma autoformação estética. Foucault encontra alguns elementos de tal concepção do sujeito entre os antigos estóicos, que começaram a se distanciar da *techne* de vida grega clássica focalizada na cidade para um tipo diferente de *techne*, esta focalizada no "*bios* como um material para uma peça de arte estética", em suma, "uma estética da existência". Além desse foco estético no *bios*, Foucault é também atraído para a idéia estóica associada de uma "forte estrutura de existência sem qualquer relação com o *per se* jurídico, com um sistema autoritário, com uma estrutura disciplinar".[57]

Este tema de uma estética da vida cotidiana encontra uma contraparte moderna, de acordo com Foucault, na idéia de "*dandismo*" do século XIX. Aliás, ele encontra nesta idéia de Baudelaire o melhor ponto de partida para pensar sobre o que é distintivo na "atitude de modernidade". O dândi é o indivíduo "que faz de seu corpo, de seu comportamento, de seus sentimentos e paixões, de sua própria existência uma obra de arte". E de novo, esta "elaboração do eu" é produzida exclusivamente por atenção ao corpo, prazeres e forma estética, não por atenção aos domínios social e político.[58]

Foucault nos dá assim sugestões para um diferente modo de pensar a subjetividade, modo que é constituído de maneira a atribuir um lugar central ao corpo, espontaneidade e expressividade. As questões agora são: o trabalho de Habermas oferece alguma modalidade de acesso a tal idéia de subjetividade e, se assim for, quão adequada ela é? Para responder estas questões, é necessário voltar-se para uma consideração mais rigorosa da dimensão estética no trabalho de Habermas. Esta análise possibilitará a apreciação tanto dos *insights* quanto dos limites do trabalho de Foucault.

(3) O tratamento de Habermas da dimensão estética é relativamente subdesenvolvido. Todavia, alguns contornos gerais são claros. Várias questões-chaves ajudarão a orientar minhas observações. Como a dimensão estética se relaciona com a reivindicação de validade que Habermas chama de veracidade ou autenticidade? Que tipo de racionalidade ou processo de aprendizado é manifestado na dimensão estética? E finalmente, em que sentido é este processo de aprendizado um processo que seja peculiarmente aberto ao que tem sido suprimido, negado ou "desaprendido" na vida moderna?

A reivindicação de validade de auto-expressão autêntica parece ter um significado duplo. Por um lado, possui o sentido de retidão da sinceridade do locutor ou não-falácia em relação ao ouvinte. Como foi destacado antes, esta não é uma reivindicação que seja testada diretamente por argumentação. Ao contrário, é demonstrada pela ação constante, que mostra se as intenções ou motivações declaradas do locutor foram expressas verdadeiramente ou não.

Por outro lado, uma autêntica auto-expressão é aquela que expressa necessidades reais ou verdadeiras de um locutor. Como foi salientado no capítulo 4, não existe esquema filosófico pelo qual necessidades "verdadeiras" possam ser inequivocamente separadas de necessidades "falsas" para uma dada pessoa qualquer. Como com a sinceridade, pareceria somente que se pode examinar o comportamento contínuo em busca de pistas quanto a se alguém possui interpretações verdadeiras de suas próprias necessidades ou não. Pistas seriam constituídas pela evidência de que, digamos, interpretações de necessidades de uma pessoa são ou não são autodebilitadoras ou autofalaciosas. Todavia, tais critérios substantivos são, é claro, tremendamente difíceis de serem aplicados e envolvem uma assunção substancial de autoridade da parte do observador. Há, contudo, um critério processual que, embora dificilmente à prova de ambigüidade, também proporciona alguma base para avaliar a reivindicação de autenticidade. Como diz Habermas, "Chamamos uma pessoa de racional ... se ela puder adotar uma atitude reflexiva para os ... padrões de valor (culturais) através dos quais desejos e sentimentos [*Bedürfnisnatur*] são interpretados".[59] (Este critério está envolvido no tipo de problemática que o teórico político encara ao considerar os problemas inter-relacionados de poder e interesse real discutidos no capítulo 4.)

Agora: como esta noção de auto-expressão verdadeira ou autêntica se liga à dimensão estética e algum tipo de processo de aprendizado associado? A idéia de um tal processo de aprendizado é crucial para as reivindicações de Habermas a respeito da significação universal de modernas estruturas de consciência. Mas, como foi mostrado antes neste capítulo, os críticos têm questionado se pode dar algum sentido à idéia de aprendizado estético-expressivo.

Parece haver dois aspectos nesta reivindicação sobre aprendizado. Acima de tudo, Habermas enfatiza uma característica que somente a consciência estética moderna partilha com a ciência experimental e a moralidade pós-convencional. Todas elas manifestam uma

> "abordagem hipotética dos fenômenos e experiências, os quais são isolados da complexidade de seus contextos de mundo da vida e analisados sob condições experimentalmente variadas. Isto é igualmente verdadeiro para os estados de uma natureza objetificada, para normas e modalidades de atuar e para as experiências reflexivas de uma subjetividade 'livre' liberada das coerções práticas da vida".[60]

O segundo aspecto envolve o sentido preciso no qual há alguma acumulação de conhecimento na esfera estética. Um modo de imaginar tal processo de aprendizado é pensar numa acumulação progressiva de conteúdo epistêmico em obras de arte, do modo que se diz que tal conteúdo se acumula nas teorias. Habernas, entretanto, sugere algo diferente:

> "o que se acumula não são conteúdos epistêmicos, mas sim os efeitos das diferenciações lógicas internas de tipos especiais de experiência: precisamente aque-

las experiências estéticas das quais somente uma subjetividade descentrada, livre, é capaz".[61]

Para compreender o que Habernas quer dizer aqui é necessário compreender sua interpretação do que está implícito no processo pelo qual a dimensão estética se tornou uma esfera cultural autônoma no mundo moderno. Já no século XVIII, a estética idealista principiou a separação do "belo e do sublime, de um lado, do útil e do desejável, do outro". No desenrolar do século XIX emergiu deste espírito romântico a consciência radicalizada de "modernidade estética". E Habermas, como Foucault, vê o trabalho de Baudelaire como a primeira manifestação clara dessa consciência. Baudelaire foi o primeiro a radicalizar a distintividade da experiência estética, divorciando-a completa e inequivocamente das reivindicações da tradição, moralidade e sociedade. A experiência estética distintamente *moderna* é, assim, encarada como emergindo quando "as categorias das expectativas padronizadas da experiência cotidiana organizada ruem,... as rotinas da ação cotidiana e convenções da vida ordinária são destruídas e a normalidade de certezas previsíveis e justificáveis é suspensa". Implícita em tal experiência se encontra uma "libertação de subjetividade", uma vontade de transgredir o normal, jocosidade, imaginação e inventividade.[62]

Esta distintividade da experiência estética, este questionamento radical de tudo, mesmo outras pedras de toque de modernidade, tanto cognitivas quanto jurídicas, têm, entretanto, de ser reconhecidos como dependentes de modernas estruturas de consciência *em geral*. O que vincula o *ethos* de "modernidade estética" à "modernidade cultural" como um todo é que "experiências reflexivas de uma subjetividade 'livre' "compartilham daquela "abordagem" geral experimental ou "hipotética" de fenômenos e experiências, que uma descentração da consciência primeiramente possibilita.[63] Uma consciência estética radicalizada é, assim, como o pensar científico e a consciência ética pós-convencional, algo *socialmente* disponível somente para o sujeito moderno.[64] Este ponto deve sempre ser mantido com firmeza em mente sempre que um apelo ao senso estético for usado pelos críticos da modernidade.[65] Em suma, isto significa que o senso estético não pode ser empregado como a base de uma perspectiva crítica, que reivindica, por assim dizer, observar os problemas da modernidade a partir do *exterior*, por assim dizer.

Retornando à questão original do aprendizado, o que exatamente há na moderna experiência estética que permite a acumulação de algum tipo de *insight*? Aparentemente, a chave é maior fluidez e flexibilidade em modalidades de acesso aos nossos desejos e sentimentos. A desvinculação radical do senso estético dos imperativos da sociedade e tradição tem o potencial para informar a consciência sobre como normalmente interpretamos nossos desejos e sentimentos de maneiras que espelham irreflexivamente os padrões de valor predominantes da cultura que nos cerca. O moderno senso estético assim possui o potencial de nos tornar mais reflexivos em relação a quem e o que está realmente estruturando a interpretação de nossa *Bedürfnisnatur*.

Este aspecto de *insight*, embora importante para Habermas, dificilmente seria adequado para alguém como Foucault. Pois se encontra o sujeito envolvido numa disciplina de auto-interrogação e é exatamente com referência a este procedimento que Foucault sempre se acautela. Contudo, este aspecto ambivalente de *insight* é apenas um lado do que se tornou disponível na moderna experiência estética. O outro lado conforma-se menos a um modelo de interrogação e mais a um de descoberta inesperada de coisas que excedem os confins de qualquer estrutura interrogatória racional, metódica, autodisciplinadora. É este tipo de *insight* que possui ao menos o potencial de gerar mais sensibilidade à subordinação da natureza interior: os aspectos pré-racional e encarnado do ser humano. Uma coisa que liga a moderna consciência estética de Baudelaire à vanguarda do século XX é seu envolvimento inextricável com o chocante, o inesperado, o desconhecido, com o que despedaça padrões normais de ver, pensar e sentir.[66] Um aspecto central dessa consciência é portanto sua

> "sensibilidade ampliada para com o que permanece não-assimilado nas realizações interpretativas do domínio pragmático, epistêmico e moral das exigências e desafios das situações cotidianas; efetua uma abertura para os elementos expurgados do inconsciente, do fantástico e do louco, do material e do corporal, portanto para tudo em nosso contato sem discurso com a realidade que é fugaz, tão contingente, tão imediata, tão individualizada, simultaneamente tão distante e tão próxima que escapa à nossa compreensão categorial usual.[67]

Conseqüentemente, um modo de pensar sobre o valor de uma obra de arte moderna é, em relação a sua capacidade de manter a consciência racional, reflexiva, exposta ao que é pré-racional ou ao que é deixado fora ou não-assimilado em qualquer estrutura categórica dada ou conjunto de padrões culturais. Em síntese, tal modo deixa o sujeito racional com uma percepção da ironia de sua própria realização: as estruturas dentro das quais esse sujeito se move são *sempre coercitivas* de maneiras potencialmente sérias, *mesmo* quando pareçam em equilíbrio por serem *as mais capacitadoras disponíveis*.[68]

Pode-se ver agora que o que é crucial sobre o aprendizado estético é a abertura que oferece para a percepção do desaprendizado, que necessariamente acompanha as outras dimensões da modernidade cultural e sua institucionalização na sociedade moderna. Se isto for verdade, o problema prático — do qual tanto Habermas quanto Foucault estão cientes — é como libertar esse potencial do fechamento hermético da especialização e infundir a vida cotidiana com seus efeitos. As observações de Foucault sobre uma "estética da existência" constituem uma proposta para fazer exatamente isto.[69] Embora suas observações sejam fragmentárias, são mais substanciais do que qualquer coisa que Habermas tenha dito. Realmente, Habermas poderia achar a proposta de Foucault provocativa. E, no entanto, está claro que também a acharia limitada demais em certos caminhos.

A estrutura de Habermas permite uma compreensão de subjetividade dentro da qual as dimensões cognitiva, jurídica e estética, cada uma delas, têm um lugar. Deixando o cognitivo de lado, uma questão crucial para Foucault é como pode ele ligar esse sujeito estético a alguma noção de ética e política — em resumo, o jurídico. Esta questão é crucial porque, embora Foucault esteja ansioso para evitar concepções jurídicas com um potencial normalizador, ele efetivamente quer endossar certas posições ético-políticas. Numerosas vezes expressa seu apoio a alguns dos mesmos novos movimentos sociais endossados por Habermas. E ele deseja claramente estabelecer um elo coerente entre esse apoio e suas idéias sobre subjetividade estética. Discutindo sua estética da existência, declara de modo bastante explícito: "Recentes movimentos de liberação padecem do fato de não conseguirem encontrar nenhum princípio no qual basear a elaboração de uma nova ética".[70]

Foucault claramente vê sua "estética da existência" como tendo implicações éticas. Ela possui, como núcleo, diz ele, uma idéia de autocontrole, do "tipo de relação que você deve ter consigo mesmo, *rapport à soi*". O que Foucault quer dizer com isto é uma formação e articulação contínuas do eu, de acordo com critérios estéticos. O principal critério aparentemente é a vontade de "viver uma bela vida e deixar aos outros lembranças de uma bela existência". Tal ética, espera Foucault, não poderia de forma alguma estar implicada numa "tentativa de normalizar a população".[71]

O que é surpreendente a respeito das idéias de Foucault aqui é que ele define ética simplesmente como essa atividade de autoformação: "*rapport à soi*, que eu chamo de ética". Assim, qualquer referência a *outros sujeitos* e mesmo a possibilidade de formas mais liberadoras ou consensuais de vida comum parece problemática desde o início. Foucault fala do processo da autoformação estética como envolvendo "ascetismo num sentido bastante amplo". Com esta frase ele pretende chamar a atenção para a prática do autocontrole que faz parte de qualquer ética; mas, no caso de sua própria estética da existência, tal frase parece também ter a inevitável conotação de solidão.[72] Ironicamente, no processo de construção de tal modalidade provocativa de acesso à *própria alteridade* pré-racional, encarnada *do eu*, Foucault parece ter simultaneamente cortado o acesso à *alteridade intersubjetiva*. Neste ponto fica difícil ver como Foucault poderia possivelmente colocar sua estética da existência em qualquer relação coerente com seu endosso de algumas formas de ação política coletiva. Sua antipatia por qualquer coisa que seja jurídica o leva inexoravelmente para um *cul de sac* conceitual em relação à ética e a política.[73]

Mesmo o próprio Foucault não sendo muito útil para mostrar como se pode mover dos aspectos estéticos da subjetividade para os jurídicos, pode-se tentar especular sobre como tal elo poderia ser estabelecido. Poder-se-ia destacar, por exemplo, que uma estética da existência não poderia literalmente ser uma atividade privada mais do que falar uma língua. O que constitui arte tem sempre de estar relacionado a alguma compreensão pública, comum, de estilo e forma.[74] Embora verdadeiro, este *insight* não nos leva muito longe quanto a quaisquer concepções normativas.

Um outro caminho possível poderia ser aquele insinuado por Adorno, cuja crítica totalista da sociedade moderna e suas formas cognitivas e jurídicas de consciência também foi acompanhada por um apelo à consciência estética.[75] O que atraiu Adorno para a consciência estética foi a maneira não sôfrega, não dominante em que ela se relacionava com seu objeto. Assim, ele achou na dimensão estética um modelo de reconciliação intersubjetiva, de uma comunidade que permite que a alteridade intersubjetiva floresça.[76]

Talvez a estética da existência de Foucalt pudesse ser pensada de um modo similar. Duvido, todavia, se isto seria realmente possível. O problema em pensar que a dimensão estética possa ser um modelo para a comunidade foi claramente enunciado por Albrecht Wellmer:

> "a síntese estética representada pela obra de arte, mesmo se fizermos a concessão a Adorno de que ela contém uma *promesse de bonheur*, dificilmente pode ser entendida como um modelo de relação dialógica *entre* indivíduos, os quais se reconhecem entre si, em sua individualidade, como iguais e como outros absolutos, os dois ao mesmo tempo. Se a beleza for uma promessa de felicidade, de reconciliação com a nossa natureza interna bem como com a externa, a obra de arte seria mais de um meio dessa experiência transcendente do que um *modelo* da própria reconciliação. Pois ao menos a "síntese" moral de uma relação dialógica somente pode ser mediada, mas não ser trazida à *manifestação* pela síntese estética da obra de arte. Mesmo se, como Adorno frisa, o sujeito que vem falar na obra de arte, for um "nós" (e não o artista individual), este sujeito coletivo fala com *uma* voz, falando para si mesmo, por assim dizer; isto é, as regras da "síntese" deste discurso trans-subjetivo não podem possivelmente prefigurar as regras abertas de um diálogo com muitas vozes. A síntese estética não é um modelo possível para um estado de sociedade livre de repressão".[77]

Se usarmos esta distinção entre modelo e meio, poderemos ser levados a pensar de maneiras que dependem tanto de Foucault quanto de Habermas. A imagem de Foucault de uma estética da existência poderia ser interpretada como uma forma provocativa de pensar o processo de autoformação, no qual os critérios estéticos poderia chegar a ter uma significação constitutiva para o modo que um sujeito pense e aja em geral. Assim, poderíamos considerar em Foucault como nos outorgando uma forma de conceitualizar como o potencial da dimensão estética de penetrar na alteridade pré-racional, encarnada do eu pode ser liberado de uma tal forma que seus efeitos infundem todos os aspectos da vida cotidiana. Com isto quero dizer que o senso estético pode ser visto como permeando não apenas nossas interpretações de necessidades, mas também nossos juízos moral-políticos sobre os tipos de instituições sociais e infra-estrutura tecnológica que achamos satisfatórios e autofortalecedoras, bem como nossos juízos sobre que tipos de conhecimento achamos dignos de buscar.

Considerado sob esta luz, é provável que Habermas achasse as idéias de Foucault sugestivas, visto que suas próprias especulações sobre a estética e a vida cotidiana têm um timbre similar. Ele argumenta que quando a experiência estética é infundida na vida cotidiana, então

> "não mais apenas afeta nossa linguagem avaliativa ou apenas renova a interpretação de necessidades que colorem nossas percepções; mais do que isto, atinge nossas interpretações cognitivas e expectativas normativas e transforma a totalidade na qual esses momentos estão relacionados entre si".[78]

Mas, como Wellmer sugere, do que Habermas está ciente, um tal papel para a subjetividade estética não pode substituir uma elaboração ao menos parcialmente independente de subjetividade jurídica. Um modo proveitoso de esclarecer este ponto é observar o recente pensamento feminista. Um tema aqui recorrente, como em Foucault, é como a sociedade e a consciência modernas negam nosso caráter como criaturas encarnadas e suprimem nossas capacidades estético-expressivas. A experiência das mulheres nesta sociedade é vista como as tornando especialmente sensíveis a esses problemas. Uma importante questão para o pensamento feminista é portanto como esse tipo de sensibilidade baseada em gênero pode informar a vida cotidiana de uma maneira transformativa. Parte desta pesquisa envolve a indagação do que isso significa em termos de como poderíamos reconceitualizar a vida moral e política.

Algumas feministas têm argumentado que a experiência diferente das mulheres pode ser usada como um modelo para essa reconceitualização. Assim "maternização" e "cuidado atento" se tornam novos modelos para a comunidade político-moral.

Este ponto de vista tem sido refutado, corretamente acho eu, por outras feministas que, embora não neguem a importância de uma ênfase na corporificação, na estética e na expressividade como um *meio* para reconceitualizar as qualidades substantivas que uma comunidade poderia ter, entretanto sentem que o caráter geral das relações político-morais entre iguais não pode ser modelado no pensamento maternal.[80]

IV. Observações finais

Ao longo deste livro argumentei que o trabalho recente de Habermas deveria ser tomado como um esboço para um programa de pesquisa alternativo nas ciências sociais, com o modelo comunicativo de razão e ação como seu núcleo. Agora que as particularidades desse projeto foram examinadas, é proveitoso parar por um momento e perguntar: o que significa para a teoria crítica abraçar semelhante estratégia teórica global? Poder-se-ia objetar que esta orientação constitui uma apropriação ilegítima das intenções originais da Escola de Frankfurt. Afinal de contas, não estavam seus objetivos enextricavelmente vinculados ao "poder do pensamento negativo" ou crítica? E, pois, toda a idéia de um programa de pesquisa para a teoria crítica não abriga dentro de si uma premência positivista de abarcar seu tema de uma maneira que implica em formas sutis de dominação?[81] Tais questões emergem muito naturalmente de textos escritos durante a Segunda Guerra Mundial e depois dela, como a Dialética da Iluminação (*Dialectic of Enlightenment*) e a Dialética Negativa (*Negative Dialectics*), de Adorno. Para seu novo projeto entretanto, Habermas volta à Escola de Frankfurt da década de 30 para inspiração. Ali encontra os primórdios de um promissor "programa de pesquisa interdisciplinar" para as ciências sociais. Este programa inicial soçobrou, entretanto, porque sua base normativa estava enredada demais com uma insustentável "teleologia objetiva da história" derivada do ponto de vista de Marx da relação dialética entre forças de produção e relações de produção. O modelo comunicativo que Habermas oferece tem como finalidade precisamente remediar essa dificuldade normativa na teoria crítica.[82] Realizada esta mudança, Habermas vê as perspectivas de pesquisa social frutífera ao longo de algumas das mesmas linhas tomadas por teóricos críticos anteriores: as formas de integração social e patologias das sociedades contemporâneas; socialização familiar e desenvolvimento do ego; meios de massa e cultura de massa; e estratégias pelas quais o capitalismo emudece alguns tipos de protestos e estimula outros.[83]

Logo, para Habermas, objeções globais inspiradas pelo trabalho posterior de Adorno não podem ser aceitas como automaticamente fatais para seu projeto. Porém, não devem ser ignoradas. Pelo contrário, constituem uma fonte de preocupação perene sobre o que os conceitos centrais ao projeto de Habermas deixam sem ser dito e marginalizado. Efetivamente, a atenção de Habermas para precisamente este problema, quer enfatizado por Adorno, quer por Foucault, é uma das coisas que tentei frisar ao longo do livro.

Um problema correlato com o qual me defrontei também neste texto é o *status* e intenção do universalismo de Habermas. Embora eu tenha tentado mostrar que seus pontos de vista aqui sejam mais plausíveis e defensáveis do que alguns de seus críticos deixaram implícito, parece claro, contudo, que tais argumentos provavelmente não conseguirão fazer conversões em massa entre contextualistas e relativistas, sendo a ocorrência do inverso também improvável. Mas isto não deveria realmente ser susrpreendente porque o que está em debate é uma das questões-chaves da filosofia contemporânea e provavelmente deverá ser respondida gradativamente no decurso de um longo período de tempo. Esta questão, na sua expressão mais simples, é o que significa criar algum legítimo vínculo comum entre diferentes formas de vida, "legítima" encerrando aqui o sentido de reciprocidade e respeito mútuo. O que eu argumentaria é que tanto contextualistas quanto universalistas podem lançar luz diferente, porém complementar, sobre tal questão.

É importante frisar que a criação de algum vínculo comum legítimo não é o projeto obstinado de elites da ciência social e filosófica. Pelo contrário, surge, como afirma Clifford Geertz, porque vivemos cada vez mais num mundo onde "ninguém está deixando alguém mais sozinho e não vai fazê-lo mais nunca".[84] Trata-se portanto de um projeto em que nos confrontamos numa escala global. A contribuição contextualista a esta problemática é investigar formas alternativas de vida e ajudar a construir elos comunicativos entre elas, promovendo práticas interpretativas que assumam a forma de "comentários recíprocos, mutuamente aprofundadores".[85] A contribuição universalista poderia, em conformidade, ser prevista como a formulação de uma das implicações dessa tarefa: em particular, como está estabelecida como premissa sobre motivações envolvendo reconhecimento intersubjetivo e igual respeito e como nós (ao menos alguns de nós) sentem profundamente que tais motivações podem, de alguma forma, ser sustentadas por boas razões cuja força não está esgotada dentro de uma única forma de vida.

NOTAS

Introdução

1. Richard Rorty, *Consequences of Pragmatism* (Conseqüências do Pragmatismo) (Minneapolis: University of Minnesota Press, 1982) pp. 158, 208; Clifford Geertz, *Local Knowledge: Further Essays in Interpretative Anthropology* (Conhecimento Local: Outros Ensaios de Antropologia Interpretativa) (New York: Basic Books, 1983) p. 234; Michael Walzer, *Spheres of Justice: A Defense of Pluralism and Equality* (Esferas da Justiça: Uma defesa do Pluralismo e Igualdade) (New York; Basic Books, 1983) pp. XII, 314; e Jean-François Lyotard e Jean-Loup Thebaud, *Just Gaming* (Apenas Jogando). Traduzido por Wlad Godzich (Minneapolis: University of Minnesota Press, 1985), pp. 66-7.
2. REPLY, p. 253. Destaque meu.
3. "The New Obscurity: The Crisis of the Welfare State and The Exhaustion of Utopian Energies" (A Nova Obscuridade: A Crise do Estado do Bem-Estar e o Esgotamento das Energias Utópicas), *Philosophy and Social Criticism 11* (Filosofia e Crítica Social 11) (Inverno, 1986).
4. "Modernity versus Postmodernity" (Modernidade versus Pós-modernidade), *New German Critique 22* (Nova Crítica Alemã 22) (Inverno, 1981), pp. 11-12; "Neo-Conservative Cultural Critique in the United States and West Germany" (Crítica Cultural Neo-conservadora nos Estados Unidos e Alemanha Ocidental) *Telos* 56 (Verão 1983); PDM, pp. 11-12; e TCA, p. XLI.
5. PDM, p. 11; TCA, parte II, cap. 1 e p. 221; e "Modernidade versus Pós Modernidade".
6. PDM, pp. 16, 26; "A Nova Obscuridade", pp. 3-5; TKH, cap. 8.
7. PDM, p. 7.
8. "Consciousness-Raising or Redemptive Criticism" (Ascensão de Consciência ou Crítica de Redenção) *New German Critique* (Primavera, 1979) p. 56. Corrigi um erro de tradução neste texto. Na última sentença, "esclarecimento" foi incorretamente inserido no lugar de "emancipação".
9. PDM, p. 27.
10. PDM, pp. 344-6
11. TKH, pp. 138-41, 556-560-2; TCA, pp. XXXIX-XL, 273-4, 278.
12. J. Donald Moon, *"The Logic of Political Inquiry"* (A Lógica da Pesquisa Política), eds. Fred Greenstein e Nelson Polsby, *Handbook of Political Science* (Manual de Ciência Política), vol. 1 (Reading, Massachusetts: Addison Weley, 1975); e Terence Ball, "From Paradigms to Research Programs; Toward a Post-Kuhnian Political Science" (Dos Paradigmas aos Programas de Pesquisa: Rumo a uma Ciência Política Pós-Kuhniana), *American Journal of Political Science* 20: 1 (Fev., 1976); Moon, "Values and Political Theory: A Modest Defense of a Qualified Cognitivism" (Valores e Teoria Política: Uma Modesta Defesa de um Cognitivismo Qualificado), *Journal of Politics* 39 (Nov., 1977), pg. 900;

Moon e Brian Fay, "What Would an Adequate Philosophy of Social Science Look Like? (Com o que pareceria uma Adequada Filosofia da Ciência Social?) *Philosophy of the Social Sciences* 7: 3 (1977), p. 222; e Imre Lakatos, "Falsification and the Methodology of Scientific Research Programs" (Falsificação e a Metodologia de Programas de Pesquisa Científica), eds. Lakatos e Alan Musgrave, *Criticism and The Growth of Knowledge* (Crítica e o Crescimento do Conhecimento) (New York: Cambridge University Press, 1970).
13. Lakatos, "Falsification", p. 133ss.
14. Cf. John Dryzek, "The Progress of Political Science" (O Progresso da Ciência Política), *The Journal of Politics* 48 (maio, 1986).

1. Racionalidade, Teoria Social e Filosofia Política

1. Lakatos, "Falsification and the Methodology of Scientific Research Programs", eds. Lakatos e Musgrave, *Criticism and The Growth of Knowledge* (Crítica e o Crescimento do Conhecimento) (New York: Cambridge University Press, 1970).
2. Veja a literatura citada na Introdução, nº 12, especialmente Moon, "Valores e Teoria Política: Uma Modesta Defesa de um Cognitivismo Qualificado", *Journal of Politics* 39 (Nov. 1977).
3. Não estou, é claro, argumentando que, se nossos juízos morais divergem do que parece ser aspectos duradouros da vida social, somos obrigados a mudá-los.
4. Sobre como a contingência histórica afeta a avaliação de programas de pesquisa de ciência social, veja Drysek, "The Progress of Political Science" (O Progresso da Ciência Política), *Journal of Politics* 48 (1986).
5. Veja especialmente TKH, pp. 561 ff, 583-34; "Interpretative Social Science v. Hermeneuticism" (Ciência Social Interpretativa v. Hermenêutica), em Norma Haan *et al., Social Science as Moral Inquiry* (Ciência Social como Pesquisa Moral) (New York: Columbia University Press, 1983); e "Die Philosophie als Platzhalter und Interpret" (A Filosofia como Guardador de Lugar e Intérprete), MKH.
6. Veja, por exemplo, John O' Neil, "Critique and Remembrance" (Crítica e Lembrança), em O'Neil, ed., *On Critical Theory* (Sobre a Teoria Crítica) (New York: Seabury Press, 1976).
7. REPLY, pp. 221-5. Um termo como "modelo do sujeito" é um daqueles com que teóricos criticos têm estado tradicionalmente alertas, dado seu potencial para servir como a cobertura sob a qual características particulares a um dado período histórico são apresentadas como características universais. Cf. o próprio antigo artigo de Habermas em "Philosophical Anthropology" (Antropologia Filosófica), em KK.
8. Peter Winch, "Understanding a Primitive Society" (Compreendendo uma Sociedade Primitiva), *American Philosophical Quarterly* 1 (1964). Reimpresso em Winch, *Ethics and Action* (Ética e Ação) (Londres: Routledge and Kegan Paul, 1972), p. 34. Sobre alguns dos problemas com racionalidade contextual, veja Steven Lukes, "Some Problems about Rationality" (Alguns Problemas a respeito de Racionalidade), ed. Brian Wilson, *Rationality* (New York: Harper and Row, 1970).

9. Os trabalhos clássicos nesta área de teoria politica e de Anthony Downs, An *Economic Theory of Democracy* (Uma Teoria Econômica da Democracia) (New York: Harper and Row, 1957); de Mancur Olson, *The Logic of Collective Action* (A Lógica da Ação Coletiva) (Cambridge, Massachusetts: Harvard University Press, 1971 ed.); e de Brian Barry, *Sociologists, Economists and Democracy* (Sociólogos, Economistas e Democracia) (University of Chicago Press, 1978 ed.). Visões panorâmicas úteis deste programa de pesquisa são de Dennis Meuller, *Public Choice* (Escolha Pública) (New York, Cambridge University Press, 1979) e de Brian Barry e Russel Hardin, eds., *Rational Man and Irrational Society* (Homem Racional e Sociedade Irracional) (Berkeley: Sage Publications, 1982).
10. Alguns teóricos da escolha racional definem uma escolha racional como aquela baseada na hipótese da motivação auto-interessada. Veja Meuller, *Public Choice* (Escolha Pública), p. 1. O ponto de vista de que o auto-interesse é simplesmente a hipótese mais frutífera metodologicamente a ser feita é representado por Hardin, *Collective Action* (Ação Coletiva) (Baltimore: John Hopkins University Press, 1982), p. 11; cf. também Jon Elster, *Ulysses and the Sirens* (Ulisses e as Sereias) (Cambridge University Press, 1979), p. 142.
11. Elster, *Ulysses*, pp. 141-2.
12. Cf. Barry, *Economists*, pp. 1-6, 165-72.
13. Veja, por exemplo, Downs, *An Economic Theory* (Uma Teoria Econômica), pp. 12, 23.
14. Para uma explicação dos "bens coletivos" ou "públicos", veja Olson, *Logic*, pp. 14-16.
15. Veja a discussão da análise de Downs do votar em Barry, *Economists*, cap. 2.
16. Olson, *Logic*, cap. 1.
17. Em relação a votar, veja John A. Ferejohn e Morris P. Fiorina, "The Paradox of Non-Voting" (O Paradoxo de Não-Votar), *American Political Science Review* 68 (June, 1974). De forma mais geral, veja Robert Axelrod, *The Emergence of Cooperation* (O Surgimento da Cooperação) (New York: Basic Books, 1984).
18. Olson, Logic, p. 51.
19. Hardin, *Collective Action*, caps. 6-7, 10-13. Embora Hardin admita a importância da "motivação extra-racional", ele tenta estender o modelo estratégico mais do que é realmente plausível. Veja sua discussão sobre o surgimento de normas de cooperação entre "backpackers", pp. 174-5. Compare a interessante discussão dos limites da escolha racional em Claus Offe "The Two Logics of Collective Action" (As Duas Lógicas da Ação Coletiva), em *Disorganized Capitalism: Contemporary Transformations of Work and Politics* (Capitalismo Desorganizado: Transformações Contemporâneas do Trabalho e da Política) (Cambridge, Massachusetts: MIT Press, 1985).
20. Veja William Riker e Peter Ordeshook, *An Introduction to Positive Political Theory* (Uma Introdução à "Teoria Política Positiva) (Englewood Cliffs, New Jersey; Prentice-Hall, 1973), p. 63; também James Q. Wilson, *Political Organization* (Organização Politica) (New York: Basic Books, 1973), cap. 3.
21. Stanley Benn, "Rationality and Political Behavior" (Racionalidade e Comportamento Politico), eds. Benn e G.W. Mortimore, *Rationality in the Social Sciences*

(Racionalidade nas Ciências Sociais) (Londres: Routledge and Kegan Paul, 1976), pp. 255-6.
22. Veja Winch, *The Idea of a Social Science* (A Idéia de uma Ciência Social) (New York: Humanities Press, 1958).
23. O termo "descrição nebulosa" é usado por Clifford Geertz em "Thick Description: Toward an Interpretative Theory of Culture" (Descrição Nebulosa: Rumo a uma Teoria Interpretativa da Cultura) em Geertz, *The Interpretation of Cultures* (A Interpretação das Culturas) (New York: Basic Books, 1973).
24. KHI, pp. 175-6.
25. TCA, p. XXXIX.
26. CES, p. 41.
27. Uma tentativa interessante recente de dar conta desta dimensão de motivação é Howard Margolis, *Selfishness, Altruism and Rationality* (Egoísmo, Altruísmo e Racionalidade) (New York: Cambridge University Press, 1982). Usando uma estrutura teórica evolucionária, ele argumenta que os seres humanos possuem um programa genético de dois canais que os faz ter tanto a motivação de auto-interesse quanto a de "interesse de grupo". Diferentes tipos de situações trarão à tona uma ou outra dessas motivações. Embora Margolis espere desenvolver um modelo com poder analítico comparável àqueles que empregam somente auto-interesse, é difícil ver como isto poderia ser conseguido. Parece provável que a previsão quanto a tais coisas como os pontos precisos de intercâmbio entre o auto-interesse e o de grupo dependerá profundamente de conhecimento particular do fundo social e histórico.
28. Max Weber, *Economy and Society: An Outline of Interpretative Sociology* (Economia e Sociedade: Um Esboço de Sociologia Interpretativa) (Berkeley: University of California Press, 1978), pp. 24-5. Os teóricos da escolha racional às vezes, como um aparte, se referem à "racionalidade de valor" como uma outra categoria possível de racionalidade além da estratégica; veja, por exemplo, Barry e Hardin, *Rational Man* (Homem Racional), p. 383.
29. Cf. a discussão deste tipo de diferença em Benn, "The Problematic Rationality of Political Participation" (A Racionalidade Problemática da Participação Política), eds. Peter Laslett e James Fishkin, *Philosophy, Politics and Society* (Filosofia, Política e Sociedade) (New Haven: Yale University Press, 1979), pp. 310-11.
30. Weber realmente admite que o comportamento tradicional pode "esmaecer" em comportamento que é "racional de valor". O que estou afirmando é que essa área esmaecida é o que é crucial para o desenvolvimento de uma concepção filosófica e sociologicamente útil de racionalidade que seja distinta da concepção estratégica.
31. Isaiah Berlin, "Rationality of Value Judgements" (Racionalidade dos Juízos de Valor), ed. Carl J. Friedrich, *Rational Decision* (Decisão Racional) NOMOS VII (New York: Atherton, 1964).
32. Colin Turnbull, *The Mountain People* (O Povo da Montanha) (New York: Simon and Schuster, 1972).
33. Turnbull, *The Mountain People*, p. 135.
34. Steven Lukes chega perto de ver este ponto em "Relativism: Cognitive and Moral" (Relativismo: Cognitivo e Moral), *Supplementary Proceedings of the*

Aristotelian Society (Anais Suplementares da Sociedade Aristotélica) (1974); reimpresso em Lukes, *Essays in Social Theory* (Ensaios em Teoria Social) (Londres: Macmillan and Co., 1977).
35. Turnbull, *The Mountain People*, pp. 283-6.
36. Cf. Olson, *Logic*, p. 64.
37. Winch, "Understanding a Primitive Society" (Compreendendo uma Sociedade Primitiva) e *The Idea of a Social Science* (A Idéia de uma Ciência Social) (New York: Humanities Press, 1958).
38. Para uma visão equilibrada de Winch e seus críticos, veja A. I. Dirksen, "On an Unnoticed Key to Reality" (Sobre uma Chave Despercebida para a Realidade), *Philosophy of the Social Sciences* (Filosofia das Ciências Sociais) 8 (1978).
39. Desta perspectiva, poderia se tornar irracional votar se, digamos, o processo eleitoral exibisse características não-democráticas de algum tipo espalhafatoso.
40. Winch, "Understanding a Primitive Society".
41. Veja Dirksen, "On a Unnoticed Key to Reality" (Sobre uma Chave Despercebida para a Realidade).
42. Winch, "Understanding a Primitive Society", pp. 33-5.
43. Susan Hekman argumentou recentemente que a estrutura interpretativa de Gadamer supera tais problemas. Veja Hekman, *Hermeneutics and the Sociology of Knowledge* (Hermenêutica e a Sociologia do Conhecimento) (Notre Dame University Press, Indiana, 1986), pp. 117-55. Embora Hekman faça algumas observações interessantes, o que argumenta sobre Gadamer não é completamente convincente. Veja minha resenha do livro dela em *The Journal of Politics* (1987) e meu "Post-Structuralism and Political Reflection" (Pós-Estruturalismo e Reflexão Politica), *Political Theory* (1988).
44. Para críticas de Winch dos pontos acima, veja Karl-Otto Apel, *Analytic Philosophy of Language and the Geisteswissenschaften* (Filosofia Analítica da Linguagem e as *Geisteswissenschaften*) (New York: Humanities Press, 1967), p. 56; Alisdair MacIntyre, "The Idea of a Social Science" (A Idéia de uma Ciência Social) em B. Wilson, ed., *Rationality* (New York: Harper and Row, 1970), p. 118; e especialmente John Thompson, *Critical Hermeneutics: Paul Ricoeur and Jürgen Habermas* (Hermenêutica Critica: Paul Ricoeur e Jürgen Habermas) (Cambridge University Press, 1981), caps. 4-5. Para uma tentativa de usar um modelo contextual para compreender mudanças na lei constitucional, veja John Brigham, *Constitutional Language* (Linguagem Constitucional) (Westport, Connecticut: Greenwood Press, 1978).
45. Veja, por exemplo, a análise de Samuel Popkin dos movimentos de camponeses em *The Rational Peasant: The Political Economy of Rural Society in Vietnam* (O Camponês Racional: A Economia Política da Sociedade Rural no Vietnã) (Berkeley: University of California Press, 1979), pp. 18, 22, 27.
46. Por exemplo, a abordagem de escolha racional de Popkin para o estudo da sociedade camponesa, pré-capitalista, ilustra este tipo de perspectiva global. Ele expõe à critica a abordagem da "economia moral" para tais sociedades, que se concentra nas estruturas normativas da sociedade de burgo e no significado e proteção que dão à vida de um camponês. Popkin está interessado em expor

tais estruturas como instrumentos que mantêm ou promovem desigualdade e dominação e em argumentar que a penetração capitalista de tais estruturas produz uma ampliação do bem-estar camponês individual. Cf. também Barry, *Economists*, pp. 162-4, 173-4.

47. Winch realmente argumenta que não é um relativista extremo. Por exemplo, vê uma significação comum sobre as quais todas as sociedades estão de acordo, em matérias de "nascimento, morte e relações sexuais". A limitação no relativismo moral oferecido por tal posição, ao menos da forma que foi elaborado até agora por Winch, não é, entretanto, suficientemente substancial para satisfazer aqueles que buscam algo mais próximo do universalismo tradicional da filosofia moral e política ocidental. Para a posição de Winch, veja "Understanding a Primitive Society" (Compreendendo uma Sociedade Primitiva), "Introduction" (Introdução) e "Convention and Human Nature" (Convenção e Natureza Humana), em Winch, *Ethics and Action* (Ética e Ação).

48. Veja, por exemplo, MacIntyre, *After Virtue* (Acerca da Virtude) (Notre Dame, Indiana: University of Notre Dame Press, 1980); e Michael Walzer, *Spheres of Justice* (Esferas da Justiça) (New York: Basic Books, 1983).

49. Stuart Hampshire, "Morality and Convention" (Moralidade e Convenção) em Amartya Sen e Bernard Williams, eds., *Utilitarianism and Beyond* (Utilitarismo e Além) (Cambridge University Press, 1982), p. 148.

50. John Rawls, *A Theory of Justice* (Uma Teoria da Justiça) (Cambridge, Massachusetts: Harvard University Press, 1971). Um outro proeminente aderente da posição universalista é Ronald Dworkin. Isto sobressai mais claramente em sua resenha das *Spheres of Justice* (Esferas da Justiça) de Walzer, em *The New York Review of Books*, 14 de abril de 1983, pp. 4-6.

51. Rawls, "Kantian Constructivism in Moral Theory" (Construtivismo Kantiano na Teoria Moral), *The Journal of Philosophy* 77 (setembro, 1980). Rawls não endossa explicitamente o relativismo ético, mas deixa a questão em aberto em relação à validade de sua teoria num "contexto mais amplo" (p. 518).

52. Richard Rorty, *Consequences of Pragmatism* (Conseqüências do Pragmatismo) (Minneapolis: University of Minnesota Press, 1982), pp. 158, 208.

53. Walzer, *Spheres of Justice*.

54. Walzer, *Spheres of Justice*, pp. XII, 314.

55. LC, p. 120.

2. Ação e Racionalidade Comunicativas

1. "Entrevista com Jürgen Habermas". Entrevistado por Detlev Horster e Willem van Reijen. Traduzida por Ron Smith, *New German Critique* 18 (Outono, 1979), p. 43. Cf. TCA pp. 140-1.

2. Max Horkheimer e Theodor W. Adorno, *Dialectic of Enlightenment* (Dialética da Iluminação) (New York: Seabury Press, 1972). Cf. também Max Horkheimer, *The Eclipse of Reason* (O Eclipse da Razão) (New York: Seabury Press, 1947); e a entrevista citada nº 1.

3. Para uma visão panorâmica deste problema, veja meu "The Normative Basis of

Critical Theory" (A Base Normativa da Teoria Crítica), *Polity* 16 (Outono, 1983). Cf. TCA, pp. 373-99.
4. "The Analytical Theory of Science and Dialectics" (A Teoria Analítica da Ciência e Dialética") em Adorno *et al.*, *The Positivist Dispute in German Sociology* (A Disputa Positivista na Sociologia Alemã), traduzido por Glyn Adey e David Frisby (New York: Harper and Row, 1976), pg. 143; e "A Positivistically Bisected Rationalism" (Um Racionalismo Positivistamente Bipartido), no mesmo volume, pp. 198-9, 219. Cf. TCA, p. 10.
5. "Positivistically Bisected", pp. 198-9. 221 ss.
6. "Analytical Theory" (Teoria Analítica), p. 149.
7. "Analytical Theory", p. 162.
8. Veja especialmente Horkheimer, "Traditional and Critical Theory" (Teoria Tradicional e Crítica), em Horkheimer, ed., *Critical Theory: Selected Essays* (Teoria Crítica: Ensaios Selecionados), traduzido por Matthew J. O'Connell e outros (New York: Seabury Press, 1972).
9. TP, pp. 8-9; KHI, pp. 194-5 ss.
10. "Analytical Theory", pp. 153-5.
11. KHI, p. 176, "Positivistically Bisected", pp. 215, 220-1.
12. Os argumentos de Habermas concernentes ao que num sentido estritamente lógico é imposto pelo positivismo, apresentam muitas dificuldades; veja Russel Keat, *The Politics of Social Theory: Habermas, Freud and Positivism* (A Política da Teoria Social: Habermas, Freud e o Positivismo) (University of Chicago Press, 1981), cap. 1.
13. Veja, por exemplo, Keat, *The Politics of Social Theory*, caps. 3-4; e McCarthy, *The Critical Theory of Jürgen Habermas* (A Teoria Crítica de Jürgen Habermas) (Cambridge, Massachusetts: MIT Press, 1978), cap. 2.
14. "A Postscript to Knowledge and Human Interests" (Um Pós-script ao Conhecimento e Interesses Humanos, *Philosophy of the Social Sciences* 3 (1973); TG, p. 178; REPLY , pp. 232-3; TCA, p. XXXIX.
15. REPLY, p. 221; TCA pp. XII, 140.
16. TCA, pp. XI; REPLY, p. 232-3.
17. CES, pp. 1 (e nº 1), 13.
18. J.L. Austin, *How to Do Things with Words* (Como Fazer Coisas com as Palavras) (Cambridge, Massachusetts: Harvard University Press, 1975 ed.); John Searle, *Speech Acts* (Atos de Discurso) (New York: Cambridge University Press, 1969).
19. TCA, pp. 99, 329; CES, p. 29.
20. TCA, pp. 69-70, 137, 287; CES, p. 3; REPLY, pp. 236-7; PDM, p. 232.
21. TCA, pp. 8, 9, 15.
22. TG, pp. 121, 123.
23. Desenvolvi este esquema a partir de diversas fontes. Veja KK, pp. 196-7; CES, p. 89; e "Notizen zur Entwicklung der Interaktionskompetenz" em VET. As três competências podem ser analiticamente separadas, mas o desenvolvimento de cada uma é estreitamente dependente do desenvolvimento das outras.
24. CES, pp. 27-9, 33, 58, TCA p. 275.

25. Para as idéias de Habermas sobre pragmática formal, veja "Toward a Theory of Communicative Competence" (Rumo a uma Teoria da Competência Comunicativa), em Hans Peter Dreitzel, ed., *Patterns of Communicative Behavior* (Padrões de Comportamento Comunicativo) (New York: Macmillan, 1970); TG, pp. 101-4; CES, pp. 1-68; e TCA, pp. 273-336.
26. CES, p. 58. Esta classificação é detalhada um pouco mais em TCA, pp. 325-6, 329.
27. PDM, pp. 230-1.
28. CES, p. 1.
29. Para a tentativa de Habermas de enfrentar estas e outras críticas, veja TCA, cap. 3.
30. John B. Thompson, "Universal Pragmatics" (Pragmática Universal), em John B. Thompson e David Held, eds., *Habermas: Critical Debates* (Habermas: Debates Críticos) (Cambridge, Massachusetts: MIT Press, 1982), pp. 125-8.
31. Thompson, "Universal Pragmatics", p. 128.
32. As idéias de Foucault sobre o caráter "disciplinar" da sociedade moderna são tratadas nos caps. 5 e 6.
33. REPLY, p. 271; TCA, pp. 331-2. Destaque meu.
34. TCA, p. 332.
35. TCA, p. 287.
36. REPLY, p. 270.
37. TKH, cap. 5.
38. Cf. a crítica de David Rasmussen, "Communicative Action and Philosophy: Reflections on Habermas' Theorie des kommunikativen Handelns" (Ação Comunicativa e Filosofia: Reflexões sobre a *Theorie des kommunikativen Handelns de Habermas), Philosophy and Social Criticism* 9 (Primavera, 1982); e Anthony Giddens, "Reason Without Revolution? Habermas' Theorie des kommunikativen Handelns" (Razão Sem Revolução? Theorie des kommunikativen Handelns de Habermas), em Richard J. Bernstein, ed., *Habermas and Modernity* (Habermas e Modernidade) (Cambridge, Massachusetts: MIT Press, 1985), p. 100.
39. QCQ p. 237.
40. Veja caps. 5 e 6.
41. QCQ p. 237; PDM, p. 366.
42. Como foi mostrado no capítulo 1, esta tarefa tem uma dimensão tanto normativa quanto teórico-explicativa.
43. PDM, pp. 230-1.
44. PDM, pp. 231-2; CES, pp. 38-40.
45. PDM, pp. 236-7.
46. PDM, p. 241.
47. Poder-se-ia argumentar muito persuasivamente que o discurso não-sério ou fictício realmente tem um importante papel na coordenação da ação, o que Habermas deixa passar. Pense-se na importância para as ações políticas e econômicas de metáforas embutidas no mundo da vida: metáforas mecânicas no século XVIII e metáforas de sistema hoje em dia.

48. Cf. PDM, pp. 197ss; e Gillian Rose, *The Dialectic of Nihilism: Post-Structuralism and Law* (A Dialética do Niilismo: Pós-Estruturalismo e Lei) (Oxford: Blackwell, 1984), cap. 8.
49. PDM, pp. 240-2. Minha ênfase.
50. Sobre o tema geral de "esteticismo" em Foucault, veja Allan Megill, *Prophets of Extremity* (Profetas do Extremo) (Berkeley: University of California Press, 1985), pgs. 2-3, e cap. 5. A discussão de Megill, entretanto, não inclui alguns dos últimos ensaios de Foucault, que são fundamentais para minha interpretação no cap.6.
51. CES, p. 1.
52. TCA, pp. 75, 84.
53. TCA, p. 87-8.
54. TCA, p. 285; REPLY, p. 263.
55. TCA, p. 88.
56. TCA, p. 88.
57. TCA, pp. 85, 88-90.
58. LC, pp. 104 ff; TG, pp. 121, 123; TCA, p. 89.
59. TCA, p. 90 Cf. Goffman, *The Presentation of Self in Everyday Life* (A Apresentação do Eu na Vida Cotidiana) (New York: Doubleday and Co., 1959).
60. TCA, p. 91. Habermas limita o mundo subjetivo a "experiências intencionais" (esperanças, desejos, etc.) e evita o problema muito controvertido de formas de expressão comunicando sensações.
61. TCA, pp. 92-2. Formas de expressão que expressam opiniões sobre o mundo objetivo e intenções de nele intervir podem também ser tomadas como sendo parte do mundo subjetivo; têm, entretanto, uma relação interna com o mundo objetivo que experiências subjetivas puras não têm. Assim, estas últimas não estão abertas à racionalização de acordo com os critérios de verdade ou sucesso.
62. TCA, p. 93.
63. TCA, pp. 94-5, 285-6.
64. TCA, pp. 69-70, 86.
65. TCA, pp. 69-70, 95, 98, 101.
66. TCA, pp. 94-5, 99.
67. TCA, pp. 94-5, 99.
68. TCA, pp. 282 ss.
69. TCA, pp. 298-300.
70. Keat, *The Politics of Social Theory* (A Politica da Teoria Social), p. 196.
71. TCA, pp. 102ss.
72. TCA, p. 115.
73. Richard Bernstein, "Introduction", em Bernstein, ed., *Habermas and Modernity* (Habermas e Modernidade) (Cambridge, Massachusetts: MIT Press, 1985), p. 10.
74. Thomas McCarthy, "Reflections on Rationalization in The Theory of Communicative Action" (Reflexões sobre Racionalização em A Teoria da Ação Comunicativa), *Praxis International* 4 (julho, 1984), pp. 184-5. Reimpresso em Bernstein.

75. TCA, pp. 294, 302.
76. CES, p. 63.
77. WAHR, TCA, pp. 17, 23ss.
78. TCA, p. 17.
79. TCA, p. 101.
80. Veja especialmente WAHR e MKH.
81. A teoria de consenso da verdade de Habermas foi submetida a uma crítica penetrante de John B. Thompson em *Critical Hermeneutics: Paul Ricoeur and Jürgen Habermas* (Hermenêutica Crítica: Paul Ricoeur e Jürgen Habermas) (Cambridge University Press, 1981), pp. 198-213. Veja também Mary Hesse, "Science and Objectivity" (Ciência e Objetividade), em Thompson e Held, *Habermas*, pp. 98-115. Deve-se frisar aqui que Habermas poderia admitir que essas críticas são corretas sem ter de modificar sua teoria de consenso da legitimidade normativa.
82. TP, pp. 142-69.
83. Anthony Giddens, "Labor and Interaction" (Trabalho e Interação), em Held e Thompson, Habermas, p. 156.
84. Giddens, "Labor and Interaction", pp. 158-60.
85. REPLY, p. 266; TCA, pp. 285-6.
86. TCA, p. 295. Realmente Habermas prefere usar o conceito *"Gewalt"*, traduzido como "força", neste contexto. Mas, visto que as conotações de "força" não a tornam realmente mais apropriada aqui do que "poder", prender-me-ei a este último termo e simplesmente distinguirei este caso como um sentido de "poder". Veja REPLY, p. 269.
87. TCA, pp. 288-95. Cf. J.L. Austin, *How to do Things with Words* (Como fazer Coisas com as Palavras), pp. 101-8.
88. TCA, p. 288.
89. TCA, pp. 287-305.
90. Fred Dallmayr, *Polis and Praxis: Exercises in Contemporary Political Theory* (Polis e Praxis: Exercícios em Teoria Política Contemporânea) (Cambridge, Massachusetts: MIT Press, 1984), pp. 239-40.
91. TCA, p. 101.
92. TCA, p. 286.
93. Dallmayr, *Polis and Praxis*, p. 240.
94. Dallmayr, *Polis and Praxis*, Introdução e cap. 7.
95. Dallmayr, *Polis and Praxis*, p. 214.
96. Dallmayr realmente tenta ligar seu esquema com teoria política, mas o resultado permanece no máximo impressionista (pp. 217-23).
97. Dallmayr, *Polis and Praxis*, pp. 214-17.
98. TCA, pp. 274 ss.
99. TCA, pp. 279, 284, 328.

3. Justiça e os Fundamentos da Ética Comunicativa

1. "Uber Moralitat und Sittlichkeit — Was macht eine Lebensform 'rational'? em Herbert Schnadelbach, ed., Rationalitat (Frankfurt Suhrkamp, 1984), p. 225; LC, p. 89; MKH, pp. 54, 113-14; REPLY, p. 251.
2. MKH, p. 78.
3. MKH, pp. 53, 73; LC, p. 108.
4. Veja, por exemplo, J.L. Mackie, *Ethics: Inventing Right and Wrong* (Ética: Inventando o Certo e o Errado) (Harmondsworth: Penguin Books, 1977), pp. 99-100, 105.
5. Para outras interpretações, veja MKH, pp. 73-5.
6. MKH, p. 103; REPLY, p. 257.
7. McCarthy formula esta distinção muito claramente em *The Critical Theory of Jürgen Habermas* (A Teoria Crítica de Jürgen Habermas) (Cambridge, Massachusetts: MIT Press, 1978), p. 326.
8. MKH, pp. 75-7; LC, pp. 111-16.
9. LC, pp. 89, 108. Rawls, *A Theory of Justice* (Uma Teoria da Justiça) (Cambridge, Massachusetts: Harvard University Press, 1971), pp. 18, 130-5; e "Kantian Constructivism in Moral Theory" (Construtivismo Kantiano na Teoria Moral), Journal of Philosophy 77 (1980), pp. 515-72. Rawls usa o termo "razoável" para expressar esse sentido de racionalização.
10. Adina Schwartz, "Moral Neutrality and Primary Goods" (Neutralidade Moral e Bens Primários), *Ethics 83* (julho, 1973), pp. 302-7; Jean Hampton, "Contracts and Choices: Does Rawls have a Social Contract Theory?" (Contratos e Escolhas: Rawls tem uma Teoria do Contrato Social?), *Journal of Philosophy* 77 (junho, 1980), pp. 332-5, 337. Empresto esta maneira de distinguir entre "o que a justiça é" e "o que a justiça exige" de Philip Pettit, "Habermas on Truth and Justice" (Habermas sobre Verdade e Justiça), em G.H.R. Parkinson, ed., *Marx and Marxisms* (Marx e Marxismos). Royal Institute of Philosophy Lecture Series: 14. Suplemento à *Philosophy* 1982 (Cambridge University Press, 1982), pp. 217 ss.
11. MKH, pp. 4, 103-4, 108.
12. Estes dois tópicos serão tratados mais detalhadamente no próximo capítulo.
13. MKH, pp. 90-4, 96-7, 110-11; Cf. CES, pp. 21-6.
14. TG, pp. 114-20; Cf. MKH, p. 110.
15. LC, p. 120 RHM, p. 339.
16. Alan Gewirth, Reason and Morality (Razão e Moralidade) (University of Chicago Press, 1978), esp. cap. 2.
17. MKH, p. 90. Habermas empresta o conceito de "contradição performativa" de Karl-Otto Apel, Towards a Transformation of Philosophy (Rumo a uma Transformação da Filosofia), traduzido por Glyn Adey e David Frisby (Londres: Routledge and Kegan Paul, 1980), pp. 262ss.
18. Stephen K. White, "On the Normative Structure of Action: Gerwirth and Habermas" (Sobre a Estrutura Normativa da Ação: Gerwirth e Habermas), The Review of Politics 44 (abril, 1982).

19. CES, p. 64; RHM, p. 339.
20. MKH, pp. 109-10.
21. Cf. Friedrich Kambartel, "Wie ist praktische Philosophie konstruktiv moglich? em Kambartel, ed., Praktische Philosophie und konstruktiv Wissenschaftstheorie (Frankfurt: Suhrkamp, 1974).
22. Veja a discussão de "necessidade conceitual" em Kant e Hegel por Charles Taylor, Hegel (Cambridge University Press, 1975) pp. 95-6.
23. Taylor mostra como a necessidade conceitual nesse sentido não é simplesmente uma questão dos significados de palavras. Hegel, pp. 95-6.
24. Thomas Hobbes, Leviathan (New York: Macmillan, 1962), cap. 13; H.L.A. Hart, The Concept of Law (O Conceito de Lei) (Oxford University Press, 1961) cap. 9, esp. pp. 189-91; também Hart, "Positivism and the Separation of Law and Morals" (Positivismo e a Separação da Lei e a Moralidade), Harvard Law Review 71 (1958), p. 593, reimpresso em R.M. Dworkin, ed., The Philosophy of Law (Londres, Oxford University Press, 1977), pp. 35-6.
25. Hart, "Positivism and the Separation of Law and Morals", pp. 35-6.
26. MKH, p. 94; Cf. CES, pp. 21-6.
27. Mackie, Ethics (Ética), pp. 84-5.
28. Mackie, Ethics, pp. 97-100.
29. MKH, p. 110.
30. MKH, p. 98.
31. Para o emprego de Habermas da categoria "sociedades tradicionais", veja LC, p. 19; TRS, p. 94.
32. MKH, pp. 97-9.
33. MKH, pp. 100-3; REPLY, p. 253. Cf. Apel, Towards a Transformation of Philosophy (Rumo a uma Transformação da Filosofia), traduzido por G. Adey e D. Frisby (Londres: Routledge and Kegan Paul, 1980), cap. 7.
34. MKH, p. 98; WAHR, pp. 252-60.
35. MKH, p. 99.
36. MKH, pp. 97-8.
37. MKH, p. 99. Esta formulação particular das regras constituindo uma situação de discurso ideal foi sugerida por um crítico complacente; veja Robert Alexy, "Eine Theorie des praktischen Diskurses" (Uma Teoria do Discurso Prático), em Willi Oelmuller, ed., Normenbegrundung und Normendurchsetzung (Paderborn: Schoningh, 1978), pp. 40-1. Para a formulação original de Habermas, veja WAHR, pp. 255-7.
38. WAHR, p. 257.
39. WAHR, pp. 251-6. Embora esta regra possa parecer relevante somente para a argumentação prática, Habermas afirma que a argumentação teórica, no seu nível mais radical, não pode ser nitidamente separada da argumentação prática; e assim esta regra é relevante para a argumentação em geral. Cf. McCarthy, The Critical Theory (A Teoria Crítica), pp. 305-6.
40. WAHR, p. 256.
41. MKH, pp. 54, 103.
42. LC, p. 108.

43. A terminologia "pós-convencional" e "convencional" segue a tradição Piaget-Kohlberg da psicologia desenvolvimental cognitiva. Veja, por exemplo, Lawrence Kohlberg, "From Is to Ought: How to Commit the Naturalistic Fallacy and Get Away with It in the Study of Moral Development" (Do Ser ao Dever Ser: Como Cometer a Falácia Naturalista e Safar-se com Ela no Estudo do Desenvolvimento Moral), em Theodore Mischel, ed., Cognitive Development and Epistemology (Desenvolvimento Cognitivo e Epistemologia) (New York: Academic Press, 1971).
44. É o trabalho de Kohlberg sobre o juízo moral que tem relação mais direta com os tópicos dos quais tratarei neste capítulo. Seus textos mais relevantes são: "From Is to Ought" (Do Ser ao Dever Ser); "The Claim to Moral Adequacy of a Highest Stage of Moral Judgement" (A Reivindicação à Adequação Moral de um Estágio mais Elevado de Juízo Moral), *The Journal of Philosophy* 70 (outubro, 1973); e "Justice as Reversibility" (Justiça como Reversibilidade) em Peter Laslett and James Fishkin, eds., *Philosophy, Politics and Society* (Filosofia, Política e Sociedade), Fifth series (Quinta série) (New Haven: Yale University Press, 1979).
45. REPLY, p. 259; MKH, pp. 127-30.
46. Kohlberg, "From Is to Ought", pp. 163-80.
47. Veja Kohlberg para um resumo desta pesquisa.
48. Kohlberg, "From Is to Ought", pp. 154, 180-6.
49. Kohlberg, "The Claim to Moral Adequacy" (A Reivindicação à Adequação Moral), p. 633. Uma ilustração de como, digamos, o estágio 4 deixa uma situação desequilibrada pode ser vista num dos dilemas hipotéticos em que Kohlberg apresenta seus sujeitos. Em "O Dilema de Heinz" a esposa de Heinz tem uma doença da qual irá morrer a menos que obtenha um novo remédio, que acabou de ser descoberto por um farmacêutico em particular. O farmacêutico, argumentando que deve ter lucro com sua descoberta, pede um preço pela droga que está bem acima dos recursos de Heinz. A questão é: deveria Heinz transgredir a lei e furtar a droga para salvar a vida de sua esposa ou não? Uma orientação de estágio 4, na qual todos os "deves" estão subordinados ao "deve" da manutenção do sistema legal, não pode atender a reivindicação de um direito de viver por parte da esposa. Colocado de forma mais geral, não pode atender certas situações em que sentimos que extrema injustiça seria feita seguindo-se a lei. "From is to Ought", pp. 156-7, 198-9.
50. Kohlberg, "The Claim to Moral Adequacy", p. 633.
51. Kohlberg, "The Claim to Moral Adequacy".
52. Kohlberg, "From Is to Ought", pp. 184-5.
53. MKH, pp. 138-40.
54. MKH, pp. 140-3.
55. MKH, p. 146.
56. MKH, p. 142.
57. MKH, pp. 148-50.
58. MKH, p. 143.

59. Rainer Dobert, Jürgen Habermas e Gertrud Nunner-Winkler, "Zur Einfuhrung" Die Entwicklung des Ichs (Colônia: Keizenheimer, 1977), p. 20; CES, pp. 82-3.
60. Para diferentes tentativas de formular a noção de competência interativa, veja KK, pp. 196-7; VET, seç. II; CES, pp. 69-94; e MKH, pp. 127-206. A última formulação de Habermas conta com o trabalho sobre perspectiva de Robert L. Selman absorvendo *The Growth of Interpersonal Understanding* (O Crescimento da Compreensão Interpessoal) (New York: Academic Press, 1980).
61. CES, p. 86.
62. CES, p. 88; MKH, p. 182.
63. KK, pp. 215, 218-9; CES, pp. 88-90.
64. MKH, p. 182. Minha ênfase.
65. CES, p. 88.
66. CES, p. 88.
67. CES, pp. 78, 88; MKH, p. 174-5.
68. CES, p. 78; REPLY, pp. 259-60. Veja também Kohlberg, "A Reply to Owen Flanagan and Some Comments on the Puka-Goodpaster Exchange" (Uma Resposta a Owen Flanagan e Alguns Comentários sobre a Permuta Puka-Goodpaster), *Ethics 92* (abril, 1982), p. 53.
69. Thomas A. McCarthy, "Rationality and Relativism" (Racionalidade e Relativismo), em Thompson e Held eds., *Habermas: Critical Debates* (Habermas: Debates Críticos) (Cambridge, Massachusetts: MIT Press, 1982), p. 74.
70. MKH, pp. 127-30.
71. Carol Gilligan, *In a Different Voice: Psychological Theory and Women's Development* (Numa Voz Diferente: Teoria Psicológica e Desenvolvimento Feminino) (Cambridge, Massachusetts: Harvard University Press, 1982). Habermas argumenta que uma vantagem de sua própria conceitualização discursiva da moralidade pós-convencional é que os *insights* de Gilligan podem ser proveitosamente integrados nela. MKH, pp. 187 ss. Veja minha discussão no próximo capítulo.
72. MKH, p. 127; REPLY, p. 259.

4. Uma Ética e Orientação Mínimas para a Teoria Política

1. WAHR, p. 251.
2. Para críticos que deixam implícito que o argumento de Habermas é deste tipo, veja: Raymond Geuss, *The Idea of a Critical Theory* (A Idéia de uma Teoria Crítica) (Cambridge University Press, 1981), p. 31; Steven Lukes, "Of Gods and Demons: Habermas and Practical Discourse" (De Deuses e Demônios: Habernas e o Discurso Prático), em Thompson and Held, eds., *Habermas: Critical Debates* (Cambridge, Massachusetts: MIT Press, 1982), pp. 137, 144; Donald Moon, "Political Ethics and Critical Theory" (Ética Política e Teoria Crítica), em Daniel Sabia and Jerald Wallulis, eds., *Changing Social Science: Critical Theory and Other Critical Perspectives* (Mudando a Ciência Social: Teoria Crítica e

Outras Perspectivas Criticas) (Albany: State University of New York Press, 1983), pp. 181-3; e Russel Keat, *The Politics of Social Theory: Habermas, Freud and Positivism* (A Politica da Teoria Social: Habermas, Freud e o Positivismo) (University of Chicago Press, 1981), p. 198.
3. Veja, por exemplo, LC, p. 113; e CES, p. 93.
4. Cf. William Connolly, *The Terms of Political Discourse* (Os Termos do Discurso Político) (Princeton University Press, 1983 edn), cap. 2, esp. pp. 59ss. Philip Pettit apresenta muitos argumentos contra a noção de justiça de Habermas, mas admite que a validade deles depende mais de sua (de Pettit) hipótese da exatidão de um modelo de necessidades estritamente biológico do que daquilo que ele caracteriza, um tanto tendenciosamente, como o "modelo artístico" de Habermas. Pettit deixa implícito que este último modelo é irremediavelmente utópico. Pettit, "Habermas on Truth and Justice" (Habermas sobre a Verdade e a Justiça), em G. Parkinson, ed., *Marx and Marxism* (Cambridge University Press, 1982), p. 227. Esta acusação é uma simplificação excessiva. Connolly é particularmente bom em salientar as limitações de um modelo biológico estrito. Cf. também Walzer, Spheres of Justice: *A Defense of Pluralism and Equality* (Esferas de Justiça: Uma Defesa do Pluralismo e da Igualdade) (New York: Basic Books, 1983, pp. 8, 66.
5. Cf. Moon, "Political Ethics" (Ética Política), pp. 181-2; e Pettit, "Habermas on Truth", p. 219.
6. CES, p. 93.
7. WAHR, pp. 250-2; LC, p. 108.
8. WAHR, p. 252.
9. REPLY, pp. 227-63.
10. Rawls, *A Theory of Justice* (Cambridge, Massachusetts: Harvard University Press, 1971), pp. 254-6.
11. Adina Schwartz, "Moral Neutrality and Primary Goods" (Neutralidade Moral e Bens Primários", Ethics 83 (1973), pp. 302-7; and CES, p. 199.
12. Walzer, *Spheres of Justice*, p. 314.
13. John Rawls, "Kantian Constructivism in Moral Theory" (Construtivismo Kantiano na Teoria Moral), Journal of Philosophy 77 (1980), pp. 525-7, 554.
14. MKH, pp. 76-7.
15. CES, p. 90; REPLY, p. 257; MKH, pp. 175-9.
16. Pettit, "Habermas on Truth", pp. 222-3.
17. "Der Ansatz von Habermas" in Willi Oelmuller, ed., *Transzendentalphilosophische Normenbegrundung* (Paderborn: Schoningh, 1978), p. 114; REPLY, p. 56, MKH, p. 113.
18. Cf. Bernard Williams, "Persons, Character and Morality" (Pessoas, Caráter e Moralidade" em Amelie O. Rorty, ed., *The Identities of Persons* (As Identidades das Pessoas) (Berkeley: University of California Press, 1976); Mackie, Ethics: Inventing Right and Wrong (Ética: Inventando o Certo e o Errado) (Harmondsworth: Penguin, 1977), cap.4; e o uso de Luke do argumento de Mackie contra Habermas em "Of Gods and Demons: Habermas and Practical Reason" (De Deuses e Demônios: Habermas e a Razão Prática), em J.B.

Thompson and D. Held, eds., *Habermas: Critical Debates* (Habermas: Debates Críticos) (Cambridge, Massachusetts: MIT Press, 1982).
19. Williams, "Persons, Character and Morality", pp. 208ss.
20. REPLY, p. 257.
21. CES, p. 93.
22. REPLY, pp. 257-8; LC, p. 89.
23. LC, p. 108.
24. Keat, *The Politics of Social Theory: Habermas, Freud and Positivism* (A Política da Teoria Social: Habermas, Freud e o Positivismo) (University of Chicago Press, 1981), pp. 197-8; Lukes, "Of Gods and Demons", pp. 136-7, 143-4; e John Elster, "Sour Grapes" (Uvas Azedas), em Amartya Sen and Bernard Williams, eds., *Utilitarianism and Beyond* (Utilitarismo e Além) (Cambridge University Press, 1982), p. 237.
25. Mackie, Ethics, cap. 4, pp. 151-4.
26. Mackie, Ethics, p. 93.
27. Mackie, pp. 119, 153. Dificilmente se pode dizer que a posição de Mackie é uma posição isolada. Neste ponto particular, ela coincide com o contratismo daqueles que buscam desenvolver teoria política normativa com base no modelo estratégico. Cf. James Buchanan, *The Limits of Liberty* (Os Limites da Liberdade) (University of Chicago Press, 1975), pp. 23-6.
28. MKH, pp. 83-4. Hobbes, é claro, oferece o caso-paradigma de tal confusão: "Covenants Extorted by Fear Are Valid" (Pactos Arrebatados pelo Medo São Válidos), *Leviathan*, cap. 14.
29. MKH, p. 83; LC, pp. 111-12. Cf. a discussão de Martin Golding das qualidades morais associadas ao compromisso versus o caráter puramente estratégico-racional de uma barganha, em "The Nature of Compromise: A Preliminary Inquiry" (A Natureza do Compromisso: Uma Pesquisa Preliminar), em J. Roland Pennock and John W. Chapman, eds., *Compromise in Ethics, Law and Politics* (Compromisso na Ética, Lei e Política (New York University Press, 1979).
30. Paul Ricoeur, Hermeneutics and the Human Sciences (Hermenêutica e as Ciências Humanas), organizado, traduzido e apresentado por John B. Thompson (Cambridge University Press, 1981), p. 34.
31. WAHR, p. 252.
32. CES, p. 84.
33. CES, p. 93.
34. MKH, p. 114; TKH, p. 166.
35. "Zur Einfuhrung", Die Entwicklung des Ichs, p. 10.
36. CES, p. 85; RHM, p. 97; e "Zur Einfuhrung", p. 15.
37. CES, pp. 85-6.
38. CES, p. 110 (grifos meus); "Zur Einfuhrung", pp. 9, 15-16.
39. CES, p. 91.
40. RHM, pp. 93, 96-7; CES, p. 108.
41. RHM, pp. 97. A posição de Kohlberg é estabelecida em "Education for Justice: A Modern Statement of the Platonic View" (Educação para Justiça: Uma Enunciação Moderna da Visão Platônica), em Theodore R. Sizer, ed., *Moral Education* (Cambridge, Massachusetts: Harvard University Press, 1970), p. 59.

42. "On Social Identity" (Sobre Identidade Social), Telos 19 (Primavera, 1975), pp. 95ss. (Esta é uma tradução parcial de RHM, pp. 92-126); LC, pp. 48-50, 75-92; e REPLY, pp. 278-81.
43. CES, p. 110.
44. Seyla Benhabib argumenta que a noção de Habermas de novas modalidades de identidade coletiva ainda retém traços de um sujeito hegeliano coletivo que põe em perigo o valor da pluralidade. Embora esta preocupação seja uma preocupação legítima, parece-me que Habermas, equilibradamente, efetivamente evitou tais implicações. Veja Benhabib, *Critique, Norm and Utopia: A Study of the Foundations of Critical Theory* (Crítica, Norma e Utopia: Um Estudo dos Fundamentos da Teoria Crítica) (New York: Columbia University Press, 1986), pp. 330ss.
45. RHM, p. 96. Benhabib argumenta que a única maneira de explicar como as pessoas poderiam ser motivadas a endossar uma ética comunicativa seria se se assumisse um forte "impulso utópico pela felicidade" que gera a motivação para refletir interpretações de necessidades padronizadas. Acho que Benhabib subestima exatamente o argumento que elaborei com referência à leitura de Habermas de nossa situação histórica concreta e esta negligência a faz sobreestimar a necessidade de Habermas fazer uma avaliação mais vigorosa de um tal impulso utópico. Veja *Critique, Norm and Utopia*, pp. 324 ss.
46. CES, pp. 93-4; MKH, pp. 192-4.
47. Dada esta orientação da ética comunicativa, acho enigmático como alguém poderia afirmar que a posição de Habermas "aspira tirar o calor do caldeirão de interpretações e orientações contestadas para a ação. Está neste sentido mais próximo de uma coletivização da administração do que de uma democratização da política." William Connolly, "The Dilemma of Legitimacy" (O Dilema da Legitimidade), em John S. Nelson, ed., *What Should Political Theory Be Now* (O Que Deveria a Teoria Política ser Agora?) (Albany: State University of New York Press, 1983), p. 326.
48. "On Social Identity" (Sobre Identidade Social), p. 99. Cf. a tentativa de formular algumas similaridades nas visões moral-políticas de Rorty e Habermas, em Richard Bernstein, *Beyond Objectivism and Relativism: Science, Hermeneutics and Praxis* (Além do Objetivismo e do Relativismo: Ciência, Hermenêutica e Praxis) (Filadélfia: University of Pennsylvania Press, 1983), pp. 197-206.
49. MKH, p. 115, "On Social Identity", pp. 99-100.
50. CES, p. 93.
51. "Consciousness—Raising or Redemptive Criticism — The Contemporaneity of Walter Benjamin" (Ascensão de Consciência ou Crítica de Redenção — A Contem-poraneidade de Walter Benjamin), *New German Critique* 17 (Primavera, 1979), p. 59.
52. Veja especialmente Carol Gilligan, *In a Different Voice: Psychological Theory and Women's Development* (Numa Voz Diferente: Teoria Psicológica e Desenvolvimento Feminino) (Cambridge, Massachusetts: Harvard University Press, 1982) e "Do The Social Sciences Have an Adequate Theory of Moral Develop-ment?" (As Ciências Sociais têm uma Teoria Adequada de Desenvol-

vimento Moral?) em Norma Haan *et al*, eds., *Social Science as Moral Inquiry* (Ciência Social como Investigação Moral) (New York: Columbia University Press, 1983).
53. Gilligan, In a Different Voice, pp. 19, 30, 73 *et passim*; e "Do The Social Sciences", pp. 34-40.
54. Gilligan, *In a Different Voice*, pp. 164-5.
55. MKH, p. 182.
56. Gilligan, *"Do The Social Sciences"*, p. 45.
57. MKH, pp. 183, 186-90.
58. MKH, pp. 190-1.
59. MKH, pp. 191-2. Para uma crítica criteriosa da consideração de Habermas sobre o que está envolvido no juízo moral, veja Benhabib, *Critique, Norm and Utopia*, pp. 322-4; 349.
60. MKH, pp. 193-4.
61. Gilligan, *In a Differente Voice*, p. 156.
62. Para uma discussão interessante de como a ética comunicativa precisa se abrir para estes tipos de questões, veja Benhabib, *Critique, Norm and Utopia*, pp. 340-2. Sobre a importância da experiência da preocupação com os jovens, veja Sara Ruddick, "Maternal Thinking" (Pensar Maternal), em Barrie Thorne and Marilyn Yalom, eds., *Rethinking the Family* (Repensando a Família) (New York: Longman, 1982); e Jean Elshtain, *Public Man, Private Woman* (Homem Público, Mulher Particular) (Princeton University Press, 1980), parte II. A importância de apropriar os *insights* desta variante "social" de feminismo não deveria, contudo, permitir-se obscurecer a distintividade dos problemas moral-políticos como conceitualizados dentro da ética comunicativa. Veja a discussão no cap. 6, no fim da seção 3.
63. Nelson Polsby, *Community Power and Political Theory: A Further Look at Evidence and Inference* (Poder Comunitário e Teoria Política: Um Olhar Suplementar na Evidência e Inferência) (New Haven: Yale University Press, 1980), cap. 12.
64. Veja Steven Lukes, *Power: A Radical View* (Poder: Uma Visão Radical) (Londres: Macmillan, 1974); e Connolly, *The Terms of Political Discourse* (Os Termos do Discurso Político), caps. 2 e 3. As posições de Lukes e Connolly sobre poder são similares, mas quanto a algumas diferenças veja Connolly, p. 222 nota.
65. Veja Lukes, *Power*, caps. 7 e 8; e especialmente John Gaventa, *Power and Powerlessness: Quiescence and Rebellion in an Appalachian Valley* (Poder e Impotência: Imutabilidade e Rebelião num Vale das Apalaches) (Urbana: University of Illinois Press, 1980).
66. Lukes, *Power*, pp. 23-5.
67. Connolly, *The Terms of Political Discourse*, p. 64.
68. Cf. Polsby, *Community Power and Political Theory* (Poder Comunitário e Teoria Política), p. 229 para exatamente tal redução.
69. Connolly, *The Terms of Political Discourse*, pp. 69, 192-5, 228, 240-1.
70. Connolly, *The Terms of Political Discourse*, pp. 54ss, 65-6.
71. Encontro um problema similar com o modelo do agente que Stanley tenta desen-

volver em "The Problematic Rationality of Political Participation" (A Racionalidade Problemática da Participação Política) em Laslett e Fishkin, eds., *Philosophy, Politics and Society* (New Haven: Yale University Press, 1979). Benn tenta articular um modelo no qual intersubjetividade e normatividade têm um amplo espaço. Seus conceitos-chaves são uma concepção não-estratégica de racionalidade, que parece próxima da "racionalidade de valor" de Weber, e uma noção de uma "pessoa moralmente responsável" que "se importa com a liberdade e a justiça" (pp. 306-8). Já indiquei algumas deficiências desta maneira subjetiva de pensar racionalidade no primeiro capítulo. Ademais, não parece sem garantia esperar-se uma maneira mais esclarecedora de pensar sobre normatividade do que simplesmente afirmar que uma pessoa responsável "se importa" com valores como justiça.

72. Toward a Theory of Communicative Competence (Rumo a uma Teoria da Competência Comunicativa.
73. LC, p. 113.
74. Gaventa, *Power*.
75. KK, p. 387; TP, p. 33-4; Cf. Brian Fay, "How People Change Themselves: The Relationship Between Critical Theory and Its Audience" (Como as Pessoas Mudam a Si Mesmas: A Relação Entre a Teoria Crítica e Sua Audiência), em Terence Ball, ed., *Political Theory and Praxis* (Teoria Política e Praxis) (Minneapolis: University of Minnesota Press, 1977).
76. TCA, pp. 20-2. Cf. Stephen White, "Reason and Authority in Habermas" (Razão e Autoridade em Habermas), *American Political Science Review* 74 (Dez., 1980); e "Reply to Comments" (Resposta a Comentários), *American Political Science Review* 75 (Setembro, 1981). O comportamento de Gaventa no exercício de suas interpretações críticas é exemplar aqui; veja especialmente seus caps. 8-9.

5. Modernidade, Racionalização e Capitalismo Contemporâneo

1. CES, pp. 97-8.
2. CES, caps. 3 e 4. Habermas não tentou o tipo de estudos históricos e antropológicos minuciosos que seriam necessários para tornar sua teoria proposta de evolução social realmente plausível. Na ausência deles, parece-me que o esforço para fazer julgamentos severos e rápidos sobre a teoria não é muito frutífero. Alguns críticos, entretanto, têm argumentado que a noção total de uma lógica desenvolvimental de "visões de mundo, representações morais e formações de identidade" é intrinsecamente falha; é teoricamente inútil já que não possui "quaisquer poderes explicativos" comparada a uma teoria de evolução social baseada num modelo de sistemas funcionalista puro; veja Michael Schmid, "Habermas' Theory of Social Evolution" (A Teoria de Habermas da Evolução Social), em Thompson and Held, *Habermas: Critical Debates* (Cambridge, Massachusetts: MIT Press, 1982), p. 174. É interessante observar aqui que esta é exatamente a mesma espécie de queixa que o próprio Habermas dirigiu às teorias de sistemas funcionalistas. Mais uma vez, acho que a controvérsia

sobre a teoria da evolução social produz mais calor do que luz em seu nível de análise mais amplo e abstrato.
3. TCA, pp. 140, 186, 221.
4. PDM, p. 16.
5. PDM, pp. 9-11, TCA, pp. 145-56.
6. Rogers Brubaker, *The Limits of Rationality: An Essay on the Social and Moral Thought of Max Weber* (Os Limites da Racionalidade: Um Ensaio sobre o Pensamento Social e Moral de Max Weber) (Londres: George Allen and Unwin, 1984), pp. VI, 1-2.
7. Brubaker, *The Limits of Rationality*, pp. VI, 1-2.
8. TCA, p. 233.
9. TCA, p. 140.
10. Para uma introdução a estes tópicos, veja Hans Gerth e C. Wright Mills, eds., *From Max Weber: Essays in Sociology* (De Max Weber: Ensaios em Sociologia (New York: Oxford University Press, 1946), parte III.
11. TCA, pp. 143-5, 157-68.
12. Brubaker, *The Limits of Rationality*, pp. 6, 69ss.
13. Brubaker, The Limits of Rationality, pp. 69, 82-6.
14. TCA, pp. 175ss, 205ss.
15. TCA, pp. 61-72, 186ss, 239; TKH, pp. 191, 218ss.
16. TCA, pp. 163-5, 236-40.
17. TCA, pp. 197-8, 219, 242, 254, 260-2, 268.
18. TCA, pp. 71-2, 165-6, 340.
19. Habermas vê Weber como mantendo uma "posição universalista cautelosa" em relação à racionalização de visões de mundo; TCA, pp. 155, 178-9.
20. TCA, p. 340.
21. TCA, p. 198.
22. TCA, pp. 222, 231-3, 239-40.
23. TCA, p. 43.
24. TCA, p. 70.
25. TCA, p. 340; TKH, pp. 182-3.
26. TCA, pp. 70, 340; TKH, pp. 218ss.
27. TCA, p. 337.
28. TCA, p. 337. Veja também a explicação de McCarthy do conceito de *Vergesellschaftung* ou "sociação", p. XX, nº 10.
29. Veja a discussão de Alfred Schutz e outros em TKH, pp. 210-12.
30. TKH, pp. 219-20.
31. TKH, p. 483.
32. TKH, pp. 208-9.
33. TCA, 342. Traduções ligeiramente alteradas.
34. TKH, p. 179; cf. Nancy Fraser, "What's Critical about Critical Theory? The Case of Habermas and Gender" (O que é Crítico a respeito da Teoria Crítica? A Hipótese de Habermas e Gender), *New German Critique* 35 (Primavera/Verão 1985).
35. Dallmayr, *Polis and Praxis* (Polis e Praxis) (Cambridge, Massachusetts: MIT Press, 1984), p. 243-4.

36. Dallmayr, *Polis and Praxis*, p. 245.
37. Cf. Anthony Giddens, "Commentary on the Debate" (Comentário do Debate), Theory and Society 11 (julho, 1982), p. 535.
38. TKH, p. 483.
39. LC, parte I.
40. TKH, pp. 222, 293, 490-1.
41. TKH, pp. 179, 226.
42. TKH, pp. 304, 320-1, 344-6.
43. LC, cap. 1.
44. TKH, p. 227.
45. Veja geralmente, TKH, parte VI, cap. 1.
46. TKH, pp. 347, 447.
47. TKH, pp. 269-73.
48. TKH, pp. 273-5; TCA, p. 341.
49. TKH, pp. 348-9.
50. TCA, pp. 342-3; TKH, pp. 239, 277, 470.
51. TKH, p. 504.
52. TKH, p. 489.
53. TKH, pp. 489, 503.
54. TKH, pp. 498-500.
55. TKH, pp. 501-3.
56. TKH, pp. 293, 417, 483, 488.
57. TKH, p. 471.
58. TCA, p. 342; TKH, p. 400.
59. Veja a crítica de Fred Dallmayr, *Polis and Praxis*, p. 249.
60. TKH, p. 462; REPLY, p. 281.
61. TKH, p. 462; cf. LC, parte III, caps. 4 a 6.
62. LC, parte II.
63. TKH, p. 452.
64. TKH, p. 514. Este tem sido um tema do trabalho de Habermas desde seu primeiro livro, *Strukturwandel der Offentlichkeit* (Berlim: Leuchterhand 1972).
65. TKH, pp. 505-13, 523. Para uma visão panorâmica útil de outras tentativas para entender processos de dominação fora da esfera produtiva, veja Mark Poster, *Foucault, Marxism and History* (Foucault, Marxismo e História) (Cambridge, Massachusetts: Polity Press, 1984), pp. 16-40. A análise de Habermas, entretanto, é simplista demais.
66. TKH, p. 524.
67. TKH, pp. 531-2.
68. TKH, pp. 532-4.
69. Michel Foucault, *Discipline and Punishment* (Disciplina e Punição) (New York: Random House, 1979), parte IV, cap. 3. Para alguns paralelos entre Foucault e teóricos críticos anteriores, veja Martin Jay, *Marxism and Totality: The Adventures of a Concept From Lukács to Habermas* (Marxismo e Totalidade: As Aventuras de um Conceito de Lukács a Habermas) (Berkeley: University of California Press, 1984), pp. 526-7.

70. Michel Foucault, *The History of Sexuality* (A História da Sexualidade) (New York: Random House, 1980), p. 155-9.
71. Nancy Fraser, "Foucault's Body-Language: A Post-Humanist Political Rhetoric?" (*A Linguagem-de-Corpo de Foucault: Uma Retórica Política Pós-Humanista?*), *Salmagundi* 61 (Outono, 1983), pp. 6-7. Cf. Jay, *Marxism and Totality*, p. 528.
72. Cf. a critica de Foucault em Charles Taylor, "Foucault on Freedom and Truth" (Foucault sobre Liberdade e Verdade), *Political Theory* 12 (maio, 1984), pp. 164-5; também PDM, p. 392.
73. TKH, p. 537. Cf. John Searle, *Speech Acts* (Atos de Discurso) (Cambridge University Press, 1969), pp. 133 ss.
74. TKH, p. 536-9.
75. TKH, p. 535; cf. LC, parte III.
76. Para alguns pensamentos sobre o processo de colonização na esfera particular, veja Timothy W. Luke e Stephen K. White, "Critical Theory, The Informational Revolution and An Ecological Modernity" (Teoria Crítica, A Revolução Informacional e Uma Modernidade Ecológica), em John Forester, ed., *Critical Theory and Public Life* (Teoria Crítica e Vida Pública) (Cambridge, Massachusetts: MIT Press, 1985).
77. Foucault, *The History of Sexuality* (A História da Sexualidade) (New York: Random House, 1980).
78. TKH, p. 48; "Modernity and Postmodernity" (Modernidade e Pós-modernidade), New German Critique 22 (Inverno, 1981), p. 9.
79. TKH, pp. 481, 483.
80. TKH, pp. 518-20.
81. TKH, p. 521. A noção de que a ciência e a tecnologia assumiram um papel que é funcionalmente equivalente à ideologia é uma idéia que Habermas expressou em um dos seus primeiros ensaios. Veja "Science and Technology as 'Ideology' (Ciência e Tecnologia como Ideologia), TRS. A nova ênfase é sobre como os fenômenos de consciência fragmentada e reificação do mundo da vida ajudam a dispor a consciência cotidiana a uma aceitação não-crítica das posições normativas ocultas sob o manto da autoridade e objetividade científicas.
82. TKH, p. 522.
83. Cf. White, "The Normative Basis of Critical Theory" (A Base Normativa da Teoria Crítica), *Polity* 16 (1983).
84. "A crítica da ideologia não pode mais partir diretamente de ideais concretos intrínsecos a formas de vida, mas somente de propriedades formais de estruturas de racionalidade." REPLY, p. 254, TKH, p. 522.
85. LC, pp. 48-9, 69-84.
86. Para uma boa crítica do fracasso de Habermas, em LC, para considerar o problema da consciência fragmentada, veja David Held, "Crisis Tendencies, Legitimation and the State" (Tendências de Crise, Legitimação e o Estado, em Thompson and Held, *Habermas*, pp. 189ss.
87. REPLY, p. 280.
88. Compare REPLY, pp. 280-1 e TKH, pp. 565-5. Presumirei que este último texto é

o controlador visto que o primeiro meramente esboçou algumas idéias em resposta à crítica.
89. TKH, pp. 565-6.
90. TKH, p. 566.
91. REPLY, p. 281. A recente mudança de pensamento de Habermas pode torná-lo menos suscetível à acusação de que tenha superestimado o grau em que a estabilidade social está sempre diretamente dependente da manutenção de um "consenso de valor" socialmente integrativo largamente compartilhado. Cf. Held, "Crisis Tendencies" (Tendências de Crise) e Nicolas Abercrombie, Stephen Hill e Bryan Turner, *The Dominant Ideology Thesis* (A Tese de Ideologia Dominante) (Londres: George Allen and Unwin, 1980).
92. REPLY, p. 281. Isto pareceria levar numa direção diferente de LC, que previa o declínio de tais atitudes como individualismo possessivo; pp. 80 ss.
93. TKH, p. 56 ss.
94. William Connolly, "Discipline, Politics and Ambiguity" (Disciplina, Política e Ambigüidade), *Political Theory* 11 (agosto, 1983), pp. 325-9.
95. TKH, pp. 571 ss.
96. Veja o excelente artigo de Cohen, "Strategy or Identity: New Theoretical Paradigms and Contemporary Social Movements" (Estratégia ou Identidade: Novos Paradigmas Teóricos e Movimentos Sociais Contemporâneos), *Social Research* 52 (Inverno, 1985). Cohen fornece uma boa visão panorâmica do trabalho recente sobre novos movimentos sociais. Minha discussão depende grandemente dos *insights* dela. Para visões um pouco mais céticas quanto à capacidade do modelo de Habermas considerar origem e as características do movimento feminista, veja Nancy Fraser, "What's Critical about Critical Theory?" (O que é Crítico a respeito da Teoria Crítica?) e Benhabib, *Critique, Norm and Utopia: A Study of the Foundations of Critical Theory* (Crítica, Norma e Utopia: Estudo dos Fundamentos da Teoria Crítica) (New York: Columbia University Press, 1986), pp. 251-2.
97. Cohen, "Strategy or Identity", pp. 664, 690; Cf. PDM, p. 423.
98. "New Social Movements" (Novos Movimentos Sociais), *Telos* 49 (Outono, 1981), p. 33. Esta é uma tradução de TKH, pp. 576-83. Tradução ligeiramente alterada.
99. Veja o exame de Cohen de teorias baseadas em escolha racional ou "mobilização de recursos", pp. 674-90.
100. Cohen, "Strategy or Identity", pp. 693-5.
101. TKH, pp. 576ss.
102. TKH, pp. 501-3.
103. Veja Timothy Luke, "From Fundamentalism to Televangelism" (Do Fundamentalismo ao Televangelismo), *Telos* 58 (Inverno, 1983-4).
104. Veja *Strukturwandel der Offentlichkeit*.
105. Cf. o prognóstico um tanto pessimista em "Modernity *versus* Postmodernity" (Modernidade *versus* Pós-modernidade), New German Critique 22 (Inverno, 1981), p. 13.
106. PDM, pp. 419-21.
107. PDM, pp. 418-19, 422-4.

108. PDM, p. 423; "The New Obscurity", pp. 13-15.
109. Cohen, "Strategy or Identity" (Estratégia ou Identidade), pp. 710-12.

6. As Duas Tarefas da Teoria Crítica

1. TKH, pp. 583-8.
2. TKH, p. 588.
3. Cf. Richard Rorty, "Pragmatism, Relativism, and Irrationalism" (Pragmatismo, Relativismo e Irracionalismo) em *Consequences of Pragmatism* (Conseqüências do Pragmatismo) (Minneapolis: University of Minnesota Press, 1982), pp. 173-4; e *Philosophy and The Mirror of Nature* (Filosofia e o Espelho da Natureza) (Princeton: Princeton University Press, 1979), pp. 380-1.
4. "Interpretative Social Science *vs.* Hermeneuticism" (Ciência Social Interpretativa *vs.* Hermenêutica) em Norma Haan *et al*, eds., *Social Science as Moral Inquiry* (Ciência Social como Investigação Moral) (New York: Columbia University Press, 1983), p. 260.
5. TKH, pp. 586-7.
6. "Interpretative Social Science", p. 261; Philosophy as Stand-in and Interpreter (Filosofia como Substituta e Intérprete) em K. Baynes, J. Bohman and T. McCarthy, eds., *After Philosophy: End or Transformation?* (Acerca da Filosofia; Fim ou Transformação?) (Cambridge, Massachusetts: MIT Press, 1987), pp. 310-11; TKH, pp. 587-8.
7. Veja a literatura citada nº 12 da Introdução.
8. "Philosophy as Stand-in and Interpreter" (Filosofia como Substituta e Intérprete) p. 310 (tradução minha); TKH, p. 588.
9. TKH, p. 586.
10. Fred Alford, "Is Jürgen Habermas' Reconstructive Science Really Science?" (É a Ciência Reconstrutiva de Jürgen Habermas Realmente Ciência?), *Theory and Society* 14 (1985), pp. 331-5. Cf. CES, pp. 16-25.
11. Também acho que esta maneira de compreender reconstruções racionais de ação e racionalidade faz mais sentido do que tentar compreendê-las como uma forma de conhecimento "puro", completamente divorciada de interesses cognitivos, como Habermas fez originalmente em "A Postscript to *Knowledge and Human Interests*" (Um Pós-script ao Conhecimento e Interesses Humanos), *Philosophy of the Social Sciences* 3 (Setembro, 1973), p. 184. McCarthy destaca corretamente que esta última estratégia divorcia radicalmente teoria e prática; *The Critical Theory of Jürgen Habermas* (Cambridge, Massachusetts: MIT Press, 1978), p. 101.
12. "Philosophy as Stand-in and Interpreter", pp. 297-8 (tradução minha).
13. "Philosophy as Stand-in and Interpreter", p. 312 (tradução minha); TKH, p. 584.
14. TCA, p. 237.
15. TCA, p. 238.
16. Thomas McCarthy, "Reflections on Rationalization in the Theory of Communicative Action" (Reflexões sobre Racionalização em A Teoria da Ação Comunicativa), *Praxis International* 4, pp. 177-9; cf. Fred Alford, *Science and The Revenge*

    of Nature: Marcuse and Habermas (Ciência e a Vingança da Natureza: Marcuse e Habermas) (Gainesville: University Presses of Florida, 1985), cap. 9.
17. TKH, p. 588.
18. Veja as críticas a que Habermas se refere em REPLY, pp. 238ss.
19. QCQ, p. 244; e a crítica de Foucault em PDM, caps. 9-10.
20. TKH, p. 588.
21. REPLY, p. 262.
22. TCA, p. 240.
23. REPLY, p. 262.
24. TCA, pp. 73-4; REPLY, p. 262; QCQ p. 242.
25. QCQ, p. 242, "Philosophy as Stand-in and Interpreter", pp. 312-14 (tradução minha).
26. REPLY, p. 250; "Philosophy as Stand-in and Interpreter", p. 313 (tradução minha).
27. QCQ, p. 244.
28. REPLY, p. 245.
29. McCarthy, "Reflections on Rationalization", pp. 188-9. Deve-se notar que o tipo de filosofia da natureza que McCarthy sugere retém um núcleo antropocêntrico, algo que poderia ser absolutamente inaceitável para alguns proponentes de tal filosofia.
30. Com referência a relações moralizantes com animais, é importante enfatizar alguns dos empecilhos que adviriam de não conseguir reconhecer claramente que questões de legitimidade normativa se aplicam com força total somente a seres (competentes de discurso) reflexivos e responsáveis. O fracasso em sustentar esta distinção pode levar rapidamente a posições como aquela defendida recentemente em público por alguns defensores de animais: experimentos médicos perigosos, quando necessários, deveriam ser feitos não com animais "inocentes" mas com seres humanos culpados, isto é, aqueles na prisão. Para a tentativa de Habermas de sugerir uma forma de pensar sobre alguns destes problemas, veja REPLY, pp. 244-7.
31. Cf. REPLY, pp. 247-8.
32. Veja Luke e White, "Critical Theory, The Informational Revolution and an Ecological Modernity" (Teoria Crítica, A Revolução Informacional e uma Modernidade Ecológica), em J. Forester, ed., *Critical Theory and Public Life* (Cambridge, Massachusetts: MIT Press, 1985) para uma visão panorâmica de alguns destes tipos de práticas alternativas.
33. TKH, p. 580.
34. TKH, p. 507.
35. "The New Obscurity" (A Nova Obscuridade), esp. pp. 12-17.
36. "New Social Movements" (Novos Movimentos Sociais), p. 35.
37. Luke e White, "Critical Theory, The Informational Revolution and an Ecological Modernity", seção IV.
38. "On Social Identity" (Sobre a Identidade Social), pp. 99-103.
39. Habermas está, é claro, ciente de que tal nova tecnologia pode, com a mesma

facilidade, ser convertida para usos que expandem a colonização do mundo da vida; TKH, pp. 571-5. Cf. Luke e White, "Critical Theory, The Informational Revolution and an Ecological Modernity".

40. "Civil Disobedience: Litmus Test for the Democratic Constitutional State" (Desobediência Civil: Teste Litmus para o Estado Constitucional Democrático), *Berkeley Journal of Sociology* 30 (1985), pp. 110-11.

41. "Civil Disobedience", p. 99.

42. Para a crítica segundo a qual Habermas não nos leva mais adiante que Weber, veja Anthony Giddens, "Reason Without Revolution? Habermas's Theorie des kommunikativen Handelns" (Razão Sem Revolução? A Theorie des kommunikativen Handelns de Habermas), em Richard J. Bernstein, ed., *Habermas and Modernity* (Cambridge, Massachusetts: MIT Press, 1985), pp. 120-1.

43. Nancy Fraser, "What's Critical About Critical Theory?" (O que é Crítico a Respeito da Teoria Crítica?) p. 111.

44. Fraser é inteiramente sensível aos recursos de que Habermas dispõe para enfrentar suas críticas.

45. Cf. Martin Jay, *Marxism and Totality: The Adventures of a Concept from Lukács to Habermas* (Marxismo e Totalidade: As Aventuras de um Conceito de Lukács a Habermas) (Berkeley: University of California Press, 1984), pp. 509, 518 ss; e Mark Poster, *Foucault, Marxism and History* (Cambridge, Massachusetts: Polity, 1984).

46. Foucault, "What is Enlightenment?" (O que é o Iluminismo), em Paul Rabinow, ed., *The Foucault Reader* (New York: Pantheon, 1984), p. 45.

47. "Consciousness-Raising or Redemptive Criticism" (Ascensão de Consciência ou Crítica de Redenção), p. 56.

48. Cf. Poster, *Foucault, Marxism and History* (Foucault, Marxismo e História).

49. Foucault, *The History of Sexuality* (A História da Sexualidade) (New York: Random House, 1980).

50. Cf. Nancy Fraser, "Is Michel Foucault a Young Conservative?" (É Michel Foucault um Jovem Conservador?), *Ethics* 96 (Primavera/Verão 1985). O próprio Habermas considera esta possibilidade em "Consciousness-Raising or Redemptive Criticism", pp. 57-9.

51. Cf. Fraser, "Is Michel Foucault a Young Conservative?"

52. Foucault, "The Subject and Power" (O Sujeito e o Poder), em Herbert Dreyfus and Paul Rabinow eds., *Michel Foucault: Beyond Structuralism and Hermeneutics* (Michel Foucault: Além do Estruturalismo e da Hermenêutica) (University of Chicago Press, 1983) p. 216.

53. Foucault, *The History of Sexuality*, pp. 155-9.

54. Fred Dallmayr, *The Twilight of Subjectivity: Contributions to a Post-Individualist Theory of Politics* (O Crepúsculo da Subjetividade: Contribuições para uma Teoria de Política Pós-individualista) (Amherst University of Massachusetts Press, 1981), pp. 205ss; e Joel Whitebook, "Reason and Happiness: Some Psychoanalytic Themes in Critical Theory" (Razão e Felicidade: Alguns Temas Psicanalíticos em Teoria Crítica), *Praxis International* 4 (abril, 1984).

Reimpresso em Bernstein, *Habermas and Modernity* (Habermas e Modernidade).
55. Foucault, "Body/Power" (Corpo/Poder), em *Power/Knowledge: Selected Interviews and Other Writings* 1972-1977 (Poder/Conhecimento: Entrevistas Selecionadas e Outros Escritos 1972-1977, editado por Colin Gordon (New York: Pantheon, 1980), pp. 58-9; e *History of Sexuality* (História da Sexualidade), pp. 140ss.
56. Aqui "alteridade" é uma categoria intra-subjetiva em oposição à categoria intersubjetiva discutida no capítulo 4. O repto de Foucault aqui é um repto que Habermas considera comum entre os ataques pós-modernistas à modernidade e o Iluminismo. O que está em questão é a tentativa de elevar "O Outro da Razão à posição de um tribunal perante o qual a modernidade possa ser chamada a depor", PDM, p. 128.
57. Foucault, "On the Genealogy of Ethics: An Overview of Work in Progress" (Sobre a Genealogia da Ética: Uma Visão Panorâmica do Trabalho em Andamento), em Dreyfus and Rabinow, *Michel Foucault*, pp. 230-1, 235.
58. Foucault, "O que é o Iluminismo?", pp. 41-2.
59. TCA, p. 20.
60. QCQ, p. 240; TKH, pp. 584-5.
61. QCQ, pp. 235-6.
62. QCQ, pp. 235-6; "Modernity *versus* Postmodernity" (Modernidade *versus* Pós-modernidade), pp. 4-5; "The Entwinement of Mith and Enlightenment" (O Entrelaçamento do Mito com o Iluminismo), *New German Critique 26* (Primavera-Verão, 1982), p. 25; PDM, cap. 4.
63. QCQ, p. 240.
64. Cf. as observações de Charles Taylor sobre a diferença entre nossa atividade simbólica e aquela das sociedades primitivas, em "Rationality" (Racionalidade), em Martin Hollis and Steven Lukes, eds., *Rationality and Relativism* (Racionalidade e Relativismo) (Cambridge, Massachusetts: MIT Press, 1982, pp. 98-100.
65. Habermas sugere que a crítica de Nietzsche da modernidade também é culpada de esquecer este ponto, "The Entwinement of Mith and Enlightenment" (O Entrelaçamento do Mito e o Iluminismo), pp. 23ss.
66. "Modernity *versus* Postmodernity" (Modernidade *versus* Pós-modernidade), pp. 4-5.
67. QCQ, pg. 236.
68. Sobre a ironia das realizações do moderno eu racional, cf. William Connolly, "Discipline, Politics and Ambiguity" (Disciplina, Política e Ambiguidade), *Political Theory* 11 (1983), pp. 334-6.
69. Uma outra fonte de idéias provocativas sobre uma estética da vida cotidiana deve ser encontrada em escritos feministas. Veja, por exemplo, Nancy Hartsock, *Money, Sex and Power* (Dinheiro, Sexo e Poder) (New York: Longman, 1984), caps. 7-11.
70. Foucault, "On the Genealogy of Ethics (Sobre a Genealogia da Ética), p. 231.
71. Foucault, "On the Genealogy of Ethics". p. 230.
72. Foucault, "On the Genealogy of Ethics", p. 239; e "The Confession of the Flesh" (A Confissão da Carne), em *Power/Knowledge*, p. 208.

73. Em última análise, Foucault foi suficientemente benevolente para ver os limites de sua própria linha de raciocínio. Numa entrevista no ano anterior à sua morte, admitiu que "a idéia de uma política consensual" era importante como "um princípio crítico em relação a outras formas políticas", e ademais, que poderia haver coisas tais como "disciplinas consensuais". "Politics and Ethics: An Interview" (Política e Ética: Uma Entrevista), *The Foucault Reader*, pp. 378-80. Mas é precisamente com observações como estas que todos os problemas "jurídicos" com que Habermas esteve lutando afluíram de volta. É claro que Foucault não queria fechar todo o acesso à alteridade intersubjetiva, mas seus comentários sobre "política consensual" têm uma qualidade ruidosamente *ad hoc* para eles. Dentro da estrutura de seu modelo de subjetividade, estes problemas têm de parecer estranhos; a partir do modelo comunicativo, por outro lado, são inerentes.
74. Cf. Dreyfus e Rabinow, *Michel Foucault*, p. 258.
75. Horkheimer e Adorno, *Dialectic of Enlightenment* (Dialética do Iluminismo) (New York: Seabury Press, 1972); Adorno, *Negative Dialectics* (Dialética Negativa) (New York: Seabury Press, 1966); e Adorno, *Aesthetic Theory* (Teoria Estética) (Londres: Routledge and Kegan Paul, 1984).
76. Veja Albrecht Wellmer, "Truth, Semblance, Reconciliation: Adorno's Aesthetic Redemption of Modernity" (Verdade, Semelhança, Reconciliação: A Redenção Estética de Modernidade de Adorno), *Telos* 62 (Inverno, 1984-5); e Dallmayr, *The Twitlight of Subjectivity : Contributions to a Post-Individualist Theory of Politics* (O Crepúsculo da Subjetividade: Contribuições para uma Teoria da Política Pós-individualista) (Amherst: University of Massachusetts Press, 1981), pp. 133-43.
77. Albrecht Wellmer, "Reason, Utopia and The Dialectic of Enlightenment" (Razão, Utopia e a Dialética da Iluminação), *Praxis International* 4 (abril, 1983), p. 94, reimpresso em Bernstein, *Habermas and Modernity* (Habermas e Modernidade). Cf. a crítica de Seyla Benhabib de Adorno em *Critique, Norm and Utopia: A Study of the Foundations of Critical Theory* (Crítica, Norma e Utopia: Um Estudo dos Fundamentos da Teoria Crítica) (New York: Columbia University Press, 1986), pp. 219-21.
78. QCQ, p. 237.
79. Veja, por exemplo, Sara Ruddick, "Maternal Thinking" (Pensar Maternal), em B. Thorne and M. Yalom, eds., *Rethinking the Family* (Repensando a Família) (New York: Longman, 1982); e Jean Elshtain, "Antigone's Daughters" (As Filhas de Antigone), *Democracy* 2 (abril, 1982).
80. Mary Dietz, "Citizenship with a Feminist Face: The Problem with Maternal Thinking" (Cidadania com um Rosto Feminista: O Problema do Pensamento Materna), *Political Theory* 13 (Febr. 1985). Cf. o interessante intercâmbio entre Seyla Benhabib e Nancy Fraser na edição especial sobre "Feminismo como Crítica" de *Praxis International* 6 (Jan., 1986).
81. Esta objeção me foi feita por Fred Dallmayr.
82. TKH, pp. 555, 560-2.
83. TKH, pp. 555-60, 562 ss. A respeito de como este programa de pesquisa lança luz em sistemas de "socialismo burocrático", veja especialmente pp. 563-7.

84. Geertz, *Local Knowledge: Further Essays in Interpretative Anthropology* (Conhecimento Local: Ensaios Suplementares em Antropologia Interpretativa) (New York: Basic Books, 1983), p. 234.
85. Geertz, *Local Knowledge*, p. 234. Veja os vários ensaios deste livro sobre como tais comentários são desenvolvidos. *Spheres of Justice: A Defense of Pluralism and Equality* (Esferas da Justiça: Uma Defesa do Pluralismo e da Igualdade), de Walzer (New York: Basic Books, 1983) também é instrutivo em relação a isto.

INDICE ANALÍTICO

Ação, veja também ação comunicativa
  dramatúrgica, 46-7
  guiada por norma, 24-9, 45-6
  estratégica, 21-3, 45
  estrutura teleológica de, 53
  orientada por compreensão *vs.* orientada por sucesso, 52-3
Ação comunicativa, 35-54
  e cooperação, 45
  e situação de discurso ideal, 61-3
  importância na teoria social, 98-100
  como meio de reprodução do mundo da vida, 97-100
  força normativa na, 57-64
Adorno, T., 13, 15, 35-6, 41, 91, 102, 142, 144, 144-5
Argumentação
  e acumulação de conhecimento, 126-30
  e "contradição performativa", 61-70
  pressuposições de moderna, 61-4
  formas especializadas e correspondentes esferas de valor culturais, 126-9
Atos ilocucionais
  imputações idealizadas nos, 39, 43
  força ilocucional nos, 37-9, 43, 52
  obrigação iminente nos, 57-9
  regras para, 38
  sucesso dos, 48-9
  tipos de, 38-9, 42
Austin, J. L., 37, 43, 52
Baudelaire, C., 146, 148-9
Berlin, I., 27, 59
Capitalismo avançado
  formação de identidade no, 82-5
  problemas de legitimação e motivação no, 115-9
  novas formas de oposição no, 115-22, 130-6
  e a "nova obscuridade", 14-8, 21
  elasticidade do, 115-20
  e subsistemas de economia e administração, 106, 112
Chomsky, N., 37, 64
Ciência reconstrutiva, 124-6
Ciência social
  modelo interpretativo da, 24, 29-30
  modelo naturalista da, 22-23

e programas de pesquisa, 16, 20
e teoria de sistemas, 100-1, 103-6
construção de teoria na, 42-3, 53-4
Cohen, J., 119, 122
Competência comunicativa
na modernidade, 51-2, 61, 91
relação com outras competências, 38-9, 64
Compreensão
paradigma da, 16
papel na ação comunicativa, 47-51
Connolly, W., 88-9
Consciência
mágico-mítico *vs.* descentrada, 93
modernas estruturas de, 32-3, 63-4, 91-122, 125-130
filosofia da, 16
Consenso, 49-50, 61-3
Cooperação, explicação da
no modelo comunicativo, 37-48
no modelo contextual, 22-30
no modelo estratégico, 22-4
Dallmayr, F., 53-4, 101-2
Derrida, J., 15, 42-4
Democracia
e uma política crítica, 109-10, 116-25, 132-37
significado de hoje, 132-33
e teoria da escolha racional, 23-4
Der philosophische Diskurs der Moderne, 15
Dewey, J., 31-2
Discurso
e situação de discurso ideal, 61-3
prático ou normativo, 49-50
real *versus* hipotético, 68-9, 73-77
exigência de reciprocidade no, 73-9
teórico, 49-50
terapêutico, 90
Dworkin, R., 31-2
Ecologia, radical, 130-33
Emancipação, idéia de na teoria crítica, 16, 136-7
Escola de Frankfurt, 15-7, 91, 124-5, 144
Esfera pública, crítica, 112, 118-22, 132-37
Estética
autonomia de, na modernidade, 135-38
papel ampliado na sociedade equilibrada, 129-136
capacidade expressiva, 53-4
e linguagem, 39-44

e discurso prático, 84-5
  e subjetividade, 136-44
Ética, veja também ética comunicativa
  em Foucault, 142-4
  kantiana, 55-6, 64, 73, 75, 84-7
  pós-convencional, 66, 87
  tradicional, 60
Ética comunicativa
  reivindicações cognitivistas da, 51-71
  sensibilidade de contexto na, 84-87
  e falibilidade, 89-90
  e indeterminabilidade, 77-78, 80-1
  caráter mínimo da, 32-3, 73-81
  e motivação, 80-5
  e natureza, 130-44
  e necessidades, 73-81
  e alteridade, 83-85, 130-44
  lugar de compromisso na, 78-80
  caráter procedural da, 32-3, 73-81
Falácia naturalista, 58-64
Feminismo
  na capacidade estético-expressiva, 144-5
  e moralidade, 85-6, 144-5
  e novos movimentos sociais, 119-22
  no poder, 132-3, 135-6
Foucault, M., 13-4, 33, 44, 111-13, 128, 135, 136-45
Fundamentalismo, 16-7, 33, 36-7, 111-13, 145
Gadamer, H. G., 102
Gaventa, J., 89
Geertz, C., 145
Gewirth, A., 57-8
Gilligan, C., 73, 85-7
Goffman, E., 46
Hart, H.L.A., 58
Hegel, G.W.F., 14
Heidegger, M., 102
Hobbes, T., 22-3, 58
Horkheimer, M., 15, 17, 26, 91-103
Identidade
  coletiva, 82-3, 104-5, 119-22
  individual, formação de, 80-3
  e motivação, 83
Ideologia
  burguesa, 115-7
  e condições de racionalidade, 62, 89

crítica de, 114-15
  e consciência fragmentada, 103, 114-19
  e modelos de racionalidade, 29-30, 32
Iluminismo
  dialética da, 135-6
  tradição racionalista da, 13, 92
Interação
  estágios desenvolvimental-lógicos da, 66-9
  e trabalho, 51-2
  e linguagem, 42-3
  "normas de discurso racional" implícitas na, 35
Interesses, veja também interesses generalizáveis
  constitutivos de conhecimento, 25, 36-7, 125-6
  racionalização de, 56
  reais, 87-90, 139
Interesses generalizáveis,
Intersubjetividade, 25-28, 89
James, W., 31-2
Juízo (Julgamento) moral
  desenvolvimento do,
  e programas de pesquisa,
Juridicização de relações sociais, 110-13
Justiça
  princípios determinados *vs.* indeterminados de, 56-7, 74-80
  e boa vida, 55, 102
  em relação à *Moralität and Sittlichkeit*, 86
  responsabilidade universalista da, 31-3, 72-3, 145
Kant, I., 56
Knowledge and Human Interests, 13, 17, 20, 25, 36-7
Kohlberg, L., 32-3, 55, 63-4, 74, 84-6, 125
Lakatos, I., 16, 19
Legitimation Crisis, 110, 115-118, 120-122
Liberalismo, bem-estar, 15
Linguagem
  papel coordenador de ação da, 42-6, 47
  uso "normal" *vs.* "anormal" da, 39-45
  potencial para racionalidade na, 48
  e teoria social, 42-3
  funções pragmáticas universais da, 38
  papel revelador-de-mundo da, 41-4
Lukács. G., 103, 106-7
Luta de classe,
Mackie, J.L., 33
Marx, K., 20, 36, 91, 103, 106-9, 131-2, 144
Marxismo, 13, 16, 104

Materialismo histórico, reconstrução do,
McCarthy, T., 49, 126-7, 130
Modernidade, veja também processos de aprendizado
  experiência estética na, 138-42
  ideal equilibrado de, 128-45
  comparada com pré-modernidade, 41
  defesa da, 14, 20, 33, 69
  fundamentos para "autoconfiança", 15, 17, 20, 92, 129-30
  potencial racional de, 15, 92, 96-7
Modernização, veja também racionalização
  e "colonização do mundo da vida", 15, 17, 102-15
  e "empobrecimento cultural", 15, 17, 113-14
  perda de liberdade e significado na, 97, 102-3, 113
  sua "unilateralidade", 15, 35-7, 92, 96-7, 107
  patologias causadas pela, 92-119
Natureza
  interior, dominação da na modernidade, 130-44
  nova filosofia da, 130-2
  exterior, dominação da na modernidade, 130-6
Necessidades
  modelo biológico de, 73-4, 76
  interpretações de, 75
Neoconservadorismo, 15
Nietzsche, F., 16, 136
Novos movimentos sociais
  como destinatários da teoria crítica, 133-6
  identidade coletiva dos, 119-123, 133-6
  e o ideal de uma sociedade equilibrada, 132-36
  caráter autolimitante dos, 119-22, 132-34
Parsons, T., 104
Pettit, P., 76
Piaget, J., 38, 55, 63-72, 94-5
Platão, 53
Poder
  e condições de racionalidade, 51-2, 62
  consideração de Foucault do disciplinar, 111-2, 136-8
  e modelos de racionalidade, 201, 32-3, 87-90
  modelos pluralistas e elitistas de, 88
  e coerções estruturais, 79-80, 90, 101-2, 135-7
Pós-estruturalismo, seu repto à teoria crítica, 13-4, 40-4, 130-6
Positivismo, crítica do, 35-7, 125-6
Pragmática universal (ou formal), teoria da, 37-44
Processos de aprendizado, veja também modernidade
  e interação lingüística, 43-4
  na modernidade, 91, 96-112, 126-130

e processos de desaprendizado na modernidade, 128-144
Programas de pesquisa
  conceito de racionalidade nos, 16
  núcleo ou "heurística negativa" dos, 16, 19-20, 35, 108-9, 125-6
  críticos, 20-1, 91, 118-9, 123, 134-6, 144-5
  "heurística positiva" dos, 19, 33, 91, 119-22
  progressividade dos, 16-7, 109
  e ciência reconstrutiva, 37, 125
  nas ciências sociais, 16-7
Psicol.desenvolvim. cognit.,
Racionalidade, veja também racionalidade comunicativa,
  racionalidade contextual,
  racionalidade estratégica
  reivindicação à, 24-8, 57-64, 77-8, 89, 108
  funcionalista, 103-4
  complexos geradores de conhecimento da, 125-30
  senso moral da, 22, 30-2, 36
  e motivação, 25-29, 46, 48, 49-50, 59-60, 77, 80-85, 96, 99
  e sociedade racional, 36
Racionalidade comunicativa, veja também racionalidade
  e ação, 35-54
  e consenso, 49-50, 61-4
  e universalismo ético, 13-4, 44-6, 73-87, 145
  e modernidade, 91, 96
  como a concepção mais ampla, 36-7
  e motivação, 24, 48-51, 58-9, 108, 145
Racionalidade contextual,
  crítica da, 29-33, 37
  e ciência social interpretativa, 24
  e motivação, 25-8, 48
  proponentes da, 13-4, 32-3, 145
Racionalidade estratégica, 21-4
  crítica da, 25-31, 35-6, 37, 59-64, 88-90, 119-20
  e motivação, 25-8, 48
Racionalização, veja também modernização
  crítica de Weber sobre a, 92-113
  cultural, 93-7
  paradoxos da, 107
  societal, 93-7
Rawls, J., 31-2, 56-7, 75-7, 79
Razão
  distintos "momentos" da na moderna consciência, 125-30
  unidade da, 128-30
Reconhecimento, intersubjetivo, 14, 31-2, 83-4
Reciprocidade, como núcleo naturalista de consciência moral, 64

Reflexão
　sobre interpretações de necessidades, 75-85
　papel da filosofia, 123-30
Relação de classe com culturas de especialistas,
Relativismo, ético, 13, 28
ver também racionalidade contextual
Ricoeur, P., 80
Rorty, R., 31
Searle, J., 42
Sistema econômico como subsistema social dirigido pelo dinheiro, 103-12
Sociação comunicativa *vs.* integração de sistemas, 100-27
Socialização como uma modalidade do simbólico, 99, 110
　simbólico, 97-9, 110, 116-119
Socialismo, 14-5, 35
Subjetividade
　controvérsia com Foucault sobre, 16, 110-12, 136-44
　modelos de, 17, 19-21, 108
　e alteridade, 53, 101-2
Teoria crítica
　como um programa de pesquisa, 20-1, 92, 118, 123-36, 144-5
　dimensões hegeliano-marxistas e quase-kantianas da, 20-1, 93, 123-30, 134
Teoria de sistemas
　e teoria da ação, 90, 102-3, 105
　e racionalidade funcionalista, 107-8
　limitações da, 106-8
　e reprodução material da sociedade, 102-3
　versus perspectiva do mundo da vida, 102-6
The Theory of Communicative Action, 13, 16, 34, 41, 52, 91, 110, 123, 135
Turnbull, C., 28
Universalismo, ético, 13, 28-33, 46
　e justiça, 30-3, 36-7
　e alteridade, 83-5
Universalização, princípio da
　papel nas teoria éticas, 55-6
　estágios da aplicação do, 57-64
　derivação transcendental-pragmática do, 57-70
Validade, reivindicações de
　criticibilidade das, 37, 49, 55
　e modelos de ação, 44-51
　e atitude performativa, 98
　e razão, 126
　retidão ou legitimidade normativa, 37-55-113, 136
　sistema de, 37-8
　verdade, 38, 136
　veracidade e autenticidade, 37, 41, 126, 139

Vida, mundo da
  colonização do, 106-113
  e ação comunicativa, 97
  diferentes teorias do, 98-9, 101-2
  como horizonte de ação, 53-4, 97-9
  patologias do, 108, 115-19
  resistência a imperativos funcionais, 102-22
  reprodução do, 98-9
Vida, mundo racionalizado da
  caráter do, 97-107
  e formas de vida pós-tradicionais, 108
Walzer, M., 31-2, 76
Weber, M.,
  pluralismo de valores em, 79-81
  racionalização em, 92-113, 127
  tipologia da ação racional, 26
  visão da política, 136-7
Wellmer, A., 145-6
Winch, P., 27
"World relations" (relações de mundo)
  atitude reflexiva no mundo da vida racionalizado, 125-30
  sistema de, 44-7